Between Two Kingdoms

A Memoir of a Life Interrupted

被中斷的人生

Suleika Jaouad
蘇萊卡・賈瓦德——著
李斯毅 譯

遊走在健康與疾病之間，一場劇烈又溫柔的重生之旅

獻給梅莉莎・卡羅爾與麥克斯・瑞特佛——這本書的啟發者。
以及太早離開這世界的每個人。

直到死亡之前都是人生。[1]

——米格爾・德・塞萬提斯[2]

1 原文為 Until death, it is all life，摘自小說《堂吉訶德》（*Don Quijote de la Mancha*）。

2 米格爾・德・塞萬提斯・薩韋德拉（Miguel de Cervantes Saavedra, 1547.9.29-1616.4.23）是西班牙小說家、劇作家及詩人，被譽為西班牙語文學界最偉大的作家之一。其著作《堂吉訶德》聞名全世界。

Black and White with Oscar, Credit Lise-Ann Marsal
我與奧斯卡。

Oscar and Suleika on rock, Credit J.R. Switchgrass
奧斯卡和坐在岩石上的蘇萊卡。

Oscar In Tent, Credit Suleika Jaouad
帳篷裡的奧斯卡。

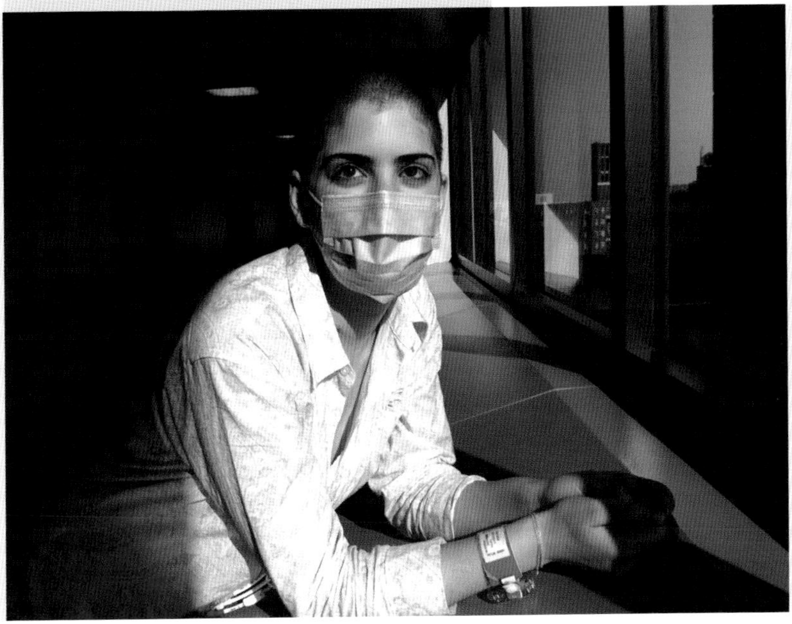

Purple Mask in Hospital, Courtesy of Suleika Jaouad
在醫院戴紫色口罩的我。

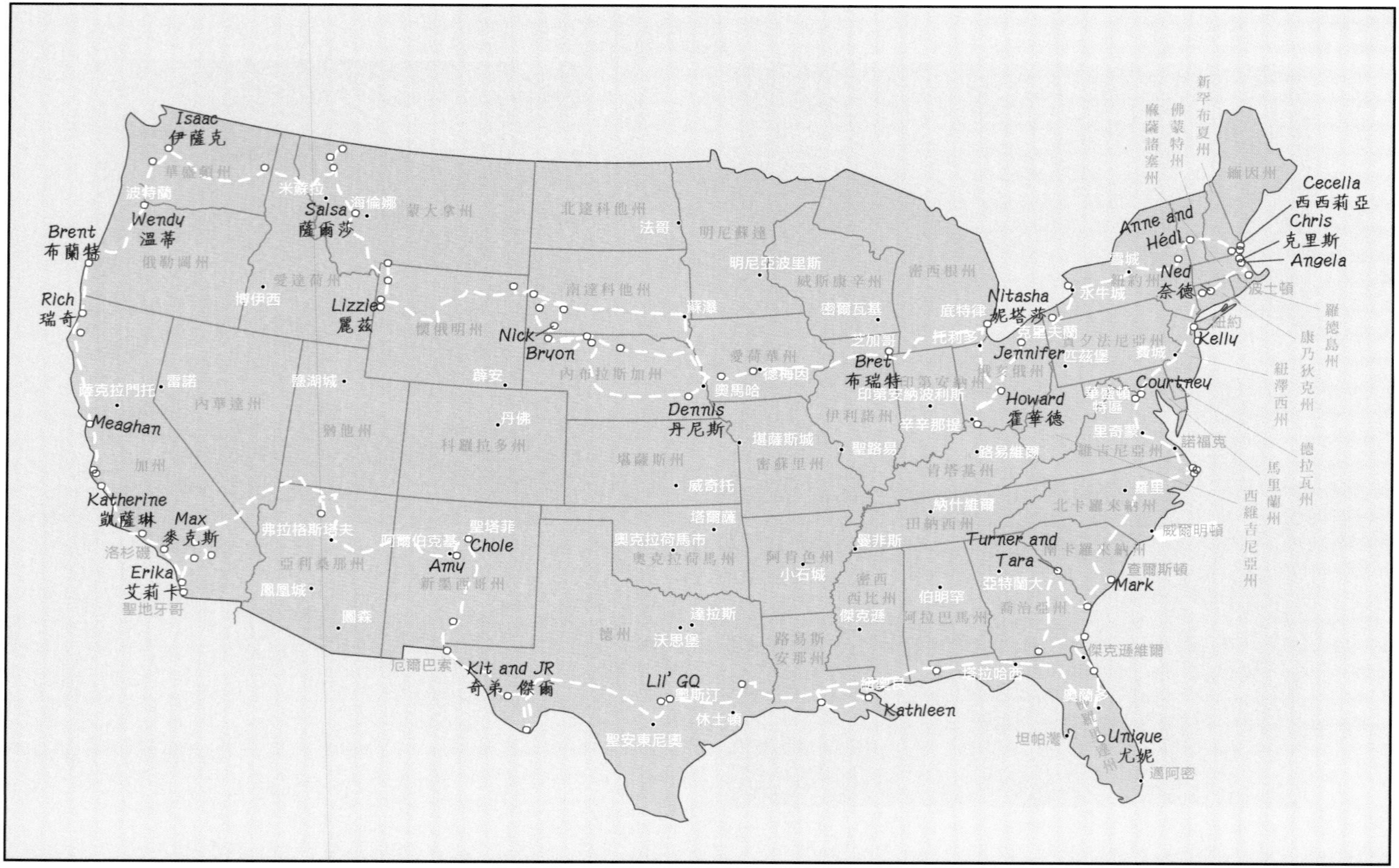

Isaac 伊薩克
波特蘭
Wendy 溫蒂
Brent 布蘭特
Rich 瑞奇
米蘇拉
Salsa 薩爾莎
海倫娜
Lizzie 麗茲
博伊西
Meaghan
雷諾
薩克拉門托
鹽湖城
Katherine 凱薩琳
Max 麥克斯
洛杉磯
Erika 艾莉卡
聖地牙哥
弗拉格斯塔夫
鳳凰城
圖森
Nick
Bryon
蘇安
丹佛
阿爾伯克基
聖塔菲
Chole
Amy
厄爾巴索
Kit and JR 奇弟 傑爾
Lil' GQ
奧斯汀
休士頓
聖安東尼奧
達拉斯
沃思堡
奧克拉荷馬市
塔爾薩
威奇托
Dennis 丹尼斯
奧馬哈
德梅因
堪薩斯城
蘇瀑
法哥
明尼亞波里斯
密爾瓦基
芝加哥
Bret 布瑞特
印第安納波利斯
聖路易
小石城
曼非斯
傑克遜
納什維爾
路易維爾
辛辛那提
Howard 霍華德
托利多
底特律
Nitasha 妮塔莎
克里夫蘭
Jennifer
匹茲堡
水牛城
雪城
Anne and Hédl
Ned 奈德
Cecelia 西西莉亞
Chris 克里斯
Angela
波士頓
紐約
Kelly
費城
Courtney
華盛頓特區
里奇蒙
諾福克
羅里
威爾明頓
Turner and Tara
亞特蘭大
伯明罕
查爾斯頓
Mark
傑克遜維爾
塔拉哈西
紐奧良
Kathleen
奧蘭多
坦帕灣
Unique 尤妮
邁阿密
緬因州
新罕布夏州
佛蒙特州
麻薩諸塞州
羅德島州
康乃狄克州
紐澤西州
德拉瓦州
馬里蘭州
西維吉尼亞州

CONTENTS

Part One

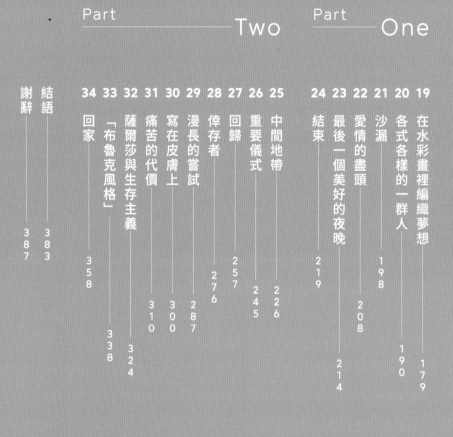

作者的話

為了寫這本書，我參考了我的日記與就醫紀錄，以及我和多位出現在這個故事裡的人的訪談內容，還有我個人的回憶。我還引述一些信件，但為求精簡，有些節錄經過刪修。

為維護某些人的隱私，我修改了下列人物的名字及其描述（依字母排序）：丹尼斯（Dennis）、艾絲黛兒（Estelle）、傑克（Jake）、瓊妮（Joanie）、凱倫（Karen）、史恩（Sean）和威爾（Will）。

Part One

01 癢

一切都是從發癢開始。我說的不是那種因渴望環遊世界而內心發癢，或者因為人生已過四分之一而萌生危機意識的發癢隱喻，而是真真實實的、身體上的搔癢。大學四年級的時候，我身上出現一種令人發狂、像爪子在刮我皮膚的搔癢，癢到讓我整夜無法安睡。最先出現在腳背上，然後向上延伸至我的小腿和大腿。我曾經試著不去抓癢，可是那種搔癢無情地蔓延到我全身的皮膚表面，就好像有一千隻隱形的蚊子在叮我。我經常在無意識的狀況下將手伸向我的腿部，用指甲耙抓牛仔褲以止癢，接著又把手伸到衣服底下，直接在我的皮肉上猛抓。我在學校的電影實驗室打工時會發癢，在圖書館念書時也會發癢，在位於地下室的酒吧和朋友們一起跳舞時以及在睡覺時都會發癢。很快地，我的雙腿就爬滿了突起的結痂和新生的傷疤，彷彿被玫瑰藤條鞭打過。我的心中也日益萌生不祥的預兆。

「可能是妳在國外念書時染上的寄生蟲。」一個中國草藥醫師對我說，然後給了我味道難聞且口感苦澀的藥茶。學校保健中心的一位護士則認為可能是濕疹，並推薦我使用一種乳膏。一名普通科醫師推論這種搔癢與壓力有關，因此給我抗焦慮的藥物。然而似乎沒人敢確定這種搔癢出於何因，所以我也盡量不大驚小怪，只希望這個問題可以自動消失。

每天早晨，我都先偷偷地將宿舍房門打開一小道門縫，確認走廊上沒有人，然後才用毛巾裹住身體衝向公用浴室，以免任何人看見我的手腳。我用濕布擦洗皮膚，看著深紅色的血絲流進淋浴間的排水孔，然後在傷口上塗抹厚厚一層從藥房買來的淡褐色藥水，並且一邊捏著鼻子一邊喝下特別調製的苦茶。當天氣變熱沒辦法每天穿牛仔褲時，我就買不透明的黑色緊身褲來穿。我還買了深色的床單以掩飾沾染在床單上的血痕，做愛時一定關上電燈。

除了搔癢，我還出現昏睡的症狀。起初是兩個小時，接著是四個小時，然後六個小時，彷彿再多的睡眠也無法讓我的身體滿足。我開始在各種場合打瞌睡：管弦樂團排練的時候、工作面試的時候、學期報告繳交日前夕，以及吃晚餐的時間，而且我在睡醒之後更加疲憊。某天我和朋友們一起走路去上課時，我向他們坦承：「我這輩子從來沒有這麼疲倦過。」他們紛紛同情地表示：「我也是，我也一樣。」大家都很累，因為在過去那個學期裡，我們看見日出的次數比我們一生中加起來的次數還多。我們花了很多時間在圖書館裡寫畢業論文，然後參加各種狂歡派對直到天亮。我住在普林斯頓大學校園中央的哥德式建築的宿舍頂樓，屋頂有塔樓和古怪的雕像。有些晚上，朋友們還會跑來我房間喝最後一杯。我的房間有教堂式的大窗戶，我們喜歡坐在窗臺上讓雙腿懸空，看著窗外醉醺醺的狂歡者在第一線陽光從石造庭院那頭升起時踩著蹣跚的步履返回宿舍。畢業日即將來臨，我們決定在各分東西之前一起享受最後幾個星期的美好時光，即便這意味著要將體能消耗至極限。

不過，我很擔心自己的疲倦來源與別人不同。

在大家離開我房間之後，我獨自躺在床上，感覺皮膚底下正在舉行一場盛宴，有東西穿過我的動脈，啃噬著我的理智。隨著我的精力耗盡，搔癢的感覺變得更加劇烈。雖然我對自己說這是因為寄生蟲的食慾變得越來越大，然而在我內心深處，我並不相信自己身上有寄生蟲，而且開始懷疑真正的問題是我本身。

接下來的幾個月，一切都令我感到茫然。我覺得自己彷彿即將溺斃，因此急著想抓住任何可以救我一命的東西，但過了一陣子我戰勝了這種不知所措的感覺，我順利畢業了，和同學們一樣準備搬到紐約發展，並且在網路上找到一間分租雅房，位於運河街某家美術用品店的樓上。那是二〇一〇年的夏天，熱浪吸走了紐約市的氧氣，當我從地鐵站走出來時，腐臭的垃圾味撲鼻而來，通勤上班族和搶購路邊仿冒名牌包的遊客在人行道上互相推擠。我承租的公寓雅房位於三樓，當我把行李搬到三樓的公寓門前時，汗水已經將我的白背心濕成透明。我向新室友們自我介紹，我總共有九個室友，他們都是二十幾歲懷抱理想的年輕人，包括三個演員、兩個模特兒、一個廚師、一個珠寶設計師、一個研究生，以及一個金融分析師。我們每人每月支付八百美元，各自租下一個沒有窗戶的小洞窟。惡劣的房東為了賺取最大利益，每個房間都只用薄如紙張的裸牆隔間。

我在憲法權利中心[1]找到一份暑期實習工作。第一天上班時，能夠與這個國家最無畏的公民自由權律師共處一室，讓我感到無限敬畏。雖然這是一份很棒的工作，可是實習生沒有薪水，而且住在紐約市很花錢，我很快就把念書時存下的兩千美元都花完了。即使我晚上還兼差當保母並且在餐廳打工，也只能勉勉強強度日。

一想到自己廣闊卻空洞的未來，我就感到滿心恐懼。即使我做做白日夢，還是會感到緊張，因為我將成為什麼樣的人，以及我將在什麼地方安定下來，都充滿各種可能性，遠遠超出我所能預見的範圍。我想像自己在北非擔任特派記者，因為我父親來自北非，而且我小時候在北非住過一段時間；我也想像自己去讀法學院，因為這似乎是比較謹慎的選擇。但是，坦白說，我需要錢，我只能申請常春藤盟校，這樣我才能獲得全額獎學金。在現實世界裡，我和大多數同學的環境背景不同，因為我沒有可以依靠的安全網——我沒有信託基金、家族人脈或者薪資高達六位數的華爾街工作。

煩惱不確定的未來，其實比實際面對另一個令人不安的轉變來得容易。在大學的最後一個學期，我為了對抗疲勞，喝了很多富含咖啡因的能量飲料。當能量飲料也幫不了我的時候，某個和我短暫約會的男孩給了我一些興奮劑，好讓我撐過期末考。但不久之後那些興奮劑也沒什麼效用了。我的朋友圈在參加派對時經常吸食古柯鹼，而且派對上總有人會免費提供古柯鹼，因此當我也跟著吸食時，大家都覺得沒什麼。後來我還發現，連運河街的那些室友們也都是派對玩咖。就像有些人會在咖啡裡額外添加一份濃縮咖啡，為了終結及驅趕我日益加深的疲憊感，我的吸毒量

1 憲法權利中心（Center for Constitutional Rights）是位於美國紐約市的一個非營利組織。

也越來越大。我在日記中寫道：就讓我繼續飄浮吧。

到了夏末，我已經幾乎不認得自己。低沉的鬧鐘聲像一把鈍刀，緩緩刺入我無夢的睡眠中。我每天早上都蹣跚地下床，然後站在全身鏡前檢視自己悲慘的模樣：我的腿上有新出現的乾涸血痕與抓傷、我的亂髮死氣沉沉地垂在腰際，因為我太疲倦而懶得梳頭、我的雙眼充滿血絲，眼眶下方有日漸加深的黑眼圈。由於我身體太虛弱無法面對陽光，我開始越來越晚才出門實習，直到有一天我完全不想去工作。

我不喜歡自己變成這副模樣——我總是踉蹌地展開每一天，忙個不停卻不知道自己在忙什麼；我經常突然發昏，這種情況一晚接一晚地發生，讓我必須像私家偵探般努力回想自己做了什麼；我不斷忘記與別人的約定，甚至因為尷尬而不敢接聽父母打來的電話。**這不是我**，我心想，並且嫌惡地看著自己在鏡中的身影。我必須振作起來，我必須找一份真正的工作，一份可以賺錢的工作。我必須與我的大學友人及運河街的室友們保持距離。我必須盡快離開紐約市。

八月的某個早晨，在我辭掉實習工作之後幾天，我起了大早，帶著我的筆記型電腦坐到窗臺外的防火梯上，開始認真找工作。那是一個雨不多的夏季，陽光如烈焰一般，將我的皮膚曬成棕褐色，還讓我腿上的抓痕留下有如盲人點字般的小白點。我發現巴黎有一間美國人開設的律師事務所正在招募法務助理，這項職缺引起我的興趣，讓我萌生應徵的念頭。於是我花一整天的時間修改我的履歷，強調法語是我的第一語言，而且我還會一點阿拉伯語，希望這些能夠成為我的競爭優勢。法務助理並不是我夢想中的職業——我甚至不知道這份工作需要具備哪些專長——但它似乎是明智之人會選擇的工作。我應徵這份工作的主要原因，是因為我認為換個環境可以讓我擺脫日漸脫序的生活。搬到巴黎工作不在我的人生願望清單之中，這麼做只是為了幫助我自己逃離現狀。

在我即將離開紐約市的前幾天，我在同一個晚上出席了三場派對。在第三場派對上，一群衣領上翻的投資銀行家坐在沙發上，一邊彎腰吸食茶几上排列有如毛毛蟲的海洛因，一邊滿頭大汗地談論他們的投資組合以及夏天在蒙托克[2]承租夏季別墅之類的話題。時間來到凌晨五點，我對這個場合不感興趣，因此準備回家睡覺。

我獨自站在人行道上，身旁環繞著我的香菸所飄出的藍色菸霧。我看著夜空開始慢慢變亮，在垃圾車收完垃圾之後以及咖啡店開始營業之前，曼哈頓在短暫的安靜中沉沉睡去。我等計程車等了十分鐘，這時突然有一個我在派對上認識的年輕人走過來，向我討一支菸抽。雖然那是我僅剩的最後一支菸，我還是給了他。他用手包住香菸，把菸點燃。他的手像棒球手套那麼大。他吐菸時露出微笑，我們兩人害羞地看看對方，不自在地變換站姿，然後又看看空無一人的街道。

「要不要共乘？」他問我。因為只有一輛計程車朝我們駛來，所以這個問題似乎沒有其他的

2 蒙托克（Montauk）是位於美國紐約州長島南岸的行政區，三面濱海，許多有錢人常利用夏天前往度假。

意思。我說好，然後我們兩人一起坐進計程車裡。當我把地址告訴計程車司機時，才忽然想到這個年輕人雖然提議共乘計程車，可是他根本不知道我們是否順路。

我知道不應該與陌生男性共乘一車，我父親在八〇年代紐約犯罪猖獗時期曾經住過東村[3]，肯定會強烈反對我做這種事。儘管如此，這個年輕人讓我有一種安全感，因此引起我的好奇。他有一頭濃密蓬亂的金髮，髮絲微微垂在一雙看起來非常聰明的藍眼睛上。他的身材高瘦，有方正的下巴和帶著酒渦的臉頰，雖然長得非常英俊，可是看起來沒什麼自信，謙遜的態度顯示他不知道自己長得多麼好看。

「你可能是我這輩子所見過長得最高的人。」我說，並且用眼角餘光偷偷打量他。他的身高有六尺六寸[4]，膝蓋緊緊貼著駕駛座的椅背。

「很多人都這麼說。」他回答。雖然他長得如此高大，說話的聲音卻很輕，給人一種溫柔的感覺。

「很高興認識你。我是……」

「我們剛才聊過天，妳忘了嗎？」

我聳聳肩，給他一個表示道歉的微笑。「我今晚實在太累了。」

「妳不記得妳叫我看妳的眼皮內側嗎？妳還用拉丁文唱〈瑪莉有隻小綿羊〉[5]給我聽。」他笑著說。「那妳記不記得妳把鉛筆屑撒在自己頭上，不停地說：這是彩蛋的蛋殼！妳那個樣子很嚇人。妳完全不記得了嗎？」

調情。

「哈，哈。很好笑。」我說，並且開玩笑地搥打他的手臂。那時我突然意識到我們正在互相

他伸出手和我握手。「我是威爾。」

我們在計程車上一直聊天，彼此之間的化學反應隨著車子駛過一個又一個街區不斷增強。當計程車抵達我的公寓時，我們兩人都下了車，然後站在人行道上。我考慮該不該邀他上樓，他也因為客氣而不敢開口問我。雖然我這輩子做過許多令人驚訝的決定，可是我從不曾與陌生人上床。我是浪漫主義者，堅持不花心——儘管我每一段戀情都不持久。然而他真的很吸引我，讓我認真地思考了一會兒。這時威爾問我：「妳餓了嗎？」

「早就餓癟了。」我回答他，同時鬆了一口氣。於是我和他離開公寓門口，兩人沿著運河街散步，一路經過尚未開門的美髮沙龍、掛在熟食店櫥窗內的烤鴨，以及用紙板圍住攤位的人行道水果攤。我們走到附近的咖啡店，成為那家咖啡店當天的第一組客人。

吃貝果和喝咖啡時，威爾告訴我他最近剛從中國回來。他之前在中國的某個體育組織工作，

3 東村（East Village）是美國紐約市曼哈頓的一個街區，為許多藝文活動的發源地。

4 六尺六寸約為一百九十八公分。

5 〈瑪莉有隻小綿羊〉（Mary had a little lamb）是一首美國童謠。

為當地年輕人尋求發展體育長才的機會。我很驚訝威爾會說中文。目前他正在替他的教父母照顧房子，準備利用幾個星期的時間釐清自己接下來要做什麼。他的態度很真誠，帶著一點愛講冷笑話的書呆子樣。然而在他隨和的外表下，我覺得他有一些迷惘與脆弱。經過了兩個小時，我們還坐在那裡聊天。我真的很喜歡你這個人。當我們站起來準備離開咖啡店時，我記得自己心裡這麼想著。我也記得我第二個想法是：真希望我沒有打算搬到歐洲。

吃過早餐之後，威爾和我走回我的住處，上樓回到我的房間。我們那天都賴在床上，睡覺、聊天、說笑。我已經習慣男孩子主動採取攻勢，可是威爾似乎對於兩人並肩靜靜躺著就很滿足。過了幾個小時，他都沒有試圖親吻我，於是我側身看著他，主動踏出第一步。最後我們發生了一夜情，接著又有第二夜情與第三夜情。和威爾做愛的感覺很不一樣，於是我讓電燈亮著，因為我覺得沒有必要隱瞞他任何事情。他能讓人以更寬容的態度去檢視自己不喜歡的部分。如果時空背景不同，我願意花時間進一步認識威爾。

我在紐約的最後一個早晨，檸檬色的陽光在我煮咖啡的時候從廚房窗戶照進屋內，公寓下方傳來計程車的叨絮與公共汽車的嘆息。我踮著腳尖走進臥室，把最後幾件衣服收進行李箱。拉上行李箱的拉鍊時，我看了威爾瘦長的身影一眼。被單下的他，睡臉宛如天使。他睡得很沉，所以我不打算叫醒他。我在童年時期經常搬家，我已經厭倦與人道別。出門前我在他的鞋子上留了一張紙條，上面寫著：謝謝你為我帶來意外的歡樂，總有一天我們會再相遇。

02 地鐵、工作、睡覺

如果說曼哈頓是人們渴望展開職涯的地方，巴黎就是人們實現不同生活夢想的城市，而這正是我打算去做的事。我拖著笨重的紅色行李箱走出地鐵站，來到瑪黑區[1]的街頭。我每走幾步路就忍不住停下來欣賞路旁的咖啡館、麵包店及長滿藤蔓的建築物外牆。這裡將是我的新家。透過朋友的朋友介紹，我幸運地在杜比蒂托街找到一間位於十八世紀建築物裡的附家具套房。我搭著搖搖晃晃的貨梯抵達四樓，打開門鎖之後，這個新住處與運河街雅房的強烈對比，讓我想直接在門口跳起舞來。採光明亮！環境安靜！享有隱私！硬木地板！貝殼狀的粉紅色超大型浴缸！雖然這間套房可能不到十二坪，但在我眼中它就像一座豪華的宮殿，而且只屬於我一個人。

我利用整個週末安頓好一切，包括將行李箱裡的東西歸定位、前往銀行開戶、購買新床單及刷洗廚房。星期一早上，我搭地鐵到律師事務所報到。這間事務所位於第八區的蒙索公園[2]附近，

1 瑪黑區（Le Marais）是法國巴黎的一個區域，橫跨右岸的第三區與第四區，當地有許多博物館、美術館和歷史遺蹟，不少文學家與藝術家都居住於此區。

2 蒙索公園（Parc Monceau）位於巴黎第八區，是巴黎著名的旅遊景點之一。

在一棟優雅的聯排建築物裡。一群法務助理在大廳迎接我，然後帶我參觀環境，她們的高跟鞋在拋光大理石地板上發出清亮的聲響。我從十幾歲開始就做過各式各樣的工作——遛狗員、保母、私人助理、低音大提琴教師、餐廳領位員——但這是我第一次在辦公環境裡工作。辦公室的天花板挑高二十英尺[3]，搭配精緻的皇冠圖案飾條，牆上掛著金框畫作，還有宏偉的旋轉樓梯。律師們各自坐在木頭書桌前，一手拿著香菸，一手拿著濃縮咖啡，充滿法國風情，而且時尚。到了中午，我們去街角一家咖啡館享用豐盛的午餐，吃了牛排還喝了兩瓶酒，費用由事務所支付。餐後我返回辦公室，拿到一支工作用的黑莓機，並且從文具用品櫃領取一疊亮黃色的拍紙簿與精美的鋼筆。我坐在屬於我的辦公桌前，背靠在椅子上，點燃一支香菸，興高采烈地環顧這個全新的工作環境。

第一天下班後，我決定不搭地鐵，改以步行方式回家。在黃昏暮色中，瑪黑區彎彎曲曲的窄巷充滿了中世紀風情。街燈慢慢亮起時，我一邊散步，一邊幻想自己會變成什麼樣子。那些根本不算我朋友的人們都已遠離，他們只喜歡玩樂和熬夜，就連我身上那些奇怪的搔癢症狀似乎也已消退。如今我和那些人事物隔著一大片海洋，我可以利用週末獨自安靜地探索這座城市，到杜樂麗花園野餐，或者在轉角的小咖啡館閱讀一本好書。我將會擁有一輛裝著竹籃的腳踏車，每個星期天到共和廣場的戶外市集採購生活雜貨。我也會開始像其他的法務助理一樣塗紅色口紅並且穿高跟鞋。我還會開始學煮法蒂瑪姑姑拿手的北非蒸肉丸，在我的新家舉辦晚宴，招待客人。我下決心不再只空談我想做什麼，而將花時間實際去做。我要報名塞納河畔知名書店——莎士比亞書店——的小說寫作課程。我甚至可能養一隻狗，一隻胖胖的西班牙長耳獵犬，我要將牠取名為蕭邦。

但結果我根本沒有空閒時間。雖然某幾個星期天我有機會去市場，可是買回家的生鮮食品最後都在冰箱裡放到壞掉，因為我被推入了法國人所謂的「地鐵、工作、睡覺」[4]人生。這份工作的第一個星期結束時，我已經清楚看出自己並不適合法律工作，因為我喜歡創意寫作而非填寫表格，我偏好勃肯鞋而非高跟鞋。這間律師事務所主要辦理國際仲裁案件，我一開始覺得很有趣，但當我試著閱讀辦公桌上的案件摘要時，才發現法律術語非常難懂，而且摘要內容冗長乏味，讓人的腦袋變得麻木。我大部分的工作時間都在事務所的地下室度過，忙著校對、列印及整理數千份文件，然後將這些文件裝訂到歸檔整齊的活頁夾中，好讓律師們幫助一些卑鄙無良的公司變得更有錢。由於我必須全天候待命，因此睡覺時我得把工作用的黑莓機放在枕頭旁，並且設定半夜響起的鬧鐘，以便檢查有沒有緊急的電子郵件必須回覆。很多時候我根本沒有辦法下班，因為法務助理們經常得通宵加班，而且由於加班頻率很高，我們甚至比賽誰的加班時數最長。然而最大的問題，是我有一個令人毛骨悚然的老闆。他辦公桌的抽屜裡偷藏著女鞋目錄，而且他還用手機偷拍我的腳，以為我沒察覺。在每星期九十個小時的工作結束之後，我讓自己放鬆的方式就是狂吃巧克力麵包和出去跳舞。在外面玩到深夜後，我還把身邊的人都拖到一家爵士樂俱樂部，大家在那

3 二十英尺約為六百零九公分。

4 原文為 métro, boulot, dodo。

裡隨著鋼琴伴奏荒腔走板地唱歌及品嘗紅酒，直到每個人的嘴唇發紫。

雖然我在巴黎的日子不如想像中夢幻，但我開始編織另一段不同的生活。我與威爾之間通訊以出人意料的方式展開，起初只是透過簡訊問一聲：嘿，過得如何？漸漸變成寫滿幽默文句的電子郵件，然後再變成塞爆信封的厚厚手寫信紙與精心挑選的《紐約客》文章。威爾和朋友去新罕布夏州的白山，在山上的小屋度週末。他從那裡寄了一張明信片給我：屋裡沒有電，只有一個一九〇〇年代初期遺留下來的柴爐。這兒除了貓頭鷹的叫聲、木柴燃燒的劈啪聲和風聲之外，聽不到其他任何聲音。威爾寫道。這讓我好想去鄉下旅行，妳想不想和我來一趟公路之旅？我們兩人一同駕車橫越美國的想像，讓我的心開始騷動。

我們都會在信件最下方附註相同的句子——不必以相同字數回信——但隨著幾個星期和幾個月的時間經過，我們的交流變得越來越深刻也越來越頻繁。我一遍又一遍閱讀他寄來的每一封信，彷彿這些信是暗藏密碼的地圖，可以提供我了解寄信人的祕密與想法。我告訴威爾我在大學畢業後的任性行徑及在法國的新生活：我在巴黎的最初三十六個小時完全與世隔離，我把筆記型電腦和手機都關掉，獨自走遍整座城市，直到鞋跟斷裂，我才不得不搭計程車回家。雖然我盡了最大努力想在這裡過修行生活，我還是交了一群新朋友——守寡的瑜伽愛好者拉荷拉、正在接受啞劇訓練的大學老同學柴克、喜歡跳舞的摩洛哥生意人巴德，以及經常舉辦派對且打扮得像花花公子的老先生大衛。妳無法強迫需要翱翔的靈魂過著隱居生活。威爾在回信中寫道。讀到這行文字，我怎麼可能不為他心醉神迷？

我把當記者的夢想告訴威爾，並與他分享一篇我花好幾個月撰寫的「以阿衝突」[5]報導。他回信表示自己碰巧也對新聞工作懷有企圖心，他最近在一位教授那裡找到一份研究助理的差事，但希望能找到編輯領域的工作。他給了我一份很有想法的筆記，提供我那篇報導的修改建議。由於我們相識於我在紐約的最後一個星期，因此當我發現我們之間有這些小小連結時感到非常驚訝，畢竟我們是透過通信才開始真正了解彼此。相較於貓捉老鼠那種遊戲方式的約會，這種老派的信件往返提供一種更安全也更真誠的替代方案。很快地，我對這位新筆友深深著迷，威爾成為我朝思暮想、夢寐以求的人，我開口閉口都在談他。我希望他本人也能像經過文字所傳遞出來的形象一樣美好。

某個深秋午後，事務所裡難得清閒，我和一位法務助理卡蜜拉討論我應不應該邀請威爾到巴黎來看我。我不確定我們信裡的浪漫是不是我自己想像出來的，但又擔心如果我不快點採取主動，我們的通信將會中斷。我打算寫一封電子郵件給威爾，因此在接下來的一個小時，我擬出幾份內容各異的草稿，試著找到最正確的表達語氣，介於真誠的熱情和超然的冷靜之間。卡蜜拉說：「親愛的，鼓起勇氣。以這種速度，妳整晚都會耗在這裡。」她下班前在我的臉頰上親了一下。

5　以阿衝突（Arab-Israeli conflict）是指在以色列和阿拉伯諸國之間持續超過一個世紀的政治與軍事對抗。

當我決定最終版本時，天色已經暗了，辦公室的人也幾乎都離開了。我默數到十，不敢貿然按下傳送鍵，但又覺得自己這樣很不成熟。等到我終於鼓起勇氣寄出這封電子郵件時，一種興奮的感覺油然而生——但這樣的興奮感很快就被等待威爾回信的焦慮所掩蓋。時間似乎流動得格外緩慢，我抽掉半包香菸、上網瀏覽網站，還重新整理了辦公桌，一直到晚上九點，我才搭地鐵回家。我檢查了電子郵件信箱，威爾依然沒有回信。我一邊在晚餐要吃的吐司上塗抹厚厚的巧克力醬，一邊暗自發愁。我是不是逾越了界限或是誤判了氛圍？上床睡覺之前，我準備先洗個澡，如果到那時候威爾還沒回信，我就要忘了他。

午夜時分，我最後一次檢查電子郵件時，發現信箱裡已經有一封信。我將那封信打開，看見了一則轉寄的航班確認訊息，目的地是法國巴黎。

不到一個月之後，威爾就來巴黎了，正好趕上感恩節假期。在他抵達前的週末，我瘋狂地忙著準備，除了把浴缸刷得閃閃發亮、地板掃得一塵不染，還將床單送洗。我到紅孩兒市場[6]挑選了一條長麵包和一塊氣味濃郁的卡芒貝爾起司，另外又買了一罐醃黃瓜、一些燻肉和一束乾的薰衣草。我在回家路上還添購了幾瓶酒，並在最後一秒鐘衝進對街的美容院打理門面。在威爾抵達的那個早晨，我起了大早，前前後後至少換了六次衣服，最後決定穿上我最受好評的牛仔褲與黑色緊身高領衫，而且戴上我的幸運髮箍。當我好不容易出發前往機場時，已經比預定時間晚了將近一個小時。

薄霧般的微風吹拂著杜比蒂托街，我靴子的腳跟在因為下雨而變得濕滑的人行道上快速踏出聲響。就在我即將抵達地鐵站時，我的手機突然響了。是威爾傳來的簡訊，他說他的班機提早降落，所以他已經直接搭計程車到我的住處。有人開門讓他進入室內，此刻他正在我的套房門外等候。於是我又快步走回家，以一次踏兩格階梯的步伐上樓，還在抵達三樓時停下腳步，先讓自己的情緒平靜下來。我的心跳就像加速的節拍器，我的額頭又濕又冷，而且呼吸紊亂。最近幾個星期以來，我發現自己很容易喘氣，暗忖似乎應該加入健身房會員。我撥開垂落在臉上的髮絲，深深吸了一口氣，然後在走廊上轉彎。

「嘿，嘿！」威爾一看到我就開心地大叫，並且站直身子，臉上露出一個大大的燦爛笑容。我們猶豫了一會兒才擁抱彼此，兩人突然都變得有點害羞，不敢馬上接吻，甚至連親吻臉頰都不好意思。被這個並非全然陌生但其實又很陌生的男人擁在懷中，讓我在經過幾個月以來第一次有腳踏實地的感受。

「歡迎光臨。」我在我們擁抱之後對威爾說，並帶著他走進屋內。我住的套房雖然很小，但不僅有廚房和浴室，而且是一個具備各項功能的房間。我指著高架床說：「這是臥房。」然後指著亮紅色的沙發說：「這是客廳。」接著又指著一個可充當茶几、書桌與碗櫃的舊木箱說：「這

---

6 紅孩兒市場（Marché des Enfants Rouges）是巴黎最古老的室內市場，裡面販售新鮮的水果、蔬菜、花卉與麵包，設立於十七世紀初期。名稱中的「紅孩兒」是指市場附近的一所孤兒院，該院院童身上都穿著紅色衣服。

是餐廳。」這是我第一次獨自生活的地方，雖然有點簡陋，而且我還沒有時間去買窗簾，但我依然以這間套房為傲。「你覺得如何？」我完成導覽，並將通往小陽臺的落地窗打開。

「這裡是最棒的住處。」威爾附和地說。

當天接下來的情景，我的印象已經有點模糊，只記得我們在客廳裡帶著些許緊張的心情開始聊天，並且喝了咖啡。威爾拿出十幾份包裝精美的禮物送給我，然後我們出去沿著蜿蜒的塞納河散步，並且在河邊看到美國留學生戴著運動貝雷帽且說著拙劣的法語時偷偷竊笑。「不可以在這裡吻我。你想都別想。」當我們走過塞納河上的藝術橋[7]時，我如此警告威爾。許多情侶在這座橋的護欄上掛了鎖頭。那天晚上稍晚時，在我們喝完一瓶紅酒並且放鬆心情之後，威爾才親吻了我。

威爾跟著我爬到高架床上，這是一張廉價且搖搖欲墜的組合床，由四根木柱和一片薄薄的三夾板所組成，是前一位房客安裝的，感覺不太安全。威爾和我並肩躺在床上，感覺與我們之前在紐約共度的三個夜晚不太一樣。當我們脫去衣物時，空氣中瀰漫著微妙的尷尬。月光從窗戶照進來，使我腿上的疤痕變成銀色。我們下方的床柱不停地搖晃。

「該死的宜家家居。」我說。

「萬一這張床塌了怎麼辦？」威爾真的很擔心。

「想像一下，我爸爸明天讀報時會看見頭條新聞是：一對美國情侶被發現裸體死在宜家家居的家具殘骸中。」

威爾從床上跳下來——「給我一秒鐘，我必須先測試一下。」他檢查螺栓有沒有栓緊，然後開始搖晃床架。我笑了出來。「這根本是地震測試！」

威爾結束為期兩星期的拜訪之後返回紐約，但他只是回去收拾行李，並且辭掉工作。他即將搬來巴黎和我住——我在日記裡一次又一次如此寫道，直到一切開始變得真實。我在搭地鐵上班途中，臉上忍不住露出愚蠢的笑容。喜悅是一種可怕的情緒，不可以輕易相信。我在日記裡補充寫道。在喜悅的背後，一場風暴正在持續加速醞釀。有一種令人焦躁不安的預感，一種暗地進行的野蠻攻擊，正在我的皮膚底下展開。

7 藝術橋（Passerelle des Arts）是巴黎塞納河上的一座人行橋，連接法蘭西學會（Institut de France）與羅浮宮的中央廣場。藝術橋上原本掛滿數十萬個「愛情鎖」，因為來自世界各地的情侶會到這裡將鎖頭掛在護欄上，再把鑰匙丟入河中，象徵兩人永恆不朽的愛情，然而在二〇一四年六月，藝術橋的部分護欄因為承受不了鎖頭的重量而倒塌，所幸沒有造成傷亡。巴黎市政府隨後便拆掉橋上的大量鎖頭，改以塗鴉畫裝飾替代。

03
蛋殼

從十七歲開始，我就不曾單身超過一、兩個月。我並不以此為傲，也不認為這樣是健康的，但事實就是如此。大學時期，我與一個頭腦聰明的華裔英國人認真交往，他主修比較文學，是我第一個真正的男朋友。他帶我去城裡享用很棒的晚餐，並一起到夏威夷的威基基海灘度假。然而隨著一個學期接著一個學期過去，我開始變得不滿足，希望自己在遇見他之前擁有更多經驗。升上大四之前的那年夏天，我愛上一個衣索比亞的電影製片人，於是我與華裔英國男友就分手了。在那之後，我在寒假期間到開羅參加研習時認識了一個波士頓人，他很有惡作劇的天分，同時也是激進主義者，因為把一面三十英尺高的巴勒斯坦國旗插在某座金字塔旁而遭到埃及警方逮捕。我們交往一個星期後，當我們在可以俯瞰紅海的酒吧裡喝著非法販售的威士忌時，他突然打電話給他的父母，對他們說：「要不要認識一下我將迎娶的女孩？」，並且在我反駁之前把手機丟給我。可是我們不久之後就分手了。畢業前夕，我開始與一個墨西哥裔的德州人約會，他是一名懷有理想抱負的編劇。我們交往了兩個月，那段關係是一場大災難。當時我在紐約實習，他在市中心一家很時尚的飯店當服務生，他只要一喝醉就會變得脾氣暴躁，而且大部分時間他都喝得醉醺釀。

我談的這幾場戀愛都不是抱著隨便的心態。在這幾段關係中，其實我都非常投入，希望能夠就此與對方廝守一生。但即便在愛得最濃烈的時刻，我都會隱約感覺遠處好像有個逃生門燈箱微微發光——事實上，好幾次我都差點要朝著那扇逃生門奔去。我想我愛上的只是談戀愛的感覺。換句話說，我當時太年輕、太衝動，也太魯莽地對別人產生感情，而且太自以為是、太專注地想知道如果自己沉溺於破滅的誓言會發生什麼事。

不過，我對威爾的感覺不同，他不像我以前交往過的男人。威爾的特質組合很奇妙——部分是運動男孩、部分是知識分子、部分是耍寶大王——他可以毫不費力地灌籃，也可以毫不費力地背誦出葉慈的詩句。他的體貼令我意外，因為他總是設法讓在場的每一個人安心自在。他比我年長五歲，有一種靜謐且謙虛的智慧，以及頑皮的內心，這使得他看起來比實際年齡成熟許多，也年輕許多。當威爾帶著他裝滿家當的超大行李袋再度回到我巴黎套房門口的那一刻，遠處的逃生門燈箱從我的視野中消失了。我已經全心全意投入這段感情。

威爾將他的衣物從行李袋拿出來，整整齊齊地疊在我特別為他清空的架子上。他從行李袋中翻出一個隨身喇叭，並問我他可不可以播放音樂來聽。他輪播九〇年代的嘻哈音樂以及華倫G[1]

1 華倫G（Warren G）本名為華倫・格里芬三世（Warren Griffin III），是美國的饒舌歌手、詞曲作家及唱片製作人。

的饒舌歌曲，讓整間套房變得活潑起來。當他跟著饒舌歌詞唱和並且在硬木地板上跳舞時，我發自內心哈哈大笑。他牽起我的手，帶著我在廚房裡轉圈圈，差點撞翻一個煎鍋。

「你這樣會讓我分心啦。」我說，並且用擦碗的毛巾把他打跑。

我正在做牧羊人派[2]，希望我的烹飪技巧可以讓威爾留下深刻印象，因此專注地將胡蘿蔔、炒青蔥、紅肉和馬鈴薯泥剁碎。平常我在家裡除了炒蛋或偶爾煮煮義大利麵，或是在吐司上塗抹巧克力醬當晚餐，這個牧羊人派是我第一次嘗試從頭到尾做出來的餐點，早上我還特別打電話問我媽媽這道菜的食譜。我的廚房大概只有一個雜物櫃的大小，沒有窗戶或抽風機可以通風，因此相當悶熱。我用擦碗的毛巾擦去額頭上的汗水，可是當我把各種配料一層一層地疊在烤盤上，並且在最上方撒放起司，再將這一團混亂推入烤箱時，我已經又滿頭大汗了。很快地，屋裡就充滿了牛油與新鮮香草的氣味，這個地方第一次聞起來像個真正的家。

威爾正在充當餐桌的舊木箱上擺放餐具，我走過去幫忙，然後打開窗戶讓空氣流通。屋外已經開始下雪，一些雪花飄進室內。威爾也走到窗前，用雙手摟住我的腰，將我拉進他的懷裡。「明天我就開始找工作。」他說，並且把臉埋在我的頭髮裡。「我還得找語言學校學法文，起碼要學會說：『請給我三條長麵包和一瓶柳橙汽水。』」

威爾結實而溫暖的肌肉貼著我的肩膀，我閉上雙眼，全然放鬆地躺進他懷中，試著回想自己上一次感到如此快樂是什麼時候。沒有，我從來不曾這麼快樂。「待在這兒別動。」威爾說，然後走到書架那裡拿了照相機過來，替我拍了一張我站在窗前的照片，背景是冬季的天空。當他把照片拿給我看時，我被自己的模樣嚇了一跳，因為我的皮膚看起來蒼白得幾乎呈半透明，我的眼皮發青，顏色藍得像是知更鳥的蛋，彷彿所有的靜脈都浮到皮膚表面。就連我的嘴唇也似乎沒有一點生命力。

「像珍珠的顏色一樣。」威爾仁慈地說，並且親吻了我的嘴唇。

兩個星期後，威爾滿二十七歲了。為了慶祝他搬來巴黎以及生日，我特別請了幾天假，為他準備一份驚喜：我送給他一個裝著兩張火車票的信封，目的地是阿姆斯特丹。當時是二〇一一年一月，我們走出火車站時，早晨令人愉悅的空氣充滿我們的胸膛。我們原本打算以步行方式遊覽阿姆斯特丹，行程包括參觀安妮・法蘭克之家[3]、在市場休息並試吃醃鯡魚，還有搭船遊覽運河。然而我們並沒有走得多遠，因為每經過一個街區，我就不得不停下腳步，嚴重的咳嗽折磨著我的身體，讓我頭暈目眩，太陽穴也不停抽痛。

最後我們那個週末假期大部分的時間都待在位於紅燈區的兩星級破爛旅館裡，讓我感到非常沮喪。旅館房間的床單上布滿了被菸頭燙焦的痕跡，骯髒的窗戶可俯瞰一條運河，不熱的暖氣機

2 牧羊人派（Shepherd's Pie）是源自英格蘭的餡餅，為肉派的一種，主要配料是以肉汁或洋蔥醬汁烹煮的碎紅肉及馬鈴薯泥，有時候也會加入豌豆、甜玉米或胡蘿蔔。

3 安妮・法蘭克之家（Anne Frank House）位於荷蘭阿姆斯特丹，是紀念猶太小女孩安妮・法蘭克的博物館。該處是安妮・法蘭克一家在納粹黨統治時躲藏的地點。

在陰沉的走廊上吱吱作響。不過，談戀愛的好處，就是無論身在何處，感覺都像刺激的冒險。事實上，當我們剛抵達這間旅館時，我還興奮地對威爾說：「這將會是我最喜愛的旅館！」

雖然我身體不舒服，我仍堅持我們第一次旅行一定要永難忘懷。因此在威爾生日當天下午，我跑到一家咖啡廳的地下室，向一個綁辮子頭的白人男性買了一罐迷幻蘑菇。「我們來試試看吧，不要那麼古板。」我對威爾說。他以前從來沒有吃過迷幻蘑菇，因此有點擔心。「好吧。」最後他同意了。「如果馬雅人的預言[4]正確，今年將是人類的最後一年，我們就放膽一試吧。」然後我們走了幾個街區，到一間衣索比亞餐館吃飯。趁服務生不注意的時候，我偷偷在香料扁豆上撒了一把迷幻蘑菇。「妳真的很瘋狂。」威爾搖搖頭笑著說，懷疑地用衣索比亞白麵包挖起一杓扁豆。

我們吃完晚飯返回旅館時，濃霧籠罩了這座城市。我們走過泥濘的街道和結冰的橋梁，一路上還得閃躲對著我們鳴鈴並且從我們身旁飛快騎過的腳踏車騎士。當我們散步到紅燈區時，我開始覺得那些櫥窗的布簾後有人影搖晃，交通號誌也從黃燈、紅燈、綠燈變成繽紛的彩虹。從我們佇立的地點，我可以看見我們旅館的招牌，它的霓虹燈就像燃燒後的餘燼忽明忽滅地閃爍。於是我們加快腳步，試著在迷幻蘑菇完全發揮作用之前回到旅館的房間。當我們進房時，我皮膚上的毛細孔已經變成發出烈焰的小火把，我急忙脫掉全身衣物，展開四肢地躺在床上，試著讓身體涼快一點。威爾開始堆疊床單和枕頭，在床上搭起一座帳篷。「快點進來裡面，這裡非常*gezellig*。」我拍拍身旁的空位說。*Gezellig* 這個荷蘭字彙已經成為我們最愛的新用語，雖然很難直接翻譯，但大致上是「舒適」的意思。於是威爾鑽進帳篷裡，躺在我的身邊。

「天啊，妳發高燒了。」他將手放在我的額頭上說。

當下我以為是迷幻蘑菇開始發揮作用，而且效果很強。然而在接下來的幾個小時裡，我的體溫一直不斷攀升，讓我感覺自己可能會燒成灰燼。我開始發抖，不停冒出的汗水匯聚在我的鎖骨凹陷處。我這輩子頭一次覺得自己如此虛弱。「我覺得自己像蛋殼一樣脆弱。」我一次又一次對威爾說。「我們永遠待在這裡好不好？」

威爾越來越擔憂我的身體狀況，建議我們去掛急診。「讓我照顧妳吧。」他說。

「不需要，謝謝，我很堅強的。」我說，並且讓他看看我的二頭肌。

「我們可以搭計程車去醫院，在妳還沒發現之前，我們已經看完醫生又回來了。」我拒絕了這項提議，不停搖頭直到威爾放棄。我實在不想被人當成一名愚蠢的觀光客，來阿姆斯特丹吃了一大堆迷幻蘑菇，結果被送進醫院。

隔天下午，我們搭火車返回巴黎。雖然我退燒了，幻覺也消失了，可是身體依然很虛弱。後來一天一天過去，我覺得我的健康狀況變得越來越差，不再那麼有活力，彷彿有人正在用橡皮擦將我體內的精髓一點一滴擦去。雖然我原本的輪廓沒有太大的變化，可是我的內在已經變成像幽靈一樣空白。

4 據說馬雅人曾經預言人類將於二〇一二年滅亡。

04 太空旅行，越飛越快

回到巴黎之後，我基於二十二歲女孩常見的理由——避孕——去看了醫生。那間診所像是一個破爛的迷宮：牆面的油漆剝落、候診室擁擠不堪，天花板的燈泡閃爍不停。其他病患看起來大多數是移民，而且和我一樣是北非後裔，她們一邊斥責還在學走路的孩子或翻閱雜誌，一邊用阿拉伯語和法語彼此交談。看著這樣的畫面，我的思鄉之情油然而生。從認識我大半輩子、口袋裡裝著棒棒糖的小兒科醫生，到這間冰冷老舊的綜合診所，兩者之間的轉折正以刺耳的方式提醒我：現在我只能靠自己了，我已經不再是個小孩子。但是我覺得自己還沒有準備好面對這個閃閃發亮且充滿官僚政治的成人世界。

護士終於叫了我的名字，負責抽血的護理師捲起我的袖子，在我的手臂上尋找適合抽血的靜脈。從我有印象開始，我就非常害怕針頭，因此我撇過頭去，定睛看著地板，並且在針頭刺穿我的皮膚時屏住呼吸。我眼角瞥見深紅色的血液噴入針筒中，說服自己這沒有什麼好怕的。當針筒抽滿血液時，我才深深吐一口氣。任務應該完成了。

大約一個小時之後，我被叫進醫生的辦公室。大木桌的另一頭坐著一名身穿醫師白袍的大鬍子男，他在我坐下之後用法語問我：「妳今天為什麼來看診？」

「我想服用避孕藥。」我說。

「這應該不成問題。」他低頭看著一張紙，以確認我的驗血結果。他停頓了一會兒，微微皺起眉頭。「但在我們討論其他選擇方案之前，我想知道妳是不是經常感到疲倦？」

我用力點點頭。

「妳的驗血報告顯示妳有貧血症狀——妳的紅血球數很低。」醫生說。我肯定露出了疑惑的表情，因此他又補充道：「不必太擔心，年輕女性常有貧血的問題。妳的經血量多嗎？」

我聳聳肩，不確定「量多」應該如何定義。「大概吧？」

根據過去十年的經痛體驗，任何經血量對我而言都算太多。

「那麼可能就是這個原因。」醫生表示。「我會開避孕藥和讓妳每天補充的鐵質給妳，不久之後妳應該就能恢復元氣。」

在搭乘地鐵回家途中，我一邊細數著距離杜比蒂托街還有幾站，一邊因為有個屬於我的男人正在等我回去而感到心醉神迷。一進到屋內，臉頰被寒風凍紅的我就立刻給了威爾一個擁抱。我打開紅酒時，告訴威爾關於貧血和補充鐵質的事。「這就是我一直感到疲倦的原因。」我對於身體康復充滿希望，對著威爾露出微笑。「你今天過得如何呢？」

「蜜拉在戰神廣場[1]的旋轉木馬上因為擦傷手肘而大哭，可是我安撫了她，所以一切還算不錯。我會說今天是相當美好的一天。」威爾在上法語課，並且開始擔任男保母——他禁止我稱呼他為男保母，可是我不管那麼多，只要一有機會我就這樣叫他。每天下午，當我還在律師事務所忙碌時，他會去幼稚園接四歲的蜜拉下課，然後帶她去參加各種課外活動。蜜拉有胖胖的臉頰和一頭棕色的捲髮，最喜歡坐在威爾的肩膀上，因為她可以在那裡鳥瞰街上的一切，一邊津津有味地吃可頌麵包，一邊向可以聽到她聲音的人們大喊：「我是全巴黎最高的小女孩！」威爾告訴我他們今天做了哪些活動時，我忙著替他從頭髮裡挑出可頌麵包的細屑。

男保母的工作只是暫時性的，讓威爾先在巴黎立足。雖然他的文憑沒有派上用場，可是他似乎不介意。這份工作可以提供檯面下來源穩定的現金，不需要工作簽證，比起由一名四歲的小導遊陪他探索這個異國都市，打發下午時光的其他方式可能不會比較好。另一方面，我對自己的工作越來越不樂觀，我覺得要熬過上班日越來越困難。自從我搬到巴黎之後，搔癢的症狀雖然減緩，但我總是感到疲倦，每天必須喝到多達八杯的濃縮咖啡。我開始擔心強烈的疲勞感可能源自其他原因，因此在日記中寫道：也許我只是無法融入現實世界。然而診所的醫生提出另一種解釋：貧血。這意味著我的疲勞是因為我的身體，而不是因為我的心理。我對這樣的差異心懷感激。

時間已晚，被我們喝完的空酒瓶放在洗碗槽裡。我搖搖晃晃地站起身子，宣布我們早該執行我們的新年目標。幾個星期前的除夕夜，我們訂定了新年目標。我非常喜歡每年訂定新目標的儀式：在日記裡寫上我想完成的事項清單及夢想，無論多麼不可能實現、多麼充滿不確定性，也無論我對未來多麼感到困惑，訂定新目標起碼可以營造一種假象。雖然威爾不是一個習慣規畫未來的人，他仍願意迎合我。他說，到了春天他就會申請念研究所，他也許會選擇巴黎政治大學[2]。我則立誓要找一份新工作，一份不會讓我每天耗盡精力的工作，一份不必整天影印及擔心老闆偷拍我照片的工作。

在接下來的兩個月，我開始試著執行我的新年新計畫：我整理了履歷、寄出求職信，並且聯繫我以前的教授和指導老師以徵求意見。不過，我也經常回到那間破診所的沉悶候診室。因為感冒、支氣管炎和尿道感染等各種問題，我回去求診六次，每一次都由不同的醫生看診，而且每一次我都得更新病史，新出現的疾病也隨著回診次數越變越多。我依照醫生的指示補充鐵質，可是並沒有感覺到體力恢復，反而越來越疲憊。診所裡的醫生不停地輪班，我不禁好奇誰會負責追蹤我的病況，以及誰才能夠幫助我——倘若有人真的幫得了我。

某天下午，當我再次進行「例行性的」抽血檢查時，突然忍不住淚濕雙眼。「妳怎麼了？」負責抽血的護理師問我。

我也說不上是什麼原因。

1 戰神廣場（Champ-de-Mars）是坐落於法國巴黎第七區的大型公園。

2 巴黎政治大學（Institut d'Études Politiques de Paris，簡稱 Sciences Po）是一八七一年創立的專業學院，為法國的菁英名校。

過去幾個月來，我每一天都感到相當疲倦，但卻沒有察覺到自己已經病得越來越重。當我被轉診到巴黎的美國醫院時，我的身體已經變得非常虛弱，要在我那張高架床爬上爬下變得非常辛苦。三月下旬某個異常溫暖的星期五下午，我出門去看醫生，原本搭地鐵只要三十分鐘的車程，我竟然花了幾個小時，而且最後還走到某個我從沒去過的巴黎街區。我四處尋找美國醫院，卻不停地兜圈子，才發現我根本下錯站。當我在等候能載我前往巴黎西郊塞納河畔納伊[3]的公車時，一陣暈眩突然向我襲來。我看著身旁的宏偉建築與名貴轎車在陽光下閃閃發光，鳥兒在菩提樹的心形樹葉揮動翅膀，一位母親和她兩個金髮的孩子手牽手走過街道陰涼處，但我只覺得頭暈目眩，眼裡冒著金星。突然間，那些房子、汽車、鳥兒和母親全部都縮小成漆黑背景中的金色斑點。前一分鐘我還好好站著，下一分鐘我已經倒在地上，頭部撞擊到人行道的路面。

「小姐，妳還好嗎？」當我醒來時，發現一位老太太正關心地問我。她乾而薄的嘴唇因為擔心而噘起。

「不，我不好。」我回答，然後又開始哭了起來。我聯絡不到威爾，他帶蜜拉去上每星期一次的游泳課，而我的父母遠在四千英里外。我就像是正要展開太空旅行，在取得推動力之後越飛越快、不停旋轉，然後距離地球越來越遠。我從來不曾感到如此孤單。

等到我終於抵達美國醫院時，已經是黃昏時分了。一位自稱凱醫生的男性在診療室迅速看了我一眼，就決定讓我做進一步的檢查。他對我說：「妳的狀況看起來不太好。」（意思是：妳的情況很糟。）一位年長者用輪椅把我推到樓上，來到一間有大窗戶的白色房間。太陽已經下山了，我看見深紫色的雲層飄過地平線，顯示即將下起雨來。我上一次在醫院裡過夜，是我出生的時候。

巴黎的美國醫院不像我在美國看過的任何一家醫院。我的病房非常豪華，比我住的套房還要大，牆面在陽光下看起來潔白如新。我每天會不由自主地期待早上送到我床邊的早餐盤，牛油可頌麵包與牛奶咖啡的香味會把我從睡夢中喚醒。伴隨早餐而來的還有一劑腎上腺皮脂類固醇（一種普通的類固醇），我不清楚醫生為什麼開這個藥給我，然而不到七十二個小時，我的身體已經恢復到可以自己下樓走到醫院的庭院。我下午都待在庭院裡寫日記、向身穿棉質病人袍的其他病患討免費香菸，以及看著花圃發呆。威爾晚上把蜜拉哄睡之後，就會到醫院來陪我。他帶了拼字遊戲過來，我們整夜聊天，拼字遊戲一場接一場地玩。一位護士給威爾一張訪客用的折疊床，因此他可以在病房裡陪我過夜。

「謝謝你在這裡陪我。」我們在各自的床上準備睡覺時，我昏昏沉沉地對威爾說。

「和妳在一起讓我變成最幸福的人。這是我一生中最快樂的幾個月。」威爾說，並且伸出手牽我的手。「沒有人像妳一樣，沒有人比妳更能激勵我——沒有人比妳更能讓我想做我自己。妳願意了解我，也願意了解自己，這些都深深激勵著我，讓我想變成一個更好的人。我們要一起打

3 塞納河畔納伊（Neuilly-sur-Seine）是法國中北部的城市，巴黎西部近郊的衛星住宅區，可利用巴黎地鐵一號線往來巴黎市區。

造遠大的夢想。妳很快就可以出院了，我們又可以恢復原本的生活。」

在我住院的一個星期中，醫生進行了他們所能想到的各種檢查，從愛滋病毒、紅斑狼瘡到貓抓熱[4]，但結果都是陰性。我回答了無數個問題：不，我以前沒有手術或住院經驗，也沒有任何宿疾；一位祖父因為前列腺癌過世，另一位祖父死於心臟病，除此之外沒有已知的家族病史；如果去夜店跳舞也算運動的話，那麼，是的，我經常運動。當凱醫生在顯微鏡底下觀察我的紅血球時，他發現我的紅血球變大了，因此提及我可能需要進行骨髓切片檢查。「妳常喝酒嗎？」某天下午他站在我的病床旁問我。「我喝得有點多。」我回答他。「我最近才剛從大學畢業。」他走出我的病房時，我看見他在寫字板上寫了一些筆記。最後他認為我這個年紀的人應該不必進行骨髓切片檢查，我也相信他的決定，畢竟年輕就等於健康。

「妳需要多休息。」凱醫生做出結論。「我對於妳的紅血球細胞依然心存疑惑，但我認為不必太過緊張。接下來我休假，兩個星期後回來，到時候我們再看看妳的狀況有沒有改善。」就這樣，他診斷我患有「職業過勞」，讓我回家休養，並開立證明，讓我請病假一個月。

從醫院搭地鐵返家途中，我在日記中寫道：

必須牢記的重要診斷細節：

1. 凱醫生戴普拉達[5]的眼鏡。

2. 威爾和我在病房浴室做愛時差點被護士撞見。
3. 在醫院餐廳訂購焦糖布丁和香檳會直接送來病房。
4. 我覺得這個地方根本是偽裝成醫院的鄉村俱樂部。
5. 他媽的「職業過勞」到底是什麼？

無可否認，我對於可以請假一個月感到非常興奮，但其餘一切都無法讓我開心。少了每天一劑的腎上腺皮脂類固醇，我的體力又開始衰退。我無力地坐在地鐵冰冷的塑膠椅上，試圖讓自己保持清醒。我突然覺得，也許凱醫生認為工作過度和玩樂過度是導致我疲憊的唯一理由，但我不認為他或任何一位醫生有認真看待我的症狀。然而我也無法說自己嚴肅地看待這個問題，因為我沒有反駁他們的看法。於是我將腦袋裡的疑慮趕走，畢竟他們才是擁有醫學學位的人，不是我。

出院回家幾天之後，我接到一則好消息：我得到一個面試機會。過去幾個星期，我寄了很多封求職信到各家報社和雜誌社，然而都石沉大海。其他的產業都有其清晰的道路可循，有其必須

4 貓抓熱（cat scratch fever）是一種由漢氏巴爾通體菌（Bartonella henselae）引起的細菌性疾病，多半是因為被貓抓傷或咬傷而感染。

5 普拉達（Prada）是義大利知名的時尚奢侈品牌之一。

一步一步往上爬的企業階梯，或者有其特殊的學位需求，但是新聞工作不同。對我而言，新聞業非常神祕，而且難以了解，我根本不知道應該如何進門。「妳只要開始撰寫報導，然後寄去給編輯就可以了。」曾經有人這樣告訴我，可是我白天的工作占去我太多時間，導致我無暇寫稿。即使我真的有時間寫稿，我也不認識任何編輯可以讓我投稿。即使我真的認識編輯，我也沒有信心主動把稿子寄給對方。因此我寫信給以前的新聞學教授，他建議我聯絡總部設於巴黎的《國際先驅論壇報》[6]，詢問有沒有基層工作的職缺。令我驚訝的是，該報社竟然回信了，並表示有一個「特約記者」的空缺，負責蒐集資訊以協助資深記者報導在突尼西亞爆發的革命事件——該事件後來被稱為「阿拉伯之春」[7]。他們希望我馬上前往面試。

隔天我穿上在二手商店買的黑色套裝，將亂七八糟的捲髮紮成辮子，並且在蒼白的臉頰上多刷一些腮紅，然後前往面試。在我氣喘吁吁地爬上《國際先驅論壇報》辦公室的樓梯時，我發現熟悉的頭暈感又出現了，而且我開始喘不過氣，然而我那天必須聚焦在更重要的事情上。該報社的開放式辦公室擺滿了檔案櫃和辦公桌，辦公桌上則放滿書本、電腦螢幕與髒兮兮的咖啡杯，到處傳來敲擊鍵盤的聲響。我看著坐在辦公桌前的那些資深記者，不敢抱存任何幻想。我知道獲得這份工作的機會渺茫，但這是我第一次看到一條令我興奮的職業道路。突然間我意識到自己其實一直為了這一刻而準備：在學校的時候，我修了很多門語言課程——阿拉伯語、法語、西班牙語、波斯語，當初我的想法是，將來有一天我可以輕鬆地在遙遠的地方生活與工作。而且每年夏天我都到國外上課及從事研究，因此得以遊歷阿迪斯阿貝巴[8]、摩洛哥的阿特拉斯山脈[9]和約旦河西岸地區。至於突尼西亞，它不僅是我熟悉且熱愛的國家，更是我的祖國：我父親就來自突尼西亞，所有的親戚也都還住在那裡，而且我很自豪地持有突尼西亞護照。我在面試過程中談到這些，面試我的編輯們似乎都很高興，我自己也是。離開《國際先驅論壇報》辦公室時，我心想：我成年以後一直朝著這個時刻而努力。但我也忍不住嘲笑自己在大學那四年的時光。

然而我後來再也沒有機會回到《國際先驅論壇報》的辦公室，因為不到一個星期的時間，我又入院了。這一次我躺在急診室的輪床上，因為疼痛而翻起白眼。我口腔裡的潰瘍傳來陣陣刺痛，我的皮膚變成像死肉一般的藍灰色。值班的醫生說：「我不想嚇妳，可是妳的身體顯然出了問題，妳的紅血球數已經顯著下降。」威爾握緊我的手，我則看著醫生，不明白她的話是什麼意思。「如果妳紅血球數再低一點，妳就無法上飛機了。」她的手輕輕放在我的手臂上，告訴我她有一個年齡與我相仿的女兒，如果她是我的母親，她會希望我趕緊搭下一班飛機回家去。

---

6 《國際先驅論壇報》（*International Herald Tribune*）於一八八七年十月四日創立於法國的塞納河畔納伊，《紐約時報》（*The New York Times*）於二〇〇二年十二月三十日取得其全部股份，並於二〇一六年十月將其更名為《紐約時報國際版》（*New York Times International Edition*）。

7 阿拉伯之春（Arab Spring）是阿拉伯世界的革命浪潮，起始於二〇一〇年十二月十七日至二〇一一年初在突尼西亞爆發的茉莉花革命（Jasmine Revolution）。

8 阿迪斯阿貝巴（Addis Ababa）是衣索比亞的首都和最大城市。

9 阿特拉斯山脈（Atlas Mountains）是橫跨摩洛哥、阿爾及利亞與突尼西亞三國的山脈。

第二天早上我立刻安排飛回紐約的事宜，但我也堅持購買兩星期後返回巴黎的回程機票，我必須讓自己相信這是一趟來回行程。威爾表示願意陪伴我同行，可是我認為沒有必要——因為他必須照顧蜜拉，而且我很快就會回來。我在機場與威爾道別時，叫他無須為我擔心。隨後有一位身穿深藍色制服的老先生用輪椅推我穿越戴高樂機場，並且通過安檢線、經過那些等候登機的家庭與手持時髦公事包的商務旅客，然後登上飛機。我因為不好意思而耳根發燙，認為急診室的醫生反應過度，可是她堅持我一定要坐輪椅。我很擔心隨時會有人叫住我，指責我是騙子，然而那些在優先登機隊伍中排隊的乘客，只要一注意到我，都明顯露出憐憫的眼神。

飛機起飛了。我在兩個座位上像個小嬰兒般蜷縮著身子，身體在薄毯下微微發抖，無法感到一絲溫暖。我向來喜歡搭飛機，因為我喜歡高度所產生的渺小感，讓地球變得越來越小，直到消失在雲層底下。然而我這次卻把窗簾拉下，因為我實在太疲倦，什麼事都沒辦法做——我沒辦法看電影，也沒辦法吃體貼的空服員拿給我的零食。而且，儘管我非常疲憊，我的臉頰因為口腔裡的潰瘍而腫脹，導致我難以入眠。急診室的醫生為了讓我可以舒服地飛回家，特別開了可待因[10]給我。我服用了兩顆，希望疼痛可以因此得到舒緩。我的腦袋開始昏昏欲睡時，身體卻出現一波波噁心的反應。

我夢見這架飛機是一座在大西洋上空的飛行監獄，我因為去年所喝的酒、所抽的菸和所吸入的壞東西而遭到懲罰。我還夢見自己參加大學畢業五年後的同學會，可是我的朋友們都背對著我，站在翠綠色的草坪上笑著啜飲雞尾酒，我當年的宿舍則矗立於遠方，被橘色的陽光烤得滋滋作響。

我大聲呼喚他們，但他們回過頭之後卻無視我的存在。在夢的邏輯裡，這是有道理的。也許他們已經不認得我了。我心想，因為我在畢業之後老化得非常嚴重。我坐在機場的輪椅上，全身瘦得皮包骨，幾乎禿光的頭頂只剩幾根長長的銀髮，瞳孔因為白內障而變成白色，張大的嘴巴裡沒有牙齒。我又喊了他們一次。*是我啊*，我喊道，*蘇萊卡*。但這一次完全沒有人回頭。

當我再次睜開眼睛時，感覺到飛機的輪子砰地一聲撞擊在機場跑道上。我已經回到家了。

---

10 可待因（Codeine）是一種鴉片類的藥物，具有止痛、止咳和止瀉的效果。

05 在美國

從我學會說話開始，我都直接叫我父母的名字。對於這件事，我們家人都不覺得奇怪，直到一位感到不解的老師提出疑問。

我的母親安妮是一個嬌小的女性，她有冰藍色的眼眸與芭蕾舞者的苗條身材及結實肌肉，來自距離日內瓦一個小時車程的瑞士村莊。她在一間石頭屋裡長大，那間石頭屋裡裝滿了舊書、骨董，和一臺不斷播放古典音樂的留聲機。客廳的窗戶開向鎮上的廣場，可以俯瞰一座中世紀城堡和一面波光瀲灩的湖泊。我母親在週末時經常在湖裡游泳及與鄰居的男孩子們駕船。她是一個男孩子氣的女孩，頭髮剪得短短的，經常埋首於小說中。她的父親盧克是一位物理學家暨環保運動人士，個性嚴厲且近乎激進，然而他的思想領先於他的時代。為了減少排碳，他拒絕擁有汽車，並禁止家中使用塑膠類製品。石頭屋的閣樓是一間工作室，盧克在那裡為安妮和她的三個手足製作手工木雕玩具。安妮的母親米芮兒是一名圖書館管理員，她對丈夫的激進主義不感興趣。米芮兒喜歡美麗的事物，她收藏的喀什米爾羊毛衣令人印象深刻。她有一座寬敞的玫瑰花園，並且以她擅長烘焙的瑞士蘋果餡餅聞名。米芮兒總說，行為表現有正確的方式也有錯誤的方式，因此她要求自己的孩子們接受嚴格的禮儀訓練。然而安妮在進入青春期之後，開始受不了父母充滿約束的規範以及村子裡封閉的氣息。

安妮在洛桑[1]完成藝術學校的課業之後，拿到一筆獎學金，便搬到美國的紐約市，希望能成為一位知名畫家。她在東村的第四街和A大道轉角處租了一間小套房，當時是八〇年代的全盛時期，她住的那一區有許多畫滿塗鴉的公寓樓房和堆滿瓦礫的廢棄空地，街道也充滿生氣，到處可見年輕作家和音樂家所散發的創造力與雄心壯志。她以前從來沒有看過這種樣子的地方。

做事拚命是我們家族的特性。我母親工作起來就像犁田的馬匹一樣努力，每天從早忙到晚，靠著替人裝潢居家以及在餐館和咖啡廳兜售玫瑰花謀生。她賺的錢讓她得以支付房租及她與幾位藝術家合租的工作室租金，但不久之後她發現一種更容易賺錢的事業，開始在家裡經營起小生意。「您好，這裡是國際語言學校，請問您需要什麼樣的服務？」她都這樣接電話，假裝自己是祕書。這間學校（如果可以這樣稱呼的話）的教師包括我母親和她來自歐洲各地的朋友，她聘請這些朋友為生意人與富裕家庭上法語課、義大利語課、德語課和西班牙語課。後來她存夠了錢，把錢拿去付了買房子的頭期款。她買下的那間公寓售價為四萬美元，這個數字在當時有如天價。

在紐約的第五年，安妮的機智、短髮、具貴族氣質的鼻子及優雅的顴骨，在市中心的一家爵

1 洛桑（Lausanne）是瑞士第四大城市。

士俱樂部吸引了我父親赫帝的注意。赫帝要贏得安妮的芳心並不難，因為他有高䠷的身材、古銅色的肌膚及一頭蓬鬆的黑色捲髮，兩顆門牙之間還有一道迷人的縫隙。他剛參加過紐約市的馬拉松比賽，體格正處於此生的顛峰狀態。他住在幾個街區外的第七街，由於兩人的住處如此接近，他們很快地就每天膩在一起。由於他們都說法語，而且兩人皆離鄉背井，喜愛烹飪、電影與藝術，因此結下不解之緣。他們有同樣的波希米亞式價值觀，寧願把錢花在美酒、戲票和旅遊上。可是他們也經常為小事爭吵，因為兩人都很頑固且獨立，總是堅持自己的立場。我母親很重視她的畫家夢，還不想當任何人的妻子，我父親則還沒決定要留在美國或者返回他的祖國安頓下來。但是在交往兩年之後，安妮在赫帝位於湯普金斯廣場公園的公寓裡意外懷孕，我可以想像當她從驗孕棒發現自己懷有身孕時，便開始為失去自由而哀悼。（後來她改變了想法，並告訴我：她感到十分驚喜。）

赫帝當時已經四十歲，他比安妮年長將近十歲，在聯合國國際學校[2]教高中，並兼任法語和阿拉伯語的自由譯者。安妮懷孕讓赫帝欣喜若狂，可是安妮不認為自己能成為一位母親，而且她也不相信婚姻，她在瑞士的大多數朋友都只有伴侶和小孩，沒有正式結婚。她覺得婚姻很老套，令她感到窒息，所以她堅持不要讓兩人關係合法化的結婚證書。然而過了幾個月之後，安妮改變了想法，但只是為了讓赫帝能夠與他母親分享安妮懷孕的消息。於是他們舉行了結婚儀式，結婚當天的拍立得照片顯示他們站在曼哈頓市中心的市政廳臺階上，身上穿著尺寸不合的西裝和新娘服，手裡拿著所謂的「捧花」——兩根隨便從路樹折下的樹枝，上面還帶著樹葉——兩人相視而笑。

我之所以知道這些細節，是因為我和我母親非常親密——沒有不能談論的話題，也沒有不能讓彼此知道的重大消息。她說話時有濃濃的口音，加上俐落的短髮、未剃毛的腋下與濺滿顏料的工作服，與我所知的一般母親很不相同。當我十三歲初次月經來潮時，她是我第一個告知的人，結果她隔天準備了一頓全世界最令人尷尬的慶祝午宴，還因為我從女孩變成女人而激動地乾杯，讓我大吃一驚，也害我父親和我弟弟在位子上坐立難安。我十幾歲的時候曾經告訴她，我打算等到結婚時才獻出我的第一次。「別傻了。」安妮回答。「在妳決定要與誰廝守一生之前，得先知道自己喜歡什麼。」

早年我們經常搬家——從東村搬到阿第倫達克山區[3]，接著又因為我父母的工作而搬到法國、瑞士和突尼西亞，不過我們總是會回到美國，因為我父親在紐約州薩拉托加泉市[4]的一所小型文科學院——史基摩爾學院[5]——有終身教職。雖然安妮一開始猶豫不決，但是她後來很喜歡母親這種身分，所以在我弟弟出生之後，她決定不把生活重心放在追求自己的事業，而是專心地將我們帶大。她以繪畫昆蟲、花卉與蜂巢抽象畫（她畫出來的都像陰道）所需要的同等創造力及熱情來教育孩子。在下雪的冬季，她會反戴棒球帽、套上滑雪板，滑過幾個街區到公車站牌接我們回家。

---

2 聯合國際學校（United Nations International School）是紐約的一所私立國際學校，創立於一九四七年。
3 阿第倫達克山（Adirondack Mountains）是美國紐約州東北部的山區。
4 薩拉托加泉市（Saratoga Springs）是美國紐約州薩拉托加郡的一個城市，經常簡稱為薩拉托加（Saratoga）。
5 史基摩爾學院（Skidmore College）是位於紐約薩拉托加泉市的一所私立文科學院。

她把我們家的閣樓變成一間工作室，在那裡教我們藝術。下午放學回家之後，我和我弟弟就盤腿坐在工作室的木頭地板上玩顏料和水彩。她教我們印象派的點描繪法、拿喬治・秀拉[6]的作品給我們欣賞，並且讓我們用沾了顏料的棉花棒創作自己的點描繪風景畫。

每天晚上睡覺前，她會用法語閱讀寓言故事和童話故事給我們聽。我們很乖的時候，她還會用杏仁油為我們按摩。「我們今天要種什麼？」她會一面說著一面輕揉我們的背部，宛如在翻土，並且捏我們肩胛骨下方的皮膚假裝在「播種」，逗得我們尖叫。她有一種討人喜歡的暗黑幽默感，並因為熱愛捉弄人而惡名昭彰，但有時候會胡鬧過頭。有一次，她在她最喜愛的節日——愚人節——當天，寄了一封電子郵件給我和我弟弟，說我們的父親失業了，所以我們必須馬上輟學，找工作賺錢。她寄出信之後就忘了這件事，跑去看電影，害我和我弟弟白白擔心好幾個小時。正因為她這種淘氣魯莽的行為，讓我覺得有她相伴充滿了自由與神奇，也讓她變得容易親近，不像那些老是提醒妳不夠成熟的大人。雖然我離家上大學並且在畢業後搬到異地，我和我母親仍然透過電話維繫緊密的關係。我們每天都通電話，而且時常一天通話好幾次。

我和赫帝的關係就不太相同了。對我而言，赫帝像是一個謎。他在受法國統治的加貝斯[7]長大，加貝斯是位於突尼西亞南部的城市，也是地中海沿岸的綠洲。他的父母都不識字，他的父親穆罕默德在市政廳的收發室工作，雖然很疼愛孩子，可是也非常嚴格，堅信「不打不成器」的格言。他的母親雪麗法是一個溫柔而且無私的人，下巴有柏柏爾人[8]的刺青，並且綁了用散沫花染成棕紅色的髮辮，但是用頭巾蓋住辮子。我父親開玩笑地說，每次他從學校返家，就會發現雪麗法又生了一個新寶寶。他們家過得很辛苦，在戰後那段物資缺乏且疾病肆虐的日子，雪麗法的十三個孩子中只有七人活下來。我父親排行第二，他並不是這些孩子中最勤奮好學的一個，可是他最聰明，也最有成功的決心。從突尼西亞大學畢業之後，他搬到倫敦，接著又到巴黎，最後移民美國，並且在美國取得法國文學博士學位。

我很崇拜我父親，包括他身穿白色亞麻西裝且頭戴軟呢帽的英姿、轉頭時的動作，以及語言方面令人驚嘆的記憶力。可是我也有點怕他，雖然他是一個懂得生活、慷慨大方且充滿魅力的人，但他和他父親一樣容易發怒，經常動不動就生氣。他以自己被教導的強悍方式來教育我和我弟弟亞當，認為讚美只會讓人變得軟弱，對於幼稚的舉止沒有耐性。「有趣的人不會談論八卦或無聊的事，只會討論想法。」每當我話太多或因為其他理由讓他不高興時，他就會這樣對我說。

我一直到上高中才開始認真讀書，我和我父親也才因此有了共同點。我喜歡坐在他辦公室的扶手椅上看他的書，他有一整面從地板到天花板的書櫃，裡面擺滿上百本經典名著、詩集、小說和文學理論的書籍。只要我讀到不懂的單字，就會拿放在書櫃底層的字典來查明意思，並在我的日記後面記下新學到的字彙表。在我父親的指導下，我開始閱讀法文書籍，因此認識了

6 喬治・秀拉（Georges Seurat, 1859.12.2-1891.3.29）是點描繪畫派的代表畫家。

7 加貝斯（Gabès）是北非突尼西亞的第六大城。

8 柏柏爾人（Berber）是西北非洲一個說閃含語系柏柏爾語的民族。

波特萊爾[9]、福樓拜[10]、卡繆[11]、沙特[12]和法農[13]的作品。雖然我小時候住在突尼西亞的那段期間曾經使用過一些阿拉伯語，可是後來幾乎全忘光了。我下定決心重新學習我父親的母語，因此上大學之後，我在我父親的學術啟發下主修近東研究，輔修法語和性別研究。我每次完成一篇論文，就會寄給我父親看，他也會花幾個小時的時間用紅筆圈出我需要改進的地方，然後把修訂版本和延伸閱讀的書單寄回給我。為了撰寫畢業論文，我特別前往突尼西亞以蒐集當地年長婦女的口述歷史，我的採訪對象包括我的祖母。我問她們對於《個人地位法典》[14]的看法，該法典包括一系列後殖民時代的改革法規，旨在促進男女平等。當我以最優等的成績畢業並獲得多項論文獎時，我父親罕見地以口語表達出他對子女的驕傲，對我說：「我以妳為榮。」

我父母送我的畢業禮物是一個紅色的行李箱，顏色像消防車一樣紅。這個行李箱很大，而且四四方方，下面有可以平順滑動的小輪子，是他們趁百貨公司打折時買的。那年夏末，當我得到巴黎的那份工作時，這個行李箱便派上用場。我記得我父母當時似乎非常樂觀，祝福我一路順風。「這是妳的第一份工作，一定會非常順利！」他們開車載我到機場時表示。最後他們堅持要拍一張我在路邊拖著行李箱的照片，我畫著阿拉伯式眼妝的眼睛，忍不住翻了白眼，但在準備衝進機場大樓前快速向他們投以一個傻笑。當時我一心想著鋪展於眼前的未來，差點忘了轉身與他們揮手道別。沒有人知道我七個月之後就會回來，而且這一次沒有人想拍照或談論我未來的計畫。

一位機場的服務人員幫我拿行李，然後將我的輪椅推到甘迺迪國際機場的入境大廳。「小姐，妳確定我可以留妳自己在這裡嗎？」

我點點頭。一如往常，要來機場接我的赫帝又遲到了。守時向來不是我們家的強項。

我一邊等我父親，一邊看著旋轉門吐出一個接一個疲憊的旅客。將近一個小時之後，我才看到我父親出現。他光禿的頭上歪歪斜斜地戴著黑色軟呢帽，並且從容不迫地走在人群中，用他濃密睫毛下有如乳牛般的黑色眼睛掃視入境大廳，尋找著他女兒的身影。「赫帝。」我喊他，並且高舉起雙臂拍拍手。「赫帝，我在這裡！」

我看到他臉上出現震驚的表情。當他看著我腫脹的臉頰和發青的嘴唇，以及罩著長袖運動衫的消瘦身軀，臉上的表情就軟化了。他彎下腰親親我的臉。「嗨，小美女，對不起，我在高速公

---

9 夏爾・皮耶・波特萊爾（Charles Pierre Baudelaire, 1821.4.9-1867.8.31）是法國詩人，散文詩的鼻祖，代表作品包括詩集《惡之華》（*Les fleurs du mal*）與散文詩集《巴黎的憂鬱》（*Le Spleen de Paris*）。

10 古斯塔夫・福樓拜（Gustave Flaubert, 1821.12.12-1880.5.8）是法國文學家，代表作為《包法利夫人》（*Madame Bovary*）。

11 阿爾貝・卡繆（Albert Camus, 1913.11.7-1960.1.4）是出生於阿爾及利亞的法國小說家、哲學家、劇作家及評論家，於一九五七年獲得諾貝爾文學獎。

12 尚保羅・沙特（Jean-Paul Sartre, 1905.6.21-1980.4.15）是法國哲學家、作家、劇作家、政治活動家及存在主義哲學大師。

13 法蘭茲・奧馬・法農（Frantz Omar Fanon, 1925.7.20-1961.12.6）是法國作家、心理分析學家及革命家，他的作品啟發不少反帝國主義之解放運動。

14 《個人地位法典》（*Code of Personal Status*）是突尼西亞的革新法規，目的是促進諸多領域的男女平等，於一九五六年八月十三日頒布，一九五七年一月一日施行。

路下錯交流道。」他說，然後一手推著我的輪椅，另一手拖著我的紅色行李箱，把我推到我們家那輛老舊廂型車停放在停車場的位置。我爬到車子後座躺下，而且因為太累，在返回薩拉托加泉市的三個半小時車程裡，我沒說幾句話。

回家是一件有趣的事，因為所有的東西聞起來、看起來、感覺起來都一樣，可是你已經完全不同。你離家時的模樣和你現在的模樣，在舊回憶的背景下對比更加明顯。當我父親在我家門前停車時，我母親正在屋前整理花園。從我十二歲開始，我們家就住在這棟房子裡。我母親打開廂型車的車門，協助我下車。「我的老天。」她仔細打量我之後用手遮著嘴巴發出驚呼。「妳為什麼沒告訴我，妳的情況這麼糟糕？」

「我正嘗試改走專業模特兒的路線。」我回答。我知道我母親很有幽默感，可是她沒有笑。

「妳還沒看到最糟糕的。」我父親說。「蘇蘇，讓妳媽媽看一下妳嘴巴裡的傷口。」

我翻開下嘴唇，露出在飛行途中新出現的三個潰瘍，並皺起眉頭，因為這三個乳白色的滿月形傷口又圓又腫。我父母交換了一個我無法破譯的眼神。

我拖著腳步走進屋裡，直接上樓到我的房間。我放鬆地垂下肩膀，深深吸一口我熟悉的書櫃積塵，發現牆上那張突尼西亞傳奇歌手阿里·里亞希[15]（Ali Riahi）的海報已經發黃。我展開四肢躺在床上，沉沉的睡意讓我離不開床。過了幾個小時，瑞士牛鈴的聲響將我吵醒。我母親總是使用這種向她故鄉致意的方式叫大家下樓吃飯，但是我和我弟弟都討厭她這樣做。我摀住耳朵，只想要繼續睡覺。因為我沒下樓，我父親便上樓來敲我的房門。

「妳怎麼了？」他用突尼西亞方言問我。

「我不餓。」我呻吟道，並且用枕頭蓋住臉。

「我們已經好幾個月沒見到妳了，至少陪我們聊一會兒。」

「我太累了。」我說。

「妳已經睡了好幾個小時，應該打起精神。只要妳肯起床，身體就會感覺舒服一點。來吧，先吃飯，然後到附近散散步。」

「赫帝，求求你。」

於是我父親放棄遊說，走出我的房間。接著我又動也不動地躺了一會兒，罪惡與不安使我難以成眠。我知道我的身體出了問題，但有時候我又懷疑是不是自己想太多——這些症狀到底是真的還是我憑空想像出來的？或許我應該要更努力地打起精神。

於是我下床來到樓梯口，然後舉步維艱地走下樓。我的四肢就像裝滿水泥的沉重容器，這段樓梯彷彿永遠走不完。等到我走到樓梯最下方時，整個人已經精疲力竭，只好坐到橡木地板上試著恢復一點體力。我聽見我父母在廚房裡說話的聲音，便馬上豎起一隻耳朵偷聽。這種從小練就的本能，實在讓人難以自制。

15 阿里・里亞希（Ali Riahi, 1912.3.30-1970.1.17）是突尼西亞的知名歌手暨作曲家。

「我讓她買了兩個星期後飛回巴黎的機票，但我懷疑她的身體那時候是不是已經復原。」我母親說。「她看起來不會很快康復。」

「聽到她那些症狀時，妳心裡是怎麼想的？口腔裡有潰瘍、體重減輕、感染頻繁發生，而且紅血球數過低？」我父親問她。

我母親沒有說話。

「愛滋病。」他說，口氣聽起來彷彿已經仔細思量過這件事。

「我知道她的愛滋檢測結果是陰性，可是我在網路上讀到，愛滋病毒可能要經過幾個月的時間才會顯現出來。妳也看見她和她那些朋友在畢業典禮上喝了多少酒，而且那還只是在我們面前，天知道我們不在的時候她做過什麼？她可能到處與別人發生性關係，或者嗑藥，只是我們不曉得。」

這段對話讓我又羞又怒，腎上腺素直衝胸口，脈搏也急速狂跳。我跑回樓上，用顫抖的手砰地一聲甩上房門。我很氣我父親，因為他在我背後隨意揣測我的健康狀況與私德，但我也深深羞愧，因為他並沒有完全猜錯，我不在家的時候確實做過一些讓他擔心的事。然而最令我不安的是，我父親一向剛強，但此刻聽起來卻無比擔憂。我從小就被灌輸一種船到橋頭自然直的觀念，可是現在我越來越難用這個想法來安慰自己。

06 分歧

自從我回家之後已經過了一星期。關於我如何度過這段時間，我只隱約記得我去看了很多醫生，也睡了很多覺，並且利用通訊軟體和威爾聊了很多事。我還不情願地勉強自己與我父母出門散步。不過，我記得最清楚的部分，是家裡籠罩著焦慮，空氣中也充斥著憂愁。我一邊等待檢查結果，一邊感到越來越深的恐懼和沮喪。

今天是復活節，可是我毀了這個節日。我在我的日記中寫道。安妮花了六個小時為我們準備一頓豐盛大餐，然而我不僅什麼都沒吃，而且悶悶不樂地看著他們兩人。星期三我就要進行骨髓切片檢查了，我很害怕。

「為了謹慎起見」是醫生建議我進行骨髓切片時的說法。切片是一個折磨又羞辱人的過程，我臉部朝下趴在檢查檯上，將牛仔褲褪到腳踝處，醫生一邊用優碘消毒我的下背部，一邊向我解釋：骨盆的骨頭富含骨髓，是進行切片的首選部位。他將局部麻醉藥注射到我的下背部，針頭越刺越深，直到刺進骨頭。醫生還提醒我：雖然我的皮膚表層已經麻醉，但我還是會感到疼痛。當他把一根細細的針刺進我的骨頭並以令人作嘔的方式快速吸出我的骨髓細胞時，我痛得必須咬緊牙根。接著他拿出一根更大的針——十英寸長且閃閃發亮的不鏽鋼針頭。這根針附有一個塑膠把手，方便他把針頭鑽進我的骨髓深處。他說我的骨頭年輕強壯，然後他將一隻腳踏在檢查檯上，用力地將這根針鑽入我骨盆的骨頭裡。當他切下我一小塊結實的骨髓時，我已經痛到咬破臉頰內側，因此嘗到鮮血的味道。切片完成之後，我茫然地坐著，切片部位已蓋上一塊紗布，背部發出陣陣刺痛。醫生再次向我保證，他認為應該不會發現任何異狀，但考量到我逐漸惡化的病情，他認為還是謹慎一點為宜。

一個星期之後，在二〇一一年五月三日那天，我們在答錄機上聽到醫生的留言。骨髓切片檢查的初步結果已經出爐，醫生希望我們盡快到診所一趟。當我和我父母抵達診所時，診所的工作人員和其他病患都已經下班回家，因為已經過了看診時間，醫生辦公室的燈光也已調暗。微光在成堆的雜誌上照出陰影，映在綠色的牆壁上。醫生到候診室來與我們見面，然後坐了下來。他開口後沒有拐彎抹角。「骨髓切片的檢查結果證實了我的懷疑，雖然我不希望如此。妳得了一種名為『急性骨髓性白血病』的癌症。」他清楚而緩慢地說出診斷出來的病症，宛如外語教師在教我們一個新的詞彙。

雖然我不清楚這種病到底是什麼，但感覺得出這並不是好事。我不敢看我父母震驚的表情，只能僵在椅子上，腦中複誦著這種病的名稱。*白血病。白血病。白血病。*聽起來像是某種美麗但有毒的奇花。

「這是一種危險的惡性腫瘤，會攻擊病患的血液和骨髓。」醫生說。「我們必須馬上採取行動。」

如果你才二十二歲，就被診斷出罹患癌症，你會有什麼反應？

你會啜泣然後精神崩潰嗎？

還是會暈倒或者大聲尖叫？

在那一刻，一種令我意外且違反常理的感覺淹沒了我：我鬆了一口氣。經過幾個月令人困惑的誤診，我的搔癢、口腔潰瘍、倦怠無力終於有了解釋。我不是憂鬱症患者，雖然我的症狀很像；我的疲憊不是因為玩樂過頭或無法融入現實世界，而是來自我可以清楚說明的具體事由。

醫生接著所說的一切——他說我的病情很嚴重，必須馬上接受治療——都變成遠方的嗡嗡聲。我只覺得他彷彿拿著手術刀盯著我看，以這個診斷結果將我的人生劈開，把我的靈魂分成兩半：一半的我在巴黎的酒吧裡暢飲龍舌蘭酒並與某個墨西哥樂團主唱共舞，我的朋友們因此為我吹口哨歡呼，另一半的我則躺在無菌的隔離病房裡，每個晚上在訪客離開之後暗自哭泣。

診斷結果已經變成一道無法彌合的裂痕，將我之前與之後的人生分隔開來。

07 餘波

我們家的人都不會在大庭廣眾之下流眼淚。那天晚上我們回到家之後，我母親躲進她的工作室並且關上門，我則把自己鎖在房間裡，像個小嬰兒般蜷縮在床上，用被子蓋住全身。我父親到附近的樹林裡獨自走了很久，幾個小時之後才兩眼通紅地回來。我弟弟亞當是大學三年級的學生，正在阿根廷求學，我和我父母都決定先不告訴他我罹癌的事，等到我們進一步了解我要接受什麼樣的治療再說。至於我的朋友們，他們根本不知道我生病，也不知道我已經回到美國，甚至還在我的臉書上問我他們可不可以到巴黎找我玩。

我躺在床上，有一股想分享這個可怕消息的衝動。我認為如果我把這件事大聲說出來，或許會感覺真實一點。於是我拿起電話打給我的朋友傑克，傑克是我上大學之後最早認識的朋友之一，也是我很親近的友人。我想在告知威爾之前先練習一下，相信傑克可以體會我的感受——然而一直到今天，我從來沒遇過那麼急著掛電話的人。傑克向我道歉，表示他也希望可以多聊一點，可是他還有事要忙，承諾當天稍晚會再打電話給我。最後他沒有打來，而且我一連好幾個星期都沒有接到他的電話。那是我第一次發現癌症這件事對於我身旁的人來說是不舒服的消息，當他們不知道該說什麼的時候，通常就什麼都不說。

在我失去僅剩的一絲勇氣之前，我打了電話給威爾。我們才剛剛開始交往，我能期待什麼？他會放棄在法國的一切搬回美國嗎？——他會搬來薩拉托加陪我並且與我父母同住嗎？他甚至沒有見過我父母。當電話撥通時，我深深吸了一口氣。「切片檢查的結果出來了，我得了一種叫做急性骨髓性白血病的癌症。」我哽咽著告訴威爾。「我不知道接下來會發生什麼事，也明白你沒有義務參與這一切。」

我接著說明我目前對這種癌症所知甚少，而且短期之內無法返回巴黎。在可預見的未來，我會先住在我小時候的房間，直到入院接受化療。過了一秒鐘，也許兩秒鐘，但那段沉默簡直像一輩子那麼久。我聽見威爾的腳步聲和櫥櫃開開關關的聲響。巴黎還是早上，我想像威爾在我們那間套房裡來回踱步，剛睡醒的頭髮亂七八糟，手裡端著咖啡。「我會搭飛往紐約的第一班飛機。」威爾說。「我現在準備去機場。」聽見威爾的回應，我才開始掉眼淚。

癌症是引起大家關注的八卦話題，不到二十四個小時，我罹癌的消息就像燃遍灌木叢的烈火席捲我們所住的小鎮，我父母家的答錄機閃著紅燈，顯示留言已滿。一個鄰居留言詢問這消息是不是真的？如果是真的，他們想知道該如何幫助我們。另一則留言來自我十多年沒見的兒時玩伴，對方表示想過來探望我。我父親的同事留言說她煮了一鍋辣肉醬，待會兒要送過來讓我們當晚餐。還有一個後來被我們稱為「癌症大師」的男人打電話來確認我們早已忘記的預約。

在我確診之前，我們找這個男人預約了時間，因為我母親在瑜伽課認識的某人說這個男人擅長破解醫學上的謎團。「或許他可以給妳一些營養補給品，讓妳的身體舒服一些。」我母親說。這個建議聽起來很合理。在我和我弟弟的成長過程中，我母親一直告訴我們速食餐點、汽水飲料和含糖穀片對身體不好，而且我們生病時會先去買健康食品或者找針灸師父、中藥醫師及順勢療法的醫生，只有在束手無策時才會去看正規的醫生。小時候我覺得我母親對養生的癡迷令人尷尬，因為在萬聖節的時候，整條街只有她會分送剝殼花生、蘋果和二號鉛筆，而不是糖果。然而這麼多年以來，我吸收了她對替代醫學及有機食品的信賴，並看見這麼做的價值。

幾個小時之後，我母親開車，我則坐在副駕駛座上，看著我童年時期的地標模糊地閃過眼前——包括我在十幾歲時打工賺錢的薩拉托加市中心大街、我獻出初吻的二手書店，以及我一句英語都不會說的時候所讀的幼稚園。我們沿著雙線道的鄉間小路行駛，在四十五分鐘後抵達一個狹小但樹林茂盛的露營車停車場。我以前從來沒有聽說過這個位於郊區的小鎮。我們停在一輛雙連結的旅行拖車前，這輛拖車前方的草坪上擺著許多裝飾物。我們下了車，然後敲敲這輛拖車的門。

一個肥肚腩垂在牛仔褲外的淺黃色頭髮男子出來應門，我母親立刻將我的切片結果告訴他。在我脫掉外套之前，他伸出肉肉的手握住我的手臂，並且俯身靠向我，我的臉頰可以感覺到他濕冷的呼氣。「在我們開始之前，我要先說明一件事。」他看著我的瞳孔說。「如果妳接受傳統的化療，最後一定會死。」

這位「癌症大師」說，他會使用一種肌肉測試法來進一步釐清我的病情，這種技法需要將各種花卉的萃取物滴在我的舌尖，然後評估我身體產生反應的力量。接下來的一個小時，我像個稻草人似地站在這輛拖車的客廳，「癌症大師」推壓我伸開的雙手，揮灑了好幾百個小藥水瓶，接著在一張紙上潦草地寫下筆記。我和我母親困惑地互看一眼。

「妳現在可以坐下了。」他最後說道。這時我已精疲力竭，整個人跌坐在我母親身旁的沙發上。我們兩人都希望趕快結束，可是「癌症大師」才剛熱身完成。「我有一個好消息，也有一個壞消息。」他對我母親說。「壞消息是妳女兒確實得了白血病。」他鄭重表示，彷彿我們之前不相信這一點。「好消息是我可以治好她。」

然後他開始說教，還不時跺腳及揮舞雙手以強調語氣，像是嗑了藥的電視福音傳道人員。在接下來的一個半小時裡，他用一個接一個關於某些癌症病患無視他的建議並接受醫院治療的故事轟炸我們。「他們後來都沒有機會走出醫院！」他以如雷聲般的音量大喊。「他們極為痛苦地死去，因為化療導致他們死亡！妳希望這種事情發生在妳身上嗎？妳希望嗎？」

我很希望能夠告訴你們我和我母親打斷「癌症大師」的長篇大論，叫他閉嘴，可是當你擔心自己的性命安危時，你的感官會被攪亂，舌頭也會變得不靈光。當他繼續對我們發表高見時，我和我母親只敢縮在沙發上那些髒兮兮的花色抱枕旁，直到他帶我們走到位於拖車前側的小廚房，並打算用他沒洗乾淨的手抽我的血。這時我母親才一拳捶在桌面上，用顫抖的聲音說：「我想我們應該告辭了。」我們穿上外套準備離開，可是他強迫我們買下價值兩百美元的營養補給品和大罐裝的蘆薈汁，我們才得以脫身。

在開車回家的路上，我和我母親都因為驚嚇而沒有說話。「我不敢相信我害妳經歷這一切。」安妮說。「我覺得我是全世界最糟糕的母親。我很抱歉，真的非常抱歉——」

後來我把這件事——以及其他許多在對抗癌症的超現實旅程中遇到的經歷——當成黑色笑話來看，然而在那個時刻，我因為自責而心情沉重。雖然才經過四十八個小時，我罹癌的事就已經打亂了我們的生活，將我們拖到陷阱之中，踏進一個陌生又混亂的境界。

因此在我母親說完之前，我打斷她的話。「是我的錯，是我害我們陷入這團混亂。」

回到家後，我在充滿安全感的臥房裡搖身變成一名調查記者。上網搜尋了二十分鐘，我發現「癌症大師」根本不是他自己宣稱的專業人體運動學家，而是一名獸醫，十年前因為無照行醫及擅自替人看牙而被控告七十一項罪名，其中一項是他使用骯髒的針筒將尿液注射到病人體內。而且在被控告這些罪名之前，他早在一九九五年就因為進行未經許可的醫療行為而被定罪。當時他建議一名女性每天飲用三加侖的水，並服用一百種營養補給品，導致該名婦女住院。

經過這次教訓，我發誓一定要盡我所能吸收與白血病有關的資訊。我要仔細研讀相關的學術期刊、列出一份專家採訪名單、搜索網路上可以查到的所有資料。我要找出方法控制我的病情。我認為只要能夠蒐集到越多與這種疾病相關的資訊，我生存下來的機會就越大。畢竟**知識就是力量**，不是嗎？然而我在接下來的幾個小時深入研究我的疾病之後，完全不覺得自己被賦予了力量，因為我查到的統計數據讓我大受打擊。當我得知只有四分之一的白血病患者能存活超過五年時，我更加心灰意冷。我不清楚我父母是否已經知悉這一點，但我希望他們還不知情。

在我確診之後四十八小時，我隔著房間的窗簾看見一輛車子在我家門前停下來，那輛車的車輪在鋪滿碎石的車道上發出嘎吱聲響。威爾來了，他從巴黎飛回紐約，一下飛機就立刻趕過來。他站在人行道上看著綠樹成蔭的街區以及我家這棟裝有綠色百葉窗的白色維多利亞式建築，遲疑了一會兒。我家的屋子兩側種著紫丁香、黃水仙和荷包牡丹，全都是我母親每天下午辛苦栽植與照顧的。當下我不知道哪件事比較讓我緊張：威爾將與我父母第一次見面，或是我在幾天之後就要開始化療。我父親以前對我的男友們都毫不留情地採取強硬態度——更精確地說，是他幾乎不承認他們的存在。可是這一次不同，當他見到威爾時，他與威爾握手，不停地感謝威爾特別趕來。

「我很高興你在這裡。」我父親說。

這是我父母第一次沒有在男孩子到我家過夜時特別鋪開書房的沙發床，我想我們現在都有比顧及面子更重要的問題需要擔心。當晚我和威爾上床睡覺時，空氣潮濕而悶熱，宛如濕掉的羊毛毯覆蓋我們。我們脫去衣物，在我小時候的粉紅色房間裡做愛，並且小心地不吵醒我父母，他們就睡在隔壁的房間。做愛之後，威爾開始哭泣。「接下來會有很多不好的事情發生。」他說。「我們必須盡我們所能來保護這段感情。」

08 有缺陷的一方

我母親是才華橫溢的古典鋼琴家，她教我學音階，並且讓我從上幼稚園開始就學彈鋼琴，可是我一直到小學四年級才選擇自己喜歡的樂器。麥克納瑪拉小姐是我讀小學時的音樂老師，她站在講臺上，教室前方排列著十幾種弦樂器。「上來選擇你們喜歡的樂器。」她對我們說。

得知可以選擇自己喜愛的樂器，對我來說簡直就像天啟。小提琴和大提琴是最熱門的選項，但我比較好奇那個放在後排、倚著黑板的大型木製樂器：低音大提琴。那個樂器比我還高——甚至比全班最高的男生理查·薩克斯頓還高——更重要的是，麥克納瑪拉老師告訴我，我是她印象中少數對低音大提琴產生興趣的女孩。我被這個體型龐大的樂器深深吸引，它的木製身軀形態優美，長長的琴頸朝上彎曲成渦卷狀。我撥弄它的粗如螺紋的琴弦，*f* 形的音孔便傳出低沉悅耳的音符。由於我的名字很難發音，加上我的父母都是移民，讓我一直覺得在學校裡難以融入群體。低音大提琴沉穩的樂音在管弦樂團裡獨樹一格，使我聯想到我自己。那天下午我把樂器帶回家，並且為它取了一個名字：查理·布朗[1]。我決定要學低音大提琴。「好。」我母親說。「只要妳答應繼續上鋼琴課。」

十六歲那年，我拿到紐約市茱莉亞學院[2]預科課程的獎學金。因此接下來的兩年，我每個星期六的凌晨四點鐘就得起床，由我父親開車四十五分鐘，把我載往阿伯尼[3]，然後搭火車進城——搭乘美國鐵路公司的列車，車程則是三個小時——趕著上九點鐘開始的音樂理論課。經過一整天的管弦樂團排練、大師班課程以及試奏練習，我再帶著我的低音大提琴搭乘M66號公車，跨越整個市區前往上東區，到我朋友卡洛琳的家借住一夜，隔天早上再搭火車回家。無論我到什麼地方，都會帶著我的低音大提琴。它總是引來人們的目光——有時候還會有陌生男子主動提供我不需要的協助。帶著低音大提琴在曼哈頓的地鐵、公車和人行道走來走去是件苦差事，尤其對一個堅持穿高跟鞋的青少女而言。然而這種辛苦的過程是值得的，因為每當我抵達演奏現場時，都已經熱身完畢。

六年後，在我確診之後的那段時間，我又開始像十幾歲時那樣，花好幾個小時通勤進城，並且借住在同一位朋友家，只不過我現在是去見新的醫療團隊，因為薩拉托加的醫生說我的白血病很嚴重，當地醫院已無法提供治療，所以我必須轉診至曼哈頓的一間癌症中心。

1 查理．布朗（Charlie Brown）是美國漫畫家查爾斯．舒茲（Charles Monroe Schulz）所創造的漫畫人物。
2 茱莉亞學院（The Juilliard School）位於紐約曼哈頓，為世界頂尖的表演藝術學校之一，成立於一九〇五年。
3 阿伯尼（Albany）是美國紐約州的首府。

卡洛琳的父親成功戰勝癌症兩次，因此當他聽說我生病的消息，立刻打了電話給我父母，表示要提供協助。他介紹我們去找曼哈頓最有名的腫瘤學家之一，並且慷慨地讓我們在需要時暫住他們家。倘若沒有我父親的雇主提供醫療保險和我工作的律師事務所提供傷殘保險來支付不斷增加的醫療費用，以及朋友們提供的人脈與免費住宿，我們家肯定會出現經濟問題，而我也必死無疑，因此我知道這些全是非常寶貴的恩惠。

西奈山癌症中心[4]裡的一切都是米白色系：米白色的地毯、米白色的牆壁、米白色的塑膠座椅。候診室裡擠滿病患，其中許多人沒有頭髮，有些人則坐在輪椅上，還有一些人必須靠助行器才能拖著腳步行走。第一次約診時，我父母和威爾都陪我一起來，我們坐下的時候，我不禁注意到我是候診室裡最年輕的病人，比其他患者年輕了幾十歲。接待櫃臺旁有一個冰箱，提供候診者免費的冰品，非常貼心。我拿了一根草莓冰棒，冰棒可緩解我嘴巴裡六個潰瘍的疼痛感。候診室的角落有一臺電視，音量已調為靜音。我發現電視上有一張熟悉的臉孔：一個性感的金髮女郎正在示範如何製作以薄荷枝條裝飾的西瓜羊奶乾酪沙拉。我認得她，她是比我大一屆的大學學姊。很顯然的，她在電視上主持晨間烹飪節目。噢，而且她似乎懷孕了——她的圍裙下方突起一個圓滾滾的孕肚。我在這個氣氛低迷的候診室裡暗忖：與我年齡相仿的人都已經展開職涯、生兒育女、環遊世界，年紀輕輕就達成各種目標，而我卻在醫院裡，實在讓人難以置信。

經過將近兩個小時的等候，我們才被叫進一個消毒過的房間，裡面有一位身穿白袍且打著藍色領結的老先生。「我是霍蘭德醫生。」那個男人的臉上帶著燦爛溫暖的笑容說。他的白髮梳理得十分整齊，眉毛濃密且鼻子高挺。雖然他因為年紀大而稍微駝背，可是依然充滿威嚴。「守則第一條：永遠不要與人握手。」他嚴厲地表示，讓我伸出的手尷尬地停在半空中。「妳的血球數很低，會使妳極容易受到細菌攻擊，所以從現在開始妳必須非常小心。」

霍蘭德醫生是西奈山醫院的腫瘤科主任，被公認為是化療之父，而且協助研究許多救治癌症病患的技術。一九五〇年代他剛從醫學院畢業時，白血病仍是無藥可救的絕症。他和一起從事研究的夥伴試著同時而非先後使用多種化療藥物來醫治這種不治之症，因而被同事們稱為「研究牛仔」。經過臨床試驗，霍蘭德醫生主導的白血病控制法已經獲得成功，從此成為治療我這種病患的標準療法。儘管霍蘭德醫生現在已經八十多歲，他仍舊每星期工作五天，除了看診也從事研究，他的眼睛在大大的細邊金屬框眼鏡底下依然炯炯有神。他看看陪我進入診療室的人，然後朝著我父母點頭，說：「你們一定是她的雙親。」然後又轉頭看著威爾。「那麼你是？」

「我是她的男朋友。」威爾回答。

「很好。我很高興看到你們陪她一起來。」霍蘭德醫生表示。

「蘇萊卡需要你們的支持，大大的支持。你們必須好好照顧自己，這樣才能為了她而保持堅強。」

4 西奈山醫院（Mount Sinai Hospital）創立於一八五二年，是美國歷史最悠久也最大型的醫學中心之一。

在接下來的半小時裡，霍蘭德醫生為我們說明接下來要做的事，我母親盡責地一邊聆聽一邊寫筆記。我明天或後天就要開始住院，大約住三個星期，以便接受積極的化療療程，目的是盡可能減少白血病的細胞——這種細胞在醫學上稱為母細胞[5]。這些不成熟且迅速增加的怪獸，顯示我的骨髓裡有癌症。而這套化療療程被稱為「七加三」，院方會連續七天在我的靜脈裡注射阿糖胞苷[6]和道諾黴素[7]這兩種強效藥物。這些醫學術語聽起來很嚇人，我真希望自己上高中科學課的時候認真一點。「如果一切順利的話，妳很快就可以回家休養，享受還沒結束的夏日假期。」霍蘭德醫生樂觀地表示，但他也謹慎地不做任何承諾。

霍蘭德醫生要我坐在診療檯上，以檢查我嘴巴裡的潰瘍。他檢查後忍不住咋舌，然後開了效力更強的藥物來緩解我的疼痛。他聽了我的心跳和呼吸，接著又壓壓我凹陷的腹部。在檢查過程中，突然有兩位醫生走進來，一位是蓄著灰色鬍鬚的中年男性，一位是戴著綠色長耳環的年輕女性。「很抱歉打擾您看診。」他們其中一人說。「這位病患其餘的切片報告剛剛出來，我們想請您立刻過目。」接著三位醫生都匆匆離去，留我們待在診療室裡。威爾、我父母和我都無言地坐著，彼此交換擔心的眼神。

幾分鐘後，他們回來了。霍蘭德醫生一臉嚴肅，向我們解釋進一步的檢查結果。報告顯示我的白血病比預期中的還要複雜，因為我有一種罕見的骨髓紊亂症，這種病症稱為骨髓增生異常症候群[8]，發生在白血病之前，可是我先前沒有被診斷出來，很可能我已經罹病很長一段時間。這解釋了我去年慢慢出現的各種症狀——搔癢、疲倦、貧血、喘不過氣，以及感冒頻繁——後來病情才變得更加嚴重，演變為成熟的白血病。霍蘭德醫生表示，骨髓增生異常症候群通常出現在超過六十歲的病患身上，病因不明，但是與接觸有毒的化學物質有關，例如甲苯、殺蟲劑和鉛之類的重金屬。

「妳還是嬰兒的時候，我經常帶妳到我的工作室。我作畫的時候就把妳揹在胸前。」我母親說。她因為內疚而表情僵硬。「是不是因為我讓妳待在充滿油漆味的環境，妳才會生這種病？」

「這不是任何人的錯。」霍蘭德醫生輕聲安慰她。「有時候事情就是會發生，我們沒有辦法探知原因，所以妳不要責怪自己。」

目前為止，我對骨髓的了解僅止於法國的美食——烤牛骨髓，這道花稍的菜色有時候會搭配烤麵包一起上桌。霍蘭德醫生向我們解釋：骨髓這種位於身體最核心部位的器官，是一種像海綿的活組織，充滿了幾乎每一根骨頭。在健康的人身上，骨髓負責產生身體所有的血液細胞，包括對抗感染的白血球、提供氧氣的紅血球，以及負責止血的血小板。然而在罹患骨髓增生異常症候

5 母細胞（blast cell）是指已經部分分化而失去大部分幹細胞特性的細胞。

6 阿糖胞苷（Cytarabine）是一種化療藥物，主要用於治療急性白血病和非霍奇金氏淋巴瘤（Non-Hodgkin lymphoma）。

7 道諾黴素（Daunorubicin）是一種蒽環類抗生素（anthracycline）類的化療藥物，用於治療急性骨髓性白血病或卡波西氏肉瘤（Kaposi's sarcoma）。

8 骨髓增生異常症候群（Myelodysplastic syndromes）是一種因為骨髓中未成熟血球的不正常增生所導致的血癌，初期大多沒有症狀，晚期症狀包含疲倦、呼吸困難且易受感染，有時候甚至會演變為急性骨髓性白血病。

群的人身上，這種產生血液細胞的過程被打亂，因此血液細胞未能正常發育，隨之在骨髓中死去，或者在進入血液之後死亡。即使我接受大量化療，最後仍會陷入所謂的「骨髓衰竭」。醫生還提到一些我聽不懂的可怕詞彙，例如「多重染色體畸變[9]」、「七號染色體[10]」和「預後[11]不佳」。

他所說的這些都表示我除了接受化療之外，最後仍需進行骨髓移植。那是一種危險而且複雜的手術，死亡率很高，但是霍蘭德醫生解釋，那是我能被治癒的唯一方法，而且只有在化療將我骨髓中的急性白血病減低至低於百分之五時，我才能夠接受骨髓移植——當然，我還得先找到合適的骨髓捐贈者。如果沒有捐贈者，我被治癒的機會就會變得不確定，甚至沒有機會。對於在骨髓登記資料庫中代表性不足的少數民族而言，要找到匹配的捐贈者更是非常困難。身為種族融合的後裔，我發現自己的處境相當不利。要在全世界尋找具有瑞士和突尼西亞血統的骨髓，勢必會拖延移植手術進行的時程，因此目前人在阿根廷留學的我弟弟亞當，成為我最大的希望。他必須請假離校，馬上飛回紐約接受檢測。不過，霍蘭德醫生也小心翼翼地以現實情況來提醒我們不要抱太大期望。雖然手足是配對成功的最佳人選，但配對成功的機率大約只有百分之二十五。原本我以為找出病因就能結束這幾個月以來的不確定感，可惜我錯了。現在我已經知道，遇上像我這種情況，醫學就不再像是科學，反而像是一門藝術。

霍蘭德醫生嘆了一口氣，突然間看起來十分無奈。「我們前面還有一條很長而且很辛苦的路要走。白血病是一種需要靠年輕醫生來照顧的疾病，我沒有辦法獨自負責照顧妳，因此我會指派納瓦達醫生和希爾佛曼醫生一起幫忙。」他說，然後將他的同事介紹給我們。「我們將會組成一個團隊，共同努力確保妳得到最好的醫治。我們會盡我們所能來協助妳走過這段路。」

那天晚上我躺在黑暗中，遲遲無法入睡。時間來到凌晨三點鐘，威爾在我身旁輕輕打鼾。我打開筆記型電腦，開始閱讀關於骨髓移植的過程以及我預定在幾天後開始接受的化療療程。在副作用清單上，除了嘔吐、掉髮、心臟受損和器官衰竭之外，我還看見一項迄今最讓我心煩意亂的壞消息：能拯救我性命的癌症療法，很可能會導致我不孕。自從我的診斷結果出爐之後，我已經經歷過寬慰、震驚、困惑和恐懼等種種心境，如今又多了另外一種：權利被剝奪的痛苦。

癌症就像突發的緊急狀況，腫瘤學家則是第一線的急救人員，他們的目標是戰勝癌症，其餘的問題都必須退居二線。在為我訂定治療計畫時，我的醫療團隊中都沒有人提到潛在的副作用包括不孕，直到我隔天在醫生看診時詢問不孕的副作用，醫生才告訴我可採行的選項：我可以接受生育保護治療，冷凍我的卵子或胚胎。然而根據我的月經週期，我可能必須再等幾個星期的時間，因此化療就得延後開始。那些腫瘤學家強烈建議我不要這麼做，但最後的決定權在我手上。

9 染色體畸變（Chromosome abnormality）是細胞中染色體數目的增減與結構發生變化。畸變可能自然發生，也可能經由人為方式誘發，某些物理因子（例如電離輻射）和化學誘變劑能大幅提升畸變頻率。

10 人類的七號染色體是二十三對染色體中的一對，在正常狀況下每個細胞擁有兩條。此染色體含有大約一億五千九百萬個鹼基對（Base pair），占細胞內所有DNA的5%到5.5%。

11 預後（Prognosis）是醫學名詞，指根據病人目前的狀況來推估未來經過治療之後可能得到的結果。

雖然我非常感謝他們的幫忙，可是在我們展開醫病關係的初期，他們竟然沒有與我溝通這麼重要的事，感覺就如同背叛我對他們的信任。由於罹患我這種白血病的病患大部分都已經過了生育期，因此醫療團隊雖然一心挽救我的性命，卻沒有想到要為我保留成為母親的機會。這是我得到的第一個啟示：無論我的醫生多麼聰明、多麼富有同情心，我依然必須積極主動，學會捍衛自己的權益。

我才二十二歲，關於成為母親這件事，我最常有的念頭是：在我準備好之前不要成為母親。念大學的時候，我曾有幾次基於合理的懷疑去買了驗孕棒。我還記得自己坐在宿舍裡，因為驗孕棒上只顯示一條線而非兩條線而大感欣慰。但此時此刻，當我一想到自己可能永遠無法擁有自己的孩子時，我卻因為難過而說不出話來。我一直覺得，在我年紀稍長一點之後如果真的懷孕，情況肯定和我母親相同：雖然不在計畫內，但仍是值得開心的驚喜。只可惜這一切已經不可能發生。

結束與腫瘤學家的會談之後，我和家人及威爾一起走路到附近的餐館吃午飯。無論我望向何方，人行道上似乎都是孕婦、年輕媽媽推著嬰兒車，以及穿著制服的小朋友唱唱跳跳地準備回家。我看著他們，心中萌生渴望，某種原始的本能開始不斷吶喊。雖然我依舊不確定自己是否真的想要有小孩，但這一刻我清楚知道，我想要竭盡所能，替自己保住生育下一代的機會。

我家的廂型車停在五十九街和約克大道的路口，威爾以醫藥用的棉花擦拭我的上腹部，並且拿穩針頭，替我打針。我父母坐在車子前座，靜靜地看著這個他們認識了兩個多星期的年輕人。針筒裡裝著促性腺素，一種刺激卵巢排卵的荷爾蒙。生殖診所的護士已經用膚色的坐墊教我們注射，但因為我害怕針頭，所以在過去十天裡，每天早晚都是由威爾或我母親替我打針，他們捏起我腹部的皮膚，將小玻璃瓶裡的藥注射到我的身體裡。我們從薩拉托加開車到曼哈頓的車程結束時，輪到威爾為我注射促性腺素。

由於塞車，我們到生殖診所的最後一次門診遲到了，氣氛很緊繃。等到生育療程一結束，我就得住院接受化療，好幾個星期無法回家。前一天晚上，我坐在我父母家後院的桌子旁，我父親用烤肉架料理他小時候最喜歡吃的辣醬槍烏賊，我母親點燃蠟燭，威爾則幫忙擺餐桌。我原本應該好好享受最後幾天的自由，可是生殖診所開給我的藥物使我焦慮，並讓我情緒化且身材浮腫，我的牛仔褲褲腰緊緊繃著瘀青的肚皮。我看著坐在我對面的威爾，雖然我們才交往六個月，可是我們已經要和我父母討論冷凍胚胎或只冷凍卵子的各項利弊。無論從哪一種客觀的衡量標準來看，這個場面都很令人感到尷尬。

「我冒著生命危險將化療程序往後延。」我說。「因為我已經打定主意要做這件事。我認為我應該選擇製作胚胎，因為成功的機會比較大。」

「可是，如果要製作胚胎，妳還需要……**精子**。」我母親說。她以奇怪的瑞士口音說出最後那個字。

「我想我可以去精子銀行找捐贈者。」

「妳是認真的嗎？」她問。「妳不想知道捐贈者是誰嗎？他長什麼樣子？他是哪裡人？他有哪些家族病史——」

「我才是有缺陷的一方。」我打斷她，口氣比我想表達的更為惡劣。我母親看起來彷彿要哭了，我父親則低頭盯著槍烏賊，因為這段對話早已超出他的舒適區。

威爾轉頭看著我，說：「我願意當妳的精子捐贈者。我知道這件事對妳而言有多重要，不過，當然由妳決定要或不要。」

在這一刻，我對威爾的愛遠遠超過我對任何人的愛。我愛他，因為他趕來陪我度過生命中最糟糕的時刻。我愛他，因為他馬上就與我父母相處融洽，還一直設法逗我們開心，儘管我們正陷於惡劣的處境。我愛他，因為他願意為了研究如何讓我（或者我們）將來的孩子來到這世界而努力探索卵子、精子與胚胎等艱澀議題。我愛他，因為他有膽識在我父親面前談論這些事，而不是急著逃離現場。

生殖診所裡的牆面上什麼都沒有，除了一面寫著「孩童禁止進入」的告示牌。豪華的座椅上坐著幾名女性，有些是獨自一人，有些則有另一半相伴，她們都在等待穿白袍的女士呼叫下一個名字。我猜這些女性大部分都支付了完整的醫療費用——生育治療的費用高達兩萬五千美元，而且多半不在保險給付範圍內。就我的情況而言，我的醫療團隊透過一個名為「生育希望」[12]的組織，為我爭取到一筆補助金來支付這筆費用。

在大部分的醫療診所中，我們很難知悉身旁的陌生人為什麼前來求醫，不過到這裡來的每一個人都是基於相同的理由。候診室裡的氣氛凝重，沒有人交談，但每個人似乎都在偷偷打量著別人。這裡大多數的女性差不多都三十幾歲，有幾位可能已經超過四十歲。根據她們的穿著打扮，我猜她們在看完醫生後還得回去上班。我穿著印有二〇一〇年畢業班字樣的大學連帽衫坐在那裡，身邊還有我的父母與男友陪我，讓我覺得自己與這個地方格格不入。

一位護士把我叫進診療室，並替我抽血以檢測雌激素，然後給我一杯蘋果汁喝。接著我脫去衣物，換上棉質長袍，躺到檢查檯上。我把雙腳放進金屬箍裡時，檢查檯上的紙墊被我弄皺了。醫生是一個染黑髮的男人，他將保險套套在陰道超音波棒上。當我聽見他把潤滑液擠到超音波棒前端時，因為尷尬而感到畏縮。那根棒子伸進我的兩腿中間，我緊張地閉上雙眼。醫生打開監視器螢幕，開始尋找我的卵巢，直到我的濾泡出現在螢幕上。濾泡是充滿液體的囊，看起來有點像蜂巢，是卵子發育的地方。「恭喜妳，看起來妳的卵子已經成熟，可以使用了。」醫生對著螢幕點點頭說。「妳決定要製作胚胎還是要冷凍卵子？」

「我現在想要製造胚胎。」我回答。「我的男朋友威爾願意提供我精子。」

「我明白了。」醫生平靜地回答。「如果是這樣的話，我認為你們在離開之前最好先和社工人員聊一下，以便填妥必要的文件。」

我的卵子，或者應該說「準備透過體外受精的胚胎」（威爾和我已經開始這樣稱呼他們），即將於隔天取出。我將會接受麻醉，醫生向我保證這種手術可以很快完成，不會超過半個小時，

12 「生育希望」（Fertile Hope）是美國一個非營利組織，專為因療程而有不孕風險的癌症患者及癌症倖存者提供生育相關資訊與協助。

而且大多數人都不覺得疼痛。然後，卵子將在培養皿中受精以形成胚胎，存放在精子冷凍庫中。

幾分鐘後，社工人員請我和威爾到她的辦公室去。她以強調的口吻告誡我們關於製造胚胎可能產生的問題，並列舉今後在法律方面與情感方面可能出現的障礙：我們才剛開始交往不久，真的想要一起生孩子嗎？如果我們分手，那該怎麼辦？如果我無法從癌症倖存，又該怎麼辦——胚胎要歸誰所有？我試著想提出反駁，可是腦子裡一片空白。威爾靜靜地坐著，低頭看著他的鞋子，因此我推遲了我的決定。醫生回來聽我的答案，可是我被自己的種種問題所淹沒：我怎麼能夠在這麼短的時間內就草率做出選擇？我怎麼能夠在我和威爾將來繼續交往的美好期待以及任何事情都無法保證的現實情況之間做出選擇？我怎麼能夠在衝動的新戀情與冷酷又迫切的邏輯之間做出選擇？時間一分一秒過去，最後我不得不給出一個答案。我非常不情願地告訴醫生，我只要凍卵就好。

這一切就像最近幾天發生的其他事，失序得令人絕望，然而這是我必須面對的現實。就我所知，候診室裡的其他女性並沒有罹患癌症，可是我和她們有相同之處：我的乳房和她們的一樣，因為注射荷爾蒙而變得敏感且腫脹；我們的身體都向我們發出訊號，要我們為懷孕做好準備，儘管我們每一個人都無法確定這件事情將會發生。雖然我並不打算在短期之內就有孩子，但是保存我能夠擁有後代的能力，就宛如我在不確定的未來中唯一的救生索。

09 泡泡女孩

那是曼哈頓上東區某個完美的春季早晨，天高氣爽，呈現一片鮮豔的藍。我們停好廂型車，然後步行十個街區前往西奈山醫院，沿途經過第五大道上一個又一個身穿制服、站在名牌精品店門前的俊美迎賓人員。雲層就像薄薄的紙巾，在我的頭頂上輕輕飄動。中央公園裡色彩繽紛，鮮嫩的綠葉從樹上冒出，杜鵑花茂密盛放，淺黃色的鬱金香也從泥土裡發芽吐枝。我睜大了眼睛，試著將這一切記在腦子裡。我還要記住太陽照射在我頭髮上的感覺，以及春天的空氣輕拂我頸背的方式。

當我們抵達醫院大門的臺階時，我父母停下腳步，給了我一條鑲著綠松石的銀項鍊。「在治療的過程中，妳每經歷一個新的里程碑，我就會給妳一個墜子。」我母親說。雖然她的嘴角帶著微笑，可是眼裡充滿著我沒有看過的悲傷。威爾也準備了一份禮物給我，他遞給我一本紫色的筆記本，在內頁印著「遺失時請交還給＿＿＿＿」字樣的地方，他填上了我小時候的綽號「蘇蘇」，並且註記「拾獲者在交還給失主時可以獲得一百萬美元的獎金」。當我們推開玻璃門走進醫院時，我深深吸了最後一口新鮮的空氣，盡可能將新鮮空氣裝進我的肺裡，因為我知道自己將會有很長一段時間無法走到戶外。

他們陪我上樓到腫瘤科病房。我被安排住進一間單調的房間，裡面只有光禿禿的白色牆壁與兩張病床。那兩張床都沒有人睡，因此我選了靠近窗戶的那張床。我把我最喜歡的夏季洋裝掛進衣櫥裡，懷著有如運動員退休時高掛球衣的心情，然後換上醫院的病人袍。我的右手腕戴著一個電子手環，這個手環可預防病人有時因為失智或服用過多止痛藥而走出醫院。我簽署了非常多張表格，數量多到數不清，其中包括指定我母親擔任我的醫療代理人。我還填寫了預立醫囑。接著我就被推進手術室，醫生在我的胸口植入一根導管，經由這根導管來注射化療藥物和靜脈點滴。

我在恢復室醒來時，低頭看著自己血淋淋的胸口。我看到一條連接三根導管的塑膠管從我鎖骨下方的傷口伸出來，宛如某種醜陋海洋生物的觸角。我被自己身體的變化嚇到，倚在輪床扶手上開始嘔吐。在此刻之前，除了我口腔裡的潰瘍之外，這種病基本上從外觀看不出來。我開始或多或少意識到自己從前的人生已經粉碎瓦解了——以前的我已經被埋葬了，我永遠不會再像以前一樣。就連我的名字也被改變了，即便這只是醫院在無意中犯下的小錯誤——當我被推回腫瘤科病房時，我發現病房外的名牌上寫著 S. Jaquad，但我的姓氏拼法應該是 Jaouad 才對。我彷彿正進入一個全新的世界，每踏出一步，我就變得越來越不像蘇萊卡。

兩位護士帶著靜脈注射的止吐藥和化療藥物走進我的病房，這些藥物在接下來的一個星期將會注入我的血管中。比較年輕的那位護士說她叫尤妮可，她的年紀看起來和我差不多，一頭深黑色的直髮紮在腦後。我用一種擔心被陌生人毒死的懷疑眼神看著她。「妳要小心這個小傢伙。」

尤妮可指指兩袋藥物中比較小的那一袋，裡面裝著化療藥物，顏色看起來像潘趣酒。「有人將它稱為紅魔鬼，因為可能會產生很強的副作用。如果妳需要任何協助，請儘管按呼叫鈕。」

威爾和我父母坐在摺疊椅上陪我，直到窗外又熱又亮的太陽變成昏暗的橙色，我不斷以愚蠢的玩笑話和心不在焉的閒聊來填滿靜默。我從家裡帶了拖鞋和我最心愛的玩具布偶來，還有一堆我打算在住院期間讀完的書。「我覺得自己好像是剛搬進大學宿舍的大一新鮮人。」我故意興高采烈地說，並拿起托爾斯泰[1]的《戰爭與和平》隨意翻了幾頁。「我可以利用住院期間讀很多書，說不定還可以寫點東西。」

我是真心這麼想——我確實想要繼續往前走，試著完成一些計畫。自從我確診之後，腎上腺素和恐懼就一直充滿我的身體，還有一種絕望的樂觀想法在我的血管裡流動，讓我處於怪異的亢奮狀態。無論撕裂我血液和骨髓的致命疾病、單調病房裡的悲傷氛圍，或是未來化療過程的可怕副作用——我相信都無法將我擊垮。倘若這次經歷會對我造成任何影響，大概也只是讓我變得更堅強。說不定我還可能變成那種成立研究基金會或參加超級馬拉松的抗癌成功人士。但我最希望的是緩解我父母和威爾的擔憂——希望讓他們相信我會沒事。當我滔滔不絕地說話時，他們只是無力地對著我微笑，並且喃喃地說些鼓勵的話語。

1 托爾斯泰（Leo Tolstoy, 1828.9.9-1910.11.20）是俄國小說家、哲學家暨政治思想家，著有《戰爭與和平》、《安娜・卡列尼娜》及《復活》等長篇小說，被認為是世界上最偉大的作家之一。

最後天色終於變暗了。「你們回去休息吧。」我對我父母和威爾說。他們借住在朋友家，就在幾個街區外。他們看起來已經相當疲倦，可是都不肯回去，最後在我的堅持之下，他們才起身準備離開。「妳確定自己一個人沒問題嗎？」我母親在病房門口逗留。「我沒事。」我快活地回答，並揮揮手與他們道別。

等到他們離開之後，我故作勇敢一整天的臉才垮下來。

腫瘤科病房也許是地球上最不具音樂性的地方，這裡沒有悠揚的旋律，只有永不停歇的嗶嗶聲。白天的時候，走廊上不斷循環著求救聲與回應聲：護士們彼此叫喚，病人們嚷著甚至尖叫著要嗎啡，以及護士急忙找醫生、家屬瘋狂找護士。然而就某方面來說，無論這些噪音多麼惱人，卻也是一種令人安心的騷動，讓我們知悉醫院的一切仍在正常運作。天黑之後的安靜無聲，反而最可怕也最折磨人。

尤妮可在我睡前給了我一顆安眠藥，幾分鐘後我便陷入沉睡，彷彿整個人被拖進一個比黑夜更加陰暗的洞穴。我夢見以前睡在這間病房的每個病人，他們憔悴的面容在我夢裡閃過。昏沉之中，有個啜泣聲將我從夢裡喚醒，讓我在凌晨兩點左右醒來。起初我以為是自己的幻覺，可是當我打開電燈時，才發現我多了一個室友，一個七十多歲的女人。她是深夜時分住進來的，此刻雙眼緊閉，嘴巴因為痛苦而扭曲，乾裂的嘴唇急促地喘氣。她在呻吟，因為服藥所產生的恍惚而在床上翻來覆去。這個陷入痛苦的陌生人，讓我瞥見自己的未來。我關上電燈，並且拉起病床與病床之間的綠色紗簾，不想看見這一切。我閉上眼睛，試圖喚回我稍早時所感受的力量與樂觀情緒，可是我卻只覺得越來越害怕。

我安靜地拿出手機，撥了威爾的號碼。「怎麼了？」他問我這句話的時候，聲音裡充滿睡意。我想要開口說些什麼，可是喉嚨裡發不出任何聲音。「我馬上搭計程車過去，我一會兒就到。」威爾說。

半小時之後，威爾纖瘦的身影出現在病房門口。他輕聲走過我新室友的病床，來到我的病床旁，然後躺在我的身邊，他的長腿直直伸出病床的床尾。「要是職業籃球選手得癌症，那該怎麼辦？難道他們必須特別訂製加長型的病床？」我低聲問。「好問題。」威爾回答。「所以我們應該慶幸，還好生病的人是妳。」我挪挪身子，把頭移動到床墊頂端，這樣我們才可以對著彼此的臉。威爾的到來讓我的心情變輕鬆，我慵懶地躺在他懷中，呼吸著他的溫暖與香皂氣味。他就像一疊剛從烘衣機裡拿出來的乾淨衣物。

隔天早晨我醒來時，我室友的狀況已經好多了。「嘿，公園大道！」當我走到位於她床位那邊的共用衛浴時，她這樣向我打招呼。那天早上我已經跑了五次廁所——取卵手術使我的尿道感染，並且隱隱作痛。

「嗨。」我倚著點滴架。「我是蘇萊卡，很高興認識妳。」

「我是艾絲特爾。」她躺在床上對著我揮揮手。「很高興認識妳。」

「妳為什麼叫我公園大道？」
「因為妳的髮型很時髦。」
我不好意思地摸摸剛剪過的頭髮——我剪了一個長度到下巴處、髮尾正好可以帶出下頷線條的髮型。在入院之前幾天，我請髮型設計師將我原本長度及腰的頭髮剪短，反正化療很快就會奪走我所有的頭髮，我決定先發制人。
「我以前留長髮。」我向艾絲特爾解釋。「原本我打算在入院之前就先剃光頭，可是我母親說她還沒有心理準備看我變成那樣，所以我妥協了。」髮型設計師讓我把剪下來的紅褐色長辮帶回家，我請我母親把那束頭髮捐給慈善機構。不過，幾個月之後，我發現我母親把我的辮子收在一個木製珠寶盒中，偷藏在她的工作室裡。
「嗯，我覺得妳的髮型看起來真的不錯，如果妳不介意，我就叫妳公園大道。」艾絲特爾說。「因為化療的緣故，我的腦袋變得很差，我知道自己一定記不住妳的名字。」
我笑了出來，並且點點頭。「妳為什麼會到這裡來？」我想問她得了哪種癌症，可是我還不知道應該如何拿捏病人與病人之間的禮儀。
「肝癌，第四期。妳呢？像妳這麼年輕的女孩子，不應該在這個地方。妳應該和男朋友出去玩。沒錯，別以為我昨天晚上沒聽到你們說話的聲音！」
我羞紅了臉。「我得了白血病……可是我不知道是第幾期，我還沒有問醫生。」
「妳動過手術了嗎？還是要接受放射治療？或者化療？」艾絲特爾問，彷彿我們在討論義大利汽水的口味。

「化療。我第一次接受化療。醫生說我要住院三個星期左右。」

「噢，妳要住院那麼久喔？妳最好趁著還能走動的時候到處走一走，並且做些運動。」

我接受了艾絲特爾的建議，趁著還有體力時四處探索。我把點滴架當成滑板的替代品，在癌症病房裡走來走去，和護士及其他病患聊天。過了幾天，我已經交到好幾個朋友，威爾還開玩笑地為我冠上「腫瘤科妙齡女王」的頭銜。我的年紀太大，不能到兒童腫瘤科求診，可是在成人腫瘤科裡，我的年紀又比大部分的病患年輕好幾十歲，以致我覺得自己和大家格格不入，但是我盡力融入這個環境。

某次我在閒逛時認識了丹尼斯，他大概四十多歲，似乎從來沒有訪客來探望過他。那陣子我們領到的餐點都是冷的——因為廚房的人忘記放進微波爐加熱——於是丹尼斯發起絕食抗議，並且到每個病房叫大家加入他。我完全支持醫院裡的民主活動，但我也擔心丹尼斯的身體會受不了。過了一、兩天，我拜託威爾到上東區買泡沫巧克力奶昔給丹尼斯喝，丹尼斯的絕食抗議才就此結束。

我隔壁的病房有個女人總是在睡覺，每次我經過她的房間，都瞥見她在床上蜷著身子。由於她非常瘦弱，而且皮膚蠟黃，看起來就像具死屍。她有個十幾歲的女兒常來探望她。某天下午，我聽見一陣低沉的嗚咽聲從隔壁傳進我們的房間，宛如動物在悲泣。我下床走到病房門口，看到護士們陪著那個女孩子走往大廳，並且安慰著不停啜泣的她。過了一會兒，她母親的屍體就被推走了，隨即有清潔人員來整理那間病房。到了第二天中午，就有一名新病患住進去。

我的新鄰居來自阿爾及利亞，他的名字叫做葉亞，正在接受淋巴癌的治療。他的肚子鼓脹，脖子上有突起的淋巴結，看起來像熟透的李子。他有一雙我所見過的最纖細的腿。我們很快就變成了朋友，用法語和阿拉伯語的方言閒聊彼此的祖國和信仰，以及在美國生病是多麼幸運的事，可以獲得這麼好的醫療照護。當時正好碰上回教曆的齋月，葉亞的太太每天晚上都會帶著裝了開齋飯的大型保鮮盒到醫院來——開齋飯是穆斯林在齋月日落後所吃的飯菜——可是葉亞幾乎都沒吃。

有一天，醫生把葉亞轉到一間距離幾間病房之外的單人病房，那個房間有一面可俯瞰中央公園的窗戶，讓他感動地哭了起來，想跪下來禱告，結果不小心跌倒，頭撞在地板上。「發生了什麼事？」護士們聽見撞擊聲立刻趕過去，為他進行腦部斷層掃描。後來葉亞向我坦承他向護士謊稱自己是被絆倒的。「因為我不想被別人當成是個穆斯林瘋子。」他對我說。生病讓一切都變得複雜化，甚至是——也許尤其是——禱告這件事。

大約在我住院一個星期後，我開始接受化療。比起那些和我住在同樓層的其他病患，我對化療的反應相對良好。他們有些人都處於臥床不起的狀態，或者需要坐輪椅才有辦法四處移動。如果我說自己很享受住院的生活，應該是有點誇大，不過我真的一點也不覺得痛苦。我沒有和其他病患聊天的時候，就與威爾一起玩拼字遊戲。我父母每天都來看我，而且會帶一些小禮物和家常菜來寵我。隨著我生病的消息傳開，朋友們也陸續帶鮮花來看我。我彷彿得到緩刑——這是我人生中第一次覺得別人對我沒有任何期望，而且我可以隨意運用自己的時間，除了在日記裡寫寫東西，我還報名參加了藝術與手工藝課程——醫院裡有一位志工教我們打毛線，我正在編織一條圍巾，準備送給威爾。

我開始天真地（甚至有點傲慢地）以為自己已躲過變幻莫測的化療副作用，因為除了常有的疲倦感和口腔裡的潰瘍，我身上沒有出現任何變化。每天早上我都會照鏡子，確認我是否開始掉頭髮，可是我的頭髮依舊濃密閃亮，牢牢地植根於毛囊中。我猜想我可能是化療期間不會掉頭髮的一小部分病患之一，因此有點後悔太急著將頭髮剪短。我甚至開始幻想出院之後與威爾同居，也許在夏季進入尾聲時，我的身體已經恢復到可以重新開始工作。

然而天真是有期限的，我的天真期限並不長。

大約十天之後，我被轉到一間單人病房——醫生將之稱為「隔離病房」——而且無論如何，我都不能離開那個房間。我沒有料到會有這種轉變，因此相當驚訝，甚至對於新病房的嚴格規定感到憤怒。不過我也覺得輕鬆，因為沒有室友。要進入這個房間的任何人——我將這間病房取名為「泡泡」——都必須穿上防護裝，包括口罩、手套及手術袍，因為化療殺死了我大量的血球，我的血紅素與血小板都已經低到危險的程度。檢查結果顯示，我幾乎沒有白血球了——值班的醫生表示我的白血球數為零，他甚至還用手比出「0」字以示強調。我的化療注射在不久後就會結束，在接下來的一個星期，希望我的骨髓可以擺脫白血病，而我的血球細胞也可以慢慢恢復正常。等到我不需要再藉著輸血來維持我的紅血球數與血小板數，我就可以出院回家。然而在那之前，我沒有免疫系統，因此醫生警告我：一點小細菌或某人打個噴嚏，都可能會要了我的命。

大約在同一時間，我的化療副作用開始變得明顯，我的喉嚨內膜也開始脫落。化療有一種稱為黏膜炎的痛苦副作用，會導致病患無法進食、喝水，或者以超過耳語的音量說話。「派對即將開始，妳準備好了嗎？」尤妮可第一次替我打點滴嗎啡時開玩笑地說。能被優秀又有幽默感的護士照顧，是一件很幸運的事，讓一切變得沒有那麼痛苦。然而我在注射嗎啡之後還是非常疼痛，無法吞嚥。現在我除了手臂上有滿滿的針孔和瘀青之外，胸口和頸部也突然冒出許多針孔大小的紫色斑點。由於缺少幫助血液凝結的血小板，我的毛細血管都已經破裂，血液滲出皮膚的表面。我開始不敢照鏡子。

最後，悲劇終於發生了。某天早上我醒來時，發現枕頭上有一把脫落的亂髮。到了午餐時間，我的頭髮開始大把大把地脫落，頭皮留下蒼白的空缺。我無法自制地伸手撥頭髮，並將脫落的頭髮在床頭櫃上堆放成鳥窩狀。雖然失去頭髮是我早知道會發生的結果，但我還無法完全接受，因此整個下午都強忍著眼淚。那天晚上，威爾用手替我把頭上剩餘的髮絲拉掉，就像從潮濕的土壤裡拔除雜草。到了睡覺時間，我已經完全禿了。

我住進醫院已經超過四個星期，等化療能夠使我的血球數恢復正常，然而令我沮喪的是，我的病情並沒有好轉。醫生們向我保證沒有必要擔心——至少現在還不必擔心——不過我當然還是非常憂慮。與此同時，我的身體已經必須完全仰賴輸血，一袋袋陌生人的鮮血日復一日流過我的血管，有時候我會想像這些捐血者是什麼樣的人——他們是老師、知名演員，還是塔羅牌算命師？我沒有辦法逐一想像他們的模樣，可是多虧有了他們，我才能夠活下來。

成天被鎖在房間裡扎針、觸診，不知道什麼時候才能離開，實在會讓人瘋狂。窗戶沒有辦法打開，日光燈讓我的眼睛開始發痛。我胃痛、頭痛，四肢痛，全身上下都痛，甚至呼吸也痛。別人替我打針或用海綿擦澡時，我都痛得想把點滴架摔在牆上。當我因為體重銳減而導致手上的電子手環鬆脫時，甚至萌生逃走的想法。我覺得窗外的中央公園在嘲笑我，當外面下起暴雨時，我真心想走到室外、站在傾盆大雨中——哪怕只有一分鐘也好。終於，某天當我的疼痛感暫時減緩至可容忍的程度時，我便將電子手環藏到枕頭底下，趁護士不注意的時候偷偷溜到走廊，推著點滴架進入電梯。我抵達一樓的自助餐廳時整個人愣住，因為正逢午餐時間，餐廳裡人潮擁擠，不斷與我擦身而過，甚至碰撞到我。我想像著空氣裡有多少細菌，心裡越來越焦慮，開始無法呼吸。萬一我摔倒的話該怎麼辦？萬一我暈倒的話該怎麼辦？於是幾分鐘後我又返回病房，點滴監測器輕聲發出嗶嗶聲響。奇怪的是，我覺得自己安全了。

如果有人能夠理解我過著什麼樣的日子，那麼肯定就是其他的病患。可惜我已經無法再與他們互動，因為細菌感染的風險太高。我很想念他們的友情，但只能透過護士傳話來了解他們的近況：艾絲特爾已經出院，返回她位於史泰登島[2]的家中休養；根據丹尼斯最新的檢查結果顯示，他肺部出現的新腫瘤就像銀河系裡的星星一樣密密麻麻，因此他最後也得接受骨髓移植。至於葉亞，他常在下午從我病房門前走過，如果沒有人注意，他就偷偷打開一小道門縫，對我豎起大拇指，並告訴我阿拉真神會照顧我。

我依然可以會客，但程序變得比較複雜。大學時期和我一起喝酒玩樂的人都沒來看我，雖然不令人意外，但我心裡仍因為他們的沉默而感到受傷。我試著把注意力放在來探望我的人身上——我的朋友瑪爾拉幾乎天天來看我，還有一群童年時期的玩伴和同學，同事也帶著禮物來會客。在我確診後的那段日子，我不僅歡迎他們來陪我，甚至渴望他們出現。然而隨著時間經過，我開始對憐憫的眼神以及不斷寫卡片鼓勵我或對我說「加油」的人產生反感。當他們抱怨起工作上的壓力或因為腳趾骨折導致好幾個星期無法上健身房等瑣事時，我甚至感到憤怒。每當這些朋友們說起他們一起去聽音樂會或參加派對的話題時，我很難不覺得自己被他們遺棄了。

更糟糕的是一些可怕的訪客：那些我根本不熟但自己突然跑來的人，他們不會事先告知，就直接出現在我病房門口。有人是過度熱心，想提供協助；有人則是想見證我正經歷的醫療嘉年華。他們會瞠目結舌地看著我禿掉的頭，而且眼眶泛淚，讓我不得不反過來安慰他們。他們還會自以為是地用各種醫療建議轟炸我，告訴我他們認識哪個了不起的醫生，或者他們哪個朋友的朋友用精油、杏仁、咖啡灌腸或果汁療法戰勝癌症。我知道他們都出於善意，努力分享他們所知道的資訊，因此我都以微笑和點頭回應，可是心裡默默生氣。隨著我的病情加重，來探望我的人越來越少——而且每當有人來看我的時候，我都假裝睡著。

雖然我試著與世隔絕，可是並沒有因此變得孤單。霍蘭德醫生幾乎每天的午休時間都來看我，他對護士和醫院裡的工作人員都很親切，不像一些傲慢無禮的主治醫生。他總是從容不迫地對待病患，讓我覺得保有尊嚴。他會先讓我覺得自己是個「人」，然後才覺得自己是「病人」。每次他替我做完檢查之後，都會坐在我床邊的椅子陪我聊天，而且話題包羅萬象，我們可以從政治聊到藝術史，再一路聊到我們最喜歡的書籍。

威爾仍然處於失業的狀態，因此幾乎都在醫院裡陪我，每晚睡在我旁邊一張對他而言太短的帆布床上。我父母負責白天的照護，他們會輪流坐在我的床邊，拿我最喜歡的零食來誘使我吃東西。自從住院之後，我已經從健康的體型縮小到我小學六年級時的身材，但我經常因為疼痛難耐而無法吞嚥口水，更別說要吞下一整口蘑菇義大利燴飯。我父母陪我的時候，我都試著打起精神，然而我很難保持清醒超過幾分鐘。我母親買了一張維梅爾[3]畫作的海報，掛在我床邊的牆上。畫中是一名年輕女子在昏暗的房間裡彈魯特琴[4]，她面對著窗戶，表情憂鬱且嚮往屋外。「她讓我想到妳。」我母親說。

我知道自己能被這麼多愛我的人所圍繞是何等幸運的事——病房裡有很多病患根本沒有訪客

2 史泰登島（Staten Island）是美國紐約市的五個行政區之一。相較於其他四個行政區，史泰登島的位置比較遙遠，人口也最為稀少，是開發程度較低的行政區。

3 約翰尼斯・維梅爾（Johannes Vermeer, 1632.10.31-1675.12.15）是十七世紀的荷蘭畫家。

4 魯特琴（Lute）是一種曲頸撥弦樂器，在歐洲中世紀到巴洛克時期深受人們喜愛。

——但即使我父母和威爾陪在我身旁，我依然感到痛苦和孤立。我剛確診時的鬥志以及我所有的崇高計畫早已煙消雲散，我不再有力氣寫日記，我的鉤針和只完成一半的圍巾早已積滿了灰塵，而且我根本沒有閱讀《戰爭與和平》或擺在我床頭櫃上的任何一本書。我很無聊，無聊到快死了，可是我實在太疲憊，什麼事情都做不了。

某天下午，在我住院五個多星期後，一群戴著淺藍色口罩的醫生出現在我的病房裡。他們陰森森地圍在病床旁看著我，我只看見他們的眼睛和領帶以及白色的醫師袍。「我們恐怕得告訴妳一個壞消息。」其中一個戴著口罩的醫生說。「妳剛住院的時候，骨髓裡有百分之三十的不成熟血球，但根據妳最新的切片報告顯示，不成熟的血球數量增加了超過一倍，已經多達將近百分之七十。」

「可不可以麻煩你們等我母親來看我的時候再來一趟？」我小聲地說。突然間，我覺得自己像個小孩子。

後來在我父母的陪伴下，我的醫療團隊向我們解釋，我的骨髓正在衰竭，標準療法對我沒有發生作用。我父親看起來很難過，我母親看起來更是快要崩潰了，可是當她發現我正在看她時，她馬上止住眼淚，擺出更堅強的表情。醫生建議我參與第二階段的臨床試驗，這意味著他們不清楚新的化療藥物是否安全有效，更別說是否比標準療法更好。在一切都如此不確定的時刻，我實在不希望接受實驗性的治療。我想要可以確認的事實、統計與證據，以證明這些造成我身心浩劫、導致我家人生活混亂的治療方法是值得的。儘管我相信科學研究，我並不想成為被拿來實驗的白老鼠，我只想被治癒。

「我是不是應該把這段時間拿來陪你們，或者去某個熱帶島嶼抽大麻菸，或是做任何臨死前應該做的事？」我問我的父母。可是他們不知道應該怎麼回答。醫生對於應該如何治療我的病症也沒有答案，但他們堅持接受臨床試驗是我最好的選擇，如果時間拖得越久，我的選擇就會變得越少。最後，我同意了。

七月四日，在我二十三歲生日的前一晚，我獲准離開「泡泡」幾分鐘。除了我半途放棄的脫逃計畫外，這是我將近六個星期以來第一次走出病房。我聽說後側走廊的電梯旁邊可以看得到煙火，因此在穿上規定的防護裝之後，我就拖著點滴架和威爾往走廊走去。我們先到葉亞的房間，問他有沒有興趣加入我們，可是他太累了，沒有辦法下床，不過他準備了生日禮物給我，就放在他的床頭櫃上——禮物是一個粉紅色的友誼手環和一片以鮮豔的三原色繪製的木牌，木牌上寫著**我是妳的超級粉絲！**這個木牌是他請他太太到醫院的商店買的。威爾為我戴上手環，並且替我拿著木牌。然後我們去接丹尼斯，三個人再一起走過護理站，並且跨出病房區。

我們抵達後側走廊時，已經有一群病人聚集在那裡看著窗外。隔著厚厚的玻璃，我們只看見一片黑暗。我們像是骯髒水缸裡的金魚努力往外瞧，但如果將身體往左移一點，然後伸長脖子向右邊看，就可以瞥見遠方的煙火。煙火在天空中炸出紅色、藍色和金色的光芒，將摩天大樓染上絢麗的色彩。然而它們遠在數英里外，被擋在具有隔音效果的玻璃後方，所以我們聽不到煙火爆裂的聲音。煙火和這座城市以及城市裡的居民——包括整個世界——都像是在有如月球般遙遠之處。這時有一位老先生的靜脈注射器警報突然響起，而且怎麼也關不掉。那種惱人的蜂鳴聲，足以讓任何人理智斷線。

「抱歉，我想罵髒話。」我轉頭對威爾和丹尼斯說。「我覺得這真是他媽的令人沮喪。」我的肩膀忍不住顫抖。原本我以為自己會痛哭一場，沒想到我笑了出來。突然之間，每個人也都跟著哈哈大笑。對於人生的荒謬，有些人咯咯地笑、有些人放聲狂笑，有些人則笑中帶淚。

10 空白

在「泡泡」待了將近兩個月之後，醫生們讓我回家休養幾個星期，以便在臨床試驗開始前讓我恢復一些體力。我的不成熟血球數依然多得可怕——數值高到如果不是因為我非常虛弱，就必須立即開始接受新的化療。但如果我馬上接受化療，我被化療藥物殺死的風險將遠遠超過不成熟的血球在我的骨髓和血液中繼續增加的風險。因此，雖然我病得比以前嚴重，我沒有立刻接受治療，反而先回到位於薩拉托加的家中。

我走出門廊後充分運動雙腿、用力深呼吸，讓太陽照在我的皮膚上。我就像是一個服刑許久之後獲釋的囚犯，對於外界的一切驚嘆不已：迷濛我臉龐的細雨、螢火蟲於黃昏時分在花園裡閃閃發光的景致，以及從鄰居的烤肉架飄來我家圍籬的烤肋排香味。

我試著盡情享受重新獲得的自由，因此每當我覺得身體夠硬朗時，威爾就會扶我坐進廂型車裡，替我蓋好毯子，然後我們就在鄉間開車兜風。如果我有體力，我們會散散步。從我家步行到薩拉托加市中心只要八分鐘，可是有白血病的人得花上二十分鐘。每年夏季讓賭博玩家、觀光客和牧場經營者聚集到薩拉托加的賽馬盛會正全面展開，街頭巷尾都有街頭藝人在演奏音樂。百老匯大街這條主要幹道上擠滿了吵鬧的哈雷機車騎士，他們的機車沿著街道停成一長排。死硬派的賭徒則躲進老式酒吧，在酒吧裡透過電視觀看賽馬。

從「泡泡」走到戶外，對我來說是很棒的轉變，可是我的頭頂光禿禿的、睫毛稀疏、眉毛消失不見，加上戴著口罩，馬上就成為路人注視的對象。在癌症病房裡，我和其他病患看起來都一樣，但現在無論我走到什麼地方都非常醒目。在我開口說話之前，癌症已經替我表達了一切。每當我走進室內場所，整個空間裡的人都會頓時安靜下來。不過，這樣也有好處——那年夏天我得到很多免費的咖啡和冰淇淋，好幾位濕了眼眶的收銀員對我說：「親愛的，希望妳早日康復，這個請妳。」但有些時候，別人看我的眼光讓我覺得自己像個怪胎。某天下午，當我從公共圖書館的洗手間走出來時，一個小女孩指著我放聲尖叫。

然而在更多時候，因為我的身體狀況不夠好，根本無法到戶外冒險。一種痛到骨子裡的疲憊感讓我只能躺在客廳的皮革舊沙發上，讓威爾陪在我身旁。威爾有個扭轉壞日子的妙方。「今天是電影日。」他大聲宣布，宛如我們是故意選擇不出門。「妳對美國流行文化的認知有個很大的黑洞，所以我安排了課程表。今天我們來看八〇年代後期的作品，先從《蹺課天才》[1]、《早餐俱樂部》[2]、《來去美國》[3]開始，然後休息吃午餐。」

照顧者的生活會被病人健康狀況的起伏週期所影響，但是威爾擔任這個角色的熱情與奉獻精神，讓我們敬畏不已。他每天早上都幫我母親準備自製的米布丁，那是我唯一能吞嚥的食物，並且沖泡添加新鮮薄荷葉的馬鞭草茶，以緩解我的噁心症狀。他會把這些端來我的房間，以方便我在床上進食。他會協助我父母做家事，下午陪我弟弟打籃球。我弟弟放暑假，所以在家。他會替我整理我的藥盒，並且更換貼在導管上的透氣膠布，還陪我回診。威爾從來不抱怨，即使他犧牲了與朋友們去參加海灘派對的機會。他一次又一次向我保證，除了待在我身邊之外，他什麼地方都不想去。我經常忍不住去想：假如我們兩人的處境反過來，我能不能這麼有耐心且無私地照顧他，就像他為我做的一切？我覺得自己可能做不到。

威爾的父母親在那年夏天來我家拜訪，他們專程從加州過來，向我們表達他們的支持。這是我第一次見到他們，我不知道當他們看見沒有血色而且胸口插著導管的我時會怎麼想。我很擔心他們會暗中期望自己的獨子換個女朋友，例如像威爾前女友那樣的女孩子，有一頭柔順的金髮，在知名雜誌擔任記者，卵巢也還能正常運作——是個有前途的人而不是病人。

就算威爾的父母真有這種想法，他們也沒表現出來。他們把車子停在我家門前，帶著大大的笑容與我們熱情擁抱。才過了幾分鐘，威爾的父親尚恩就把我拉到一旁，他是一個有白鬍子及藍眼睛的高大愛爾蘭人。「自從我兒子認識妳之後，他變成了一個更好的人。」尚恩對我說。「無

---

1 《蹺課天才》（*Ferris Bueller's Day Off*）是一九八六年的美國喜劇電影，由約翰·休斯（John Wilden Hughes, Jr.）執導。

2 《早餐俱樂部》（*The Breakfast Club*）是一九八五年的美國青春喜劇電影，由約翰·休斯編劇及執導。

3 《來去美國》（*Coming to America*）是一九八八年的美國喜劇電影，由約翰·藍迪斯（John David Landis）執導。

論妳做了什麼讓他改變，我都非常感謝妳。」威爾的母親凱倫是一個容光煥發的金髮嬉皮，穿著亞麻連衣裙並且戴著五顏六色的珠飾。她和她兒子一樣，能夠讓身旁每個人都感到舒服。她一遍又一遍地告訴我，我的光頭看起來多麼漂亮又勇敢。「等妳康復之後，妳應該留短髮。」她說。

我們兩家共度週末，並且在薩拉托加四處走走。我們到亞多的玫瑰花園散步，那是城外知名的藝術村。我們還去了賽馬場，在最有名的馬匹各下注兩美元（可是那些馬都跑輸了）。到了晚上，我們在後院爬滿藤蔓的格架下享用晚餐，我母親特別用串燈和紙燈籠裝飾格架，我們的父母相談甚歡，我和威爾在吃晚餐時幾乎都沒有機會插話。尚恩是報導過伊拉克戰爭的記者和紀錄片製作人，和我父親暢談中東政治，而我們的母親們則因為熱愛藝術而一拍即合。看著我們的父母們聊個不停，威爾和我偷偷隔著桌子互相眨眼睛和翻白眼。

在他們停留的最後一天，我們散步到鎮上的農夫市場，那天的陽光照在我的藍色寬邊草帽上。當他們從一個攤位逛到另一個攤位且不停試吃自製黑莓醬、醃橄欖和乳酪時，我只能吃力地想辦法跟上腳步。最後我向他們道歉，獨自走到樹蔭下，坐在野餐桌前。小提琴的樂聲和孩子們在草地上互相追逐的尖叫聲在我身邊迴繞，讓我感到頭暈目眩。我用草帽搧風，希望能感受到躺在床上時的靜謐與涼爽。

回家的時候，我遠遠落後他們，並試著掩飾我一跛一拐的步伐。我不想毀了原本應該完美的週末，可是當我們抵達家門時，我的手腳已經不停顫抖，我的背心裙也被汗水完全浸透。我向威爾的父母道別並擁抱他們，承諾在身體好轉後會去加州探望他們，然後回到屋裡。我在沙發上躺了好幾個小時之後，我父母過來問我：「妳還好嗎？」

「還可以。」我咬著牙回答，可是我的雙腿間有一種悶悶的抽痛，就像心跳一樣，但我不好意思說明這種疼痛感的位置——這種出現在性器官的疼痛，無論對我母親、對戴著蝴蝶領結的年長男醫生，或者對其他任何人，我都只能含糊地描述。我希望這種疼痛會自己消失，可是過了幾天，我已經痛到沒有辦法走路。當威爾和我的家人坐著吃飯時，我只能躺在沙發上，牙齒不停打顫。我母親替我量了體溫，發現我發燒到超過攝氏三十八度。「這樣不行，我們必須馬上去醫院。」她命令道。

我母親開車，威爾陪我坐在後座，讓我的頭枕在他的大腿上。我們在漆黑的高速公路上飛馳，威爾每半個小時就替我量一次體溫，可是溫度持續上升。我母親也持續加速，而且因為擔心而眉頭深鎖。三個小時後，當我們駛過跨越哈德遜河通往曼哈頓的新塔潘齊大橋[4]時，她已經超速二十英里，而我發燒來到攝氏四十度。

那天是星期天晚上，西奈山醫院的急診室等候區裡擠滿了人，有人在自動販賣機旁來回踱步，有人半睡半醒地坐在塑膠椅上，有人的四肢纏著血跡斑駁的紗布。有些母親抱著不停哭泣的嬰兒，有些糖尿病患者拖著腫脹的腳蹣跚走動。每一個人都在等待守門人——診間門口的護士與接待人

4 新塔潘齊大橋（New Tappan Zee Bridge）是一座跨哈德遜河的橋道，正式名稱為馬里奧·庫默州長大橋（Governor Mario M. Cuomo Bridge）。

員——喊出他們的名字。醫學專家會決定誰可以先獲得看診的機會，分類方式與「適者生存」理論有關。每個人都覺得自己所面對的危急病況應當優先受到治療，因此當你的需求甚至你孩子的需求必須與別人競爭時，你就會恐慌。基於這個理由，擁擠的急診室裡不可能有氣氛和樂的場面。

「我女兒有白血病，現在正在發高燒。」我們等待四十五分鐘之後，我母親開始對醫院的接待人員咆哮，但她平時非常優雅。「她有嚴重的免疫功能不全，如果再讓她等下去，你們會成為殺人兇手。」她的威脅奏效了，過了不到一會兒，就有一名護士過來招呼我們，讓我們有種勝利感。然而急診室不鏽鋼旋轉門的另一頭情況更為混亂，到處是病床與不停哭泣或呻吟的病患，還有人哀嚎著求救。一個坐在輪椅上的女人露出兇惡但渙散的目光，怒氣沖沖地對著任何人大吼大叫，說她被同事下毒。

我們沒有別的地方可去，而且我母親和威爾幾乎連站立的空間都沒有。我記得當時我看著威爾，他顯然被嚇壞了。我母親一定也有同感，所以她建議威爾可以先休息一下。「好，我想我們三個人都待在這裡也沒有什麼意義。」威爾說。「我可能會去找個朋友喝一杯。」幾分鐘後他就離開了。

我被安置在一張病床上，有一個綁著辮子頭的年輕人躺在與我僅隔一隻手臂的病床上。他閉著眼睛動也不動，身上髒兮兮的衣服與病床整潔的床單形成強烈對比。基於隱私，一位醫生將我和那個年輕人之間的簾子拉上，可是我依然可以聽見他的醫護人員所說每一個字。在接下來的幾分鐘，我得知那個年輕人罹患愛滋病，血紅素濃度只有3.0[5]。

「你願意輸血嗎？」

「不。」年輕人喃喃地回答。

「你必須知道，如果不輸血，你就會死掉。」

「好。」

過了一會兒，醫院的工作人員過來發三明治給病人吃。那個年輕人虛弱到連三明治都拿不穩，他的三明治掉到我們這兩張床的中間，生菜和肉片散了一地。「他還好嗎？得找個人過來看看他的情況。」我急著對我母親說。這是我在失去意識前所記得的最後一件事。

接下來的十二個小時，我因為發高燒而陷入半昏迷狀態，中間隱約穿插著被日光燈管照亮的記憶片段。

第一個片段：我醒來時，發現三名醫生正用手電筒照著我兩腿中間以進行檢查，我因為不好意思而羞紅了臉，一直試著併攏雙膝，可是護理人員用戴著手套的手將我的雙腿分開。「陰唇內側有小傷口。」其中一個戴著口罩的醫生說。另一個則表示：「有感染症狀，可能是敗血症。」「也

5 血紅素濃度為單位體積內的血紅素量。成年男性的血紅素濃度正常值為 13.0~18.0 gm/dl，成年女性則為 11.0~16.0 gm/dl。

讓我看一下好嗎？」第三個問。這三個醫生說，傷口周圍的皮膚都已經壞死。

第二個片段：「我在哪裡？」我驚慌失措地問。電梯門打開之後，我看到一層我不熟悉的醫院樓面。接著我被推進一間空氣不流通的正方形白色小房間，天花板亮著朦朧的橘色燈光。一位護士向我解釋，說我暫時被送進老年醫學科的病房，因為醫院的病床都滿了，所以我得先在這裡過夜，等腫瘤科的病房空出來。這件事讓我覺得好笑——事實上，我早已覺得自己的身體狀況從二十三歲變成八十歲了——然而我沒有力氣向任何人解釋我為什麼咯咯發笑，彷彿有人對我說了一個超級好笑的笑話。

第三個片段：我好冷，我好冷，我好冷。我不斷地對我母親說，可是我蓋越多條毯子，身體就越覺得冷，沒有任何方法能讓我感覺溫暖一點。我的牙齒劇烈打顫，身子也開始無法自制地發抖。「可不可以找個醫生過來這裡？」有人大喊。後來我才知道這是所謂的「嗜中性白血球低下症合併發燒[6]」，這表示我的身體裡已經幾乎沒有細胞能夠為我抵禦感染了。

第四個片段：我的體溫不斷上升，直到溫度計顯示我已經發燒到攝氏四十一度。我試著開口說話時，說出來的盡是胡言亂語。我的身體陷入極度痛苦，會不由自主地抽搐及排泄。一名護士忙著把便盆放在我赤裸裸的身體下方時，威爾剛好出現在病房門口。我彷彿突然意識清醒，呻吟著對我母親說：「叫他在外面等。」同時尷尬地用雙手遮住我的臉。

第五個片段：平常總是面帶微笑來看我的腫瘤科專家霍蘭德醫生，這次出現時沒有笑容。「打電話給妳先生，請他到醫院來。」我聽見他對我母親說。那時是半夜，我父親在我們位於薩拉托加的家中，距離醫院有三個半小時車程。「可不可以等到早上？我不希望嚇壞他。」我母親問。霍蘭德醫生把手放在我母親的肩膀上，看著她的眼睛。「安妮，去打電話給妳先生，無論如何他都得來一趟。」

第二天當我醒來時，我的目光在房間裡四處張望，試著拼湊自己身在何方以及發生了什麼事。我父母坐在我的床邊，看起來又蒼老不少。一位護士俯身看我，並遞給我一個紙杯，杯子裡有止痛藥丸。幾分鐘之後，我開始嘔吐到病床旁的塑膠盆裡。藥物的副作用以及意識到自己還活著的想法，就宛如一列貨運火車衝擊著我，讓我感到寬慰甚至欣喜。

老年醫學科的病房比腫瘤科的更大也更好，我喜歡這裡，唯一的缺點是那個染金髮的護士話太多。「我以前在腫瘤科工作。」她一邊說一邊把水銀溫度計的銀端放在我的舌頭下方。「我記

---

6 嗜中性白血球低下症（Neutropenia）是血液中的一種中性粒細胞（一種白血球細胞）濃度異常低的血液系統疾病。嗜中性白血球低下症的病患合併感染時，最常見的症狀就是發燒。

得有一個叫瓊妮的女孩子，她是個甜美的女孩，年紀大概和妳差不多。每次我看到她又因為新的感染而住院，心裡都難過得想哭。她過世的時候我真的好傷心。現在光看著妳就讓我心裡難過，因為妳讓我想起瓊妮。所以後來我才轉到老年醫學科來工作。」

生病使我善於隱藏心裡的想法，但我腦子裡一直想著——拜託不要再說話了，難道妳看不出來我們已經被妳嚇壞了嗎——然而我說出口的話語卻是：「瓊妮很幸運遇到妳這位護士。」

那天晚上，威爾來接我父母的班。他笨手笨腳地躺到我床邊的躺椅上，用薄薄的棉毯蓋住自己。老年醫學科的病房沒有陪病者的空床，這個晚上就像之前許多夜晚一樣，威爾為了陪伴我而犧牲自己的舒適。

「我想我們應該結婚。」我突然沒由來地說，也許是因為氧氣讓我的舌頭變得太靈活。我擔心如果我們現在不結，可能永遠都沒有機會。

「我也這麼認為。」威爾回答，沒有一絲遲疑。

我們熬夜到深夜，興奮地討論如何籌辦婚禮與該邀請哪些賓客，以及要找哪幾位音樂家朋友來婚禮上表演。我打電話給我大學時期最要好的兩個朋友，麗茲和瑪爾拉，她們二話不說就表示願意幫忙。麗茲和她母親將陪威爾去買戒指，瑪爾拉則自願提供她家作為我們的婚宴會場。這將是一場小型婚宴，一場在後院舉行的秋季聚會，只邀請與我們最親近的朋友和家人。除非接下來又得緊急住院治療，不然我們希望盡快完婚——最好在幾個星期內就舉行。

幾天之後，腫瘤科的病房有空床了，於是我轉到樓上。三個月前，腫瘤科感覺還像是異國之境，但現在反過來了，身處在不停嗶嗶作響的點滴監測警報聲與沒有頭髮的病人之中，我覺得就像回到家一樣自在。這個地方是我的歸屬。當我見到尤妮可時，我們就像久別重逢的閨蜜一樣彼此打招呼。「噢，哈囉，蘇萊卡小姐！我聽說妳回來了。妳和妳那個好男人最近如何？」

「我們正準備結婚。」我開心地說。

我向尤妮可問起我在病房認識的那些朋友們的近況，她坐在我的床邊，用手溫柔地撫平我身上的毯子。葉亞已經離開了——「不是，他不是回阿爾及利亞。」她糾正我。葉亞死在那個看得到中央公園美景的病房裡，他太太陪在他身旁。至於丹尼斯，他的病情原本好轉了，就等著進行移植手術，直到有一天下午，他的各種器官突然迅速衰竭，雖然醫生們盡了最大努力，可是沒能把他救活。後來始終沒有人來認領他的遺體。

我試著消化這些壞消息，尤妮可則輕輕按摩我的背。當下我腦子所想到的是：

下一個就是我了。

11 動彈不得

我一直有寫日記的習慣，我小時候的臥房書櫃裡擺了數十本五顏六色的筆記本，每一本都詳細記錄我生命裡的新篇章。那些日記讀起來像是以龍飛鳳舞的密麻字跡與我自己對話，裡頭寫滿我對未來的狂熱夢想與願景、我從沒機會但希望實際體驗的冒險幻想、受到成功女性鼓舞所寫下的隱晦自傳式短篇小說、寫得不好的詩句，以及各式各樣的清單——我總是在寫清單：想做的事、不可以做的事，還有夢想。十二歲的我與自己對話的方式，與十六歲的我或者二十歲的我方式完全不同，然而這些對話都有一個共同點：對未來充滿展望。

原本可以盡情想像未來樂趣的年輕歲月，如今因為死亡的威脅變得令人恐懼且絕望。曾經似乎有著無限可能的未來人生，現在卻被厄運籠罩，前方變成一片黑暗，只有更毒的治療以及可怕的未知等待著我。回憶過往激發出一種我不願意去思考的懷舊之情，一種提醒我已失去許多而且正在失去朋友、青春、生育能力、頭髮的痛苦。我的父母在我開始接受化療的第一天送我的「里程碑項鍊」已經在往返醫院和我家的途中遺失，我的心智也因為化療變得憂鬱遲緩。至於我的信念，我根本沒有自信可以活到骨髓移植的那一天。

罹患危及性命的疾病，讓我變成時間國度裡的二等公民。我的日子變成緩緩發生的緊急情況，我的人生只剩下四面白牆、一張病床和日光燈管，我的身體插著各種管線，將我緊緊拴在監視器和點滴架上。窗外的世界似乎離我越來越遠，我的視野縮小成一個小點。時間就像一間候診室，等待著醫生、輸血與檢查結果，也等待著身體好轉的那一天到來。我試著聚焦於眼前的美好時光——我身體比較舒服時與我父母在腫瘤科裡四處走動、每天晚上睡覺前威爾朗讀書籍給我聽、我弟弟利用週末假期從大學回來探望我——趁著還有機會的時候，我們緊緊相繫。雖然我已盡力正面思考，但仍無可避免地感到悲傷和內疚，因為我忍不住去想：當我撐不下去的時候，威爾和我的家人會變成什麼模樣。

感染讓我的健康狀況又倒退幾個星期，臨床試驗得等到醫生認為我身體夠強壯時才會開始。我是全美國一百三十五名接受試驗的病人之一，每個月的前九天，我將接受兩種強效的化療藥物組合：阿扎胞苷[1]和伏立諾他[2]。接著我會有大約兩星期的時間休養身體，然後再進行下一輪的化療週期。臨床試驗會在門診時段進行，這表示當我沒有與醫生約診或者沒有因為併發症而住院時，

1 阿扎胞苷（Azacitidine）是一種存在於ＤＮＡ與ＲＮＡ的核苷、名為胞苷（Cytidine）的化學類似物，目前主要用於治療骨髓增生異常症候群。

2 伏立諾他（Vorinostat）是一種ＨＤＡＣ抑制劑，適用於治療晚期、反覆復發或其他藥物治療無效的T細胞淋巴瘤。

就會待在位於薩拉托加的家裡。整個療程要花六個月的時間——前提是如果一切都能按照計畫進行。

當我父母家後院的老楓樹的葉子開始轉黃乾枯時，一種令人不安的感覺開始籠罩我和威爾漫長的封閉生活。自從我確診之後，威爾就一直陪在我身邊，而且他打算在整個臨床試驗過程中維持這種狀態。就自私的一面來說，我很高興有這麼多時間與他相伴。雖然我臥床不起、頭髮掉光、偶爾排泄失禁，而且與父母同住，但有個男朋友的事實讓我感覺像個正常人，讓我覺得自己還是年輕人，而且還有人要，甚至外表美麗依舊。然而我知道這種情況不可能永久持續下去，沒有人能夠接受無時無刻與病人相處，就算是我最討厭的人，我也不希望對方過這種生活。因此我很清楚，如果我希望和威爾繼續走下去，我必須鼓勵他重新展開自己的人生。

「我們來替你找份工作吧。」某天下午我輕聲對威爾說。那時我們剛連續玩完五場拼字比賽。

他嘆了一口氣。「我知道，我知道。我也一直在思考這個問題。我現在真的需要有點收入，可是我不想讓妳獨自面對這場病。」

「我的情況不可能好轉，起碼短時間內不可能。」我說。威爾也承認沒辦法讓自己的人生無限期停滯不前。

一開始，威爾先找我父母家附近的工作，可是除了在薩拉托加市中心當酒保或餐廳服務生之外，沒有什麼工作可以選擇。於是我們擴大搜尋範圍。當我發現曼哈頓有一家大型新聞機構正在找助理編輯時，我鼓勵威爾去投遞履歷。威爾很猶豫，因為上班地點距離薩拉托加三個半小時的車程，實在太遠了，無法每天通勤。如果他得到這份工作，意味著我們在工作日的時候必須分隔兩地。威爾認為距離是個問題，而且臨床試驗即將開始，我的健康狀況又如此脆弱。我告訴他這些都不成問題，因為我希望他快樂。而且有一部分的我也希望透過他來代替我過日子。如果不是因為現實人生中的我正被癌症摧毀，我非常想做這份工作。於是我全神貫注地協助威爾——幫他修改求職信、陪他練習面試，並且替他找到上班後可以免費借住的朋友公寓。當威爾接到錄取通知的電話時，我用虛弱的身體僅存的力氣緊緊擁抱他。「一切都將會好轉。」我說，而且我真心這麼想。

不久之後，在一個爽朗的秋天早晨，我們前往薩拉托加火車站，威爾搭乘快速列車前往曼哈頓，準備開始第一個星期的工作。他轉頭看著我，我對他露出燦爛的笑容，並且熱情地揮揮手，直到火車車門關上。我站在月臺上，看著車輪沿著鐵軌隆隆作響。汽笛在轉彎處響起之後，火車就從我眼前消失了。只剩下我自己一人時，我覺得喜悅之心開始消沉，情緒變得越來越黑暗。

回到我父母家之後，我上樓走進房間，將門鎖上，然後趴在床上。我趴了一會兒，憋住氣，開始朝枕頭大吼，吼到青筋暴現。對於威爾，對於我的朋友們，對於所有可以工作、旅行、探索新事物而且不受疾病約束的人，我又氣又嫉妒。每個人的人生都有所進展，只有我的人生還沒開始就已經結束，實在太不公平了。我吼到聲嘶力竭，將肺部的空氣全部用盡之後才從床上起身。我走到窗戶前的小木桌，翻開我的日記。

全世界都在前進，只有我動彈不得。我寫道。

威爾不在我身邊的上班日，我會忍不住自艾自憐，因此我開始找一些可以打發時間的事情來做。首先，我決定到史基德莫爾學院[3]上創意寫作課。史基德莫爾學院離我們家很近，我父親是那裡的法語系教授，我弟弟也在那裡讀大學四年級。不過，後來我只上了一天課，因為當時我已經開始接受臨床試驗，而且不到兩個星期的時間，我就因為嗜中性白血球低下症合併發燒而住院。我嘴裡的潰瘍倍速增加，變得非常痛，所以當我出院時，醫療團隊給我一種止痛貼片，一種效力比嗎啡強一百倍的鴉片類藥物。

我整天只能躺在床上，倚著立起來的枕頭。在我遭到癌症圍攻之前，我一直以自己充滿雄心為榮。我小時候所住的房間裡擺滿過往的成就——錦旗、獎盃、獎品和獎狀，但如今那些東西像在嘲笑我。我下定決心繼續找事情來做，於是我開始準備美國研究生資格考試[4]，打算申請研究所。在接下來的幾個星期，我複習代數、參加模擬測驗，並搜尋主修國際關係和近東研究的博士班課程。然而在我報名考試之前，我又再度入院——這一次是因為我胸腔導管引起的感染，於是我動了手術，更換新的導管。我出院一回到家，馬上報名了該星期舉行的美國研究生資格考試，以免另一次併發症又來打擾我的計畫。考試當天早上，我母親為我準備了一頓特別的早餐，用來激發我的腦力，這頓特別早餐包括炒蛋、炒甘藍菜、稀飯、亞麻籽與藍莓。雖然我沒有胃口，依然盡了最大努力吃掉幾口。她開車送我到位於阿伯尼的考場途中，我就在車子後座小睡片刻，以便儲備體力。我們抵達之後，一個態度很不友善的工作人員表示考試過程中不可以戴著我用來保護光頭的針織帽。我母親向對方說明我正在接受化療，可是那名工作人員無動於衷。「規定就是規定。」

我的身體在溫控環境下不停顫抖，我的光頭在明亮的燈光下閃閃發亮，我決心要寫完這份該死的測驗，但是花了整整三個小時又四十五分鐘才完成，到最後我已神志不清，眼皮因為疲憊而幾乎闔上，牙齒也瘋狂打顫，不過我終究完成了。幾個星期後我收到成績單，成績很普通，不過我的心情沒有受到影響。在接下來的一個月，我全心申請全國少數的博士班課程、找以前的教授寫推薦信、擬定必要的申請論文，並且填寫獎學金申請表格。當我終於按下「送出申請」的按鍵時，我很希望自己能有一絲勝利感，然而在我內心深處，我知道自己的努力只是徒勞。就算我真的能夠進入研究所，我的身體狀況也不可能允許我去上課。

從那個時候開始，我就不再寫日記了。我逐漸萌生一種想法：就目前而言，我只有一個目標：努力活下去。臨床試驗在我身上的作用比任何人預期的都還要強烈，由於那些藥毒性很強，因此每個療程結束後，我都被緊急送進急診室，並且住院好幾個星期，與嗜中性白血球低下症合併發燒及各種危及性命的併發症作戰，例如結腸炎和敗血症。我的嘴裡都是潰瘍，即使有止痛貼片和

3 史基德莫爾學院（Skidmore College）是位於紐約州薩拉托加泉市的一所私立文理學院。

4 美國研究生資格考試（Graduate Record Examinations，簡稱GRE）是由私立的美國教育考試服務中心（ETS）主辦的標準化考試，用來測驗大學畢業生的知識技能掌握情況。

補充的雞尾酒療法，但我依然永遠處於疼痛狀態。我開始將液體嗎啡擺在床頭櫃上，每當我在半夜痛醒時，我就喝上幾口，直到再次入睡。我開始懷疑那些臨床試驗的副作用以及我服用的止痛藥會不會在白血病殺死之前先要了我的命。我經常考慮要不要退出臨床試驗，若不是威爾和我父母不斷懇求，我想我應該會退出。

那年秋天在我進進出出醫院的過程中，某天我與醫療團隊分享了我即將結婚的消息。原本我以為他們會對這個好消息感到開心，沒想到他們的反應卻是擔心多過於替我高興。過了不到一小時，一位社工人員出現在我的病房門口，要求與我和我父母交談。「治療的目標是讓妳接受骨髓移植。」她說。「我相信妳知道，移植是非常昂貴的程序，可能得花費超過一百萬美元。幸運的是，妳在妳父親的保險理賠範圍內，因此保險公司會負擔大部分的費用，但如果妳結婚的話，可能會影響妳繼續留在妳父親保單範圍內的資格。我們覺得不值得冒險，至少等到妳脫離險境之後再說。」

我怒視著那位社工人員。她年輕又漂亮，一頭長長的金髮披在肩上，纖細的手指上戴著一枚大大的訂婚鑽戒。我知道她只負責傳達訊息，也知道她說得沒錯，可是我忍不住怨恨她。我的婚禮因此推遲了，就像我許多被放逐到煉獄的人生計畫與目標，不知何年何月才有辦法實現。後來，沒有人再提到婚禮的事。

有一種分裂感在我身上出現：我原本是一個好脾氣的病人，年輕開朗又有精神，勇敢地與疾病奮戰，下定決心在可怕境遇中求取生存；新版本的我則是經常嫉妒別人、暴躁易怒、每天昏睡十六個小時，幾乎沒有離開過房間。星期天晚上，當威爾收拾行李準備離開薩拉托加回曼哈頓上班時，我想假裝開心並且支持他的模樣，可是我做不到。隨著過去幾個星期我病得越來越重，強顏歡笑也變得越來越困難。我知道自己氣他去上班是不公平的——畢竟是我說服他接受這份工作的——可是我心中的憤怒不斷累積，我以前不會這樣。雖然我可以暫時壓住這股怒氣，但是它仍威脅著要毀滅我身旁的一切。威爾、社工人員，以及活躍於這個世界的每一個人——他們不是我的敵人，這場病才是，我很明白這一點。然而隨著時間一天一天過去，我的夢想全都遭到推遲，我也越來越難以分辨自己應該憎恨誰。

12 臨床試驗的憂鬱

那個冬天，我父母懷疑我染上了憂鬱症。我開始沉溺於按下嗎啡點滴鍵，三不五時就讓大量嗎啡注射到我的血管中。我希望化療快點結束，好讓我從持續的痛苦中暫時解脫。我越來越少開口說話，整個人也越來越封閉。有時候我會突然因為沮喪和憤怒而斥責別人，因此變得更不敢與人接觸。我覺得虛無不停向我招手，我的心情陷入黑暗深淵，不知道該如何重展笑顏。

當我沒有昏睡或因為臨床試驗藥物而嘔吐時，就忙著觀賞《實習醫生》影集[1]。我追劇的速度足以創下世界紀錄，只要看完一集，就會不加思索地接著看下一集，期望能藉此從迅速惡化的身心狀態轉移注意力。這種醫療主題的電視劇讓我獲得一種奇怪的療癒——看著可怕的傷口不斷湧出假血、病人躺在手術臺上被外型出眾的醫生救治、大批救護車在遍及全市的悲劇事件發生後衝進醫院停車場——這些畫面可以淹沒我的大腦，幫助我對自身的戲劇化病情感覺麻木，也讓我對醫院那些年輕的住院醫師們產生刺激的想像與扭曲的投射。某天我在醫院的時候，詢問一位住院醫生她的人生和那齣電視劇裡的醫生有沒有相似之處。「我們當然不像那些明星一樣外貌出眾。」她回答。「可是我們的性生活同樣精彩。」

除了《實習醫生》，我最喜歡一部名為《想愛趁現在》[2]的電影。在這部在電影中，凱特・哈德森（Kate Hudson）[3]飾演一名生性自由的年輕女子，她被診斷出罹患大腸癌——她將這種病稱為「屁股癌」——並且愛上了英俊的腫瘤科醫生。（小心以下的劇透）最後她過世了，可是有一場充滿歡樂的葬禮，包括粉紅色的陽傘、隨風飛揚的彩帶、香檳酒和遊行。各界對這部電影的評價都很糟，我也覺得很糟，然而它是我看過少數描述年輕人罹患癌症的電影，因此讓我覺得自己不是那麼孤單。每一次我觀賞這部電影——我看了幾十次——都會哭上好幾個小時。這是一種發洩的方式，因為我發現自己最近對任何事都無感。而且這部電影讓我面對我朋友和家人拒絕討論的話題，即便他們可能一直想著這件事：我可能不久之後就會死去。

看著我的轉變，我父母非常擔心。他們經常以言語表達出這份擔憂，因此對我說：「妳要不要參加癌症病患互助小組？或者與妳在薩拉托加的老朋友們聯絡一下？不要一直看電視，妳應該休息一下，出去走一走，做一些有趣的事情不是很好嗎？」

我沒有興趣去參加癌症病患互助小組，不過我盡量和一些從前的朋友們聯絡。我願意這麼做

1 《實習醫生》（*Grey's Anatomy*）是一部以醫學為主題的美國影集，第一季自二〇〇五年三月二十七日於美國廣播公司（ABC）首播，已播映十七季，二〇二一年續約第十八季。

2 《想愛趁現在》（*A Little Bit of Heaven*）是二〇一一年的美國浪漫喜劇電影。

3 凱特・哈德森（Kate Hudson, 1979.4.19-）是美國女演員，憑藉電影《成名在望》（*Almost Famous*）獲得二〇〇〇年的金球獎最佳女配角獎。

的原因，就如同我讓自己一遍又一遍接受那些有毒且不確定是否安全有效的實驗性藥物一樣：我不希望我的父母繼續擔心我，他們已經夠操煩了。於是我聯絡了莫莉。我從幼稚園時期就認識莫莉，她住在附近的小鎮，在當地的養蜂場工作。有一天我們通了電話，並且約好一起去購物中心逛逛，那家購物中心是我們這種無事可做的郊區年輕人與朋友碰面時的唯一去處。和莫莉約見面的那一天，我從行李箱裡拉出一件皺巴巴的上衣和一條黑色牛仔褲。我從巴黎回來之後，行李箱就一直擱在房間的角落，沒有機會整理。這件上衣穿在我骨瘦如柴的身上顯得非常鬆垮，可是我沒有別的衣服可穿。這段時間我都穿適合病人的服裝：舒服的毛衣、連身袍、睡衣和拖鞋。我的腳變得很小，必須向我母親借靴子來穿，我母親的鞋子尺寸比我小半號。我戴上粉紅色的假髮遮住光頭，在鏡子前調整假髮的角度。幾個月以來，我第一次打開化妝包，考慮畫上眉毛，但被我母親宏亮的搖鈴聲打斷。

「別忘了，在妳出門之前，我得先幫妳打一針！」她在樓下喊著。

當我母親拿著兩個針筒在我房間門口出現時，我全身緊繃。臨床試驗的護士教我母親替我注射化療，這似乎是個不錯的主意，讓我可以在下一次因為嗜中性白血球低下症合併發燒而住院前先在家裡多待一段時間，然而這種打針儀式很快就令我害怕，我只要一看到針頭，舌頭就會感覺到一股恐懼的金屬味。我知道自己非常幸運，我母親全心全意地照顧我，自從我確診之後，照顧我就變成她的生活重心，因此我不斷提醒自己，有些人根本沒人照顧，例如我的朋友丹尼斯。但是在此時此刻，我實在無法有感激的心。

我母親坐在我的床邊，以同心圓的方式溫柔地用酒精棉花為我的上臂消毒。「對不起，對不起，對不起。」她在打針前先向我道歉。日復一日，打針變得越來越令我痛苦。儘管我母親小心翼翼地替換我接受注射的手臂，但每個試驗週期結束時，注射部位周圍的皮膚還是會層層剝落，注射處也會結成堅硬的囊腫，只要輕輕觸碰就會讓我痛得掉淚。當我母親將第一針插進我的肌肉時，我痛苦地扭曲了臉並且大叫；她打完第二針時，我已經無法看著她的眼睛。雖然我的邏輯思維試著提醒自己：有時候必須先苦後樂，但是身體自有其記憶，會記得誰傷害過它。但就非理性的層面，我覺得那些「毒害」我的人（醫生、護士、我母親）以及鼓勵我正面思考的人（朋友、慰問卡片、癌症相關書籍）都是壞人。被病痛懲罰時也需要尋求慰藉。

過了很久之後，我母親與我分享她在那年冬天所寫的日記：我打電話給我的朋友凱薩琳，取消明天上午與她喝早茶的約會。我很想對她說：「凱薩琳，為什麼這種事會發生在我們身上？會發生在蘇萊卡身上？但相反的，我與凱薩琳東扯西聊，問候她兒子和她丈夫的近況。閒話家常讓我覺得好過一點，但也覺得受傷，因為我想傾訴打針的痛苦、生活的疲累與現實的難熬。我把眼淚藏在心裡，不讓別人看見。只有蘇萊卡不肯和我說話時，我才會失去力量。溝通、家人的愛、歡笑聲、蘇萊卡的存在——這些都是幫助我撐下去的一切，讓我們像尤利西斯[4]一樣繼續往前走。

4 尤利西斯（Ulysses）是傳說中的希臘伊薩卡島之王，曾參加特洛伊戰爭，在戰爭第十年憑藉著木馬計攻克城池，之後又經歷十年旅程才終於返回家鄉，與親人團聚。

如果我當年讀了這篇日記，我可能會有不一樣的心態——儘管坦白說，我懷疑自己會不會因此有不同感受，因為承受痛苦會讓人變得自私，也變得殘忍。當你躺在醫院的病床上時，你會覺得全世界只剩下你和你的憤怒，還有檢查檯上的墊紙在你瘀青的四肢底下發出的摩擦聲，以及當醫生帶著最新的檢查報告走進病房時讓你緊張到心臟幾乎從嘴裡跳出來的感覺。但如果你夠幸運，你並不孤單，因為你不是屋裡唯一受苦的人，也不是唯一被疾病打亂人生的人。

我母親替我打完針之後就上床睡覺了，就像她平常那樣，由我父親開車載我去購物中心。我沒有駕照，但即使我有，我這種身體狀況也不可能自己開車。癌症治療的副作用與大量服用止痛藥導致兩個結果：其一是開車技能與認知能力受到損害，其二是我父母一直緊盯著我，準備在我身體不適時馬上照顧我。

「不如我去把車子停好，然後陪妳走進去。」我父親把車子暫停在購物中心門口時說。

「我自己進去不會有問題的。」我回答他，並試著掩飾我的沮喪。我討厭自從我確診之後每一個人都把我當成小嬰兒，尤其是我的父母。

我在美食廣場裡四處尋找莫莉，可是找不到她，於是在漢堡王前面的座位區坐下來，試著以深呼吸緩和我胃裡出現的壓迫感，並努力將這種生理反應歸咎於神經緊張。莫莉和我最後一次出來玩是在我們讀國中的時候，當時是炎熱的夏季，我們喝伏特加、吃玉米餅，一起享受數小時的日光浴，但最後以莫莉大吐特吐畫下句點。她母親氣得對著我大吼大叫，說我是「不良的影響」，從此之後不許我們一起出去玩。大學畢業後，莫莉搬回家照顧她母親，因為她母親罹患了老年癡呆症。莫莉一聽到我罹癌的消息，就傳給我一則真誠的簡訊，問我想不想出來聚聚。我很抗拒，不想接受她的邀約，因為我認為她只是出於憐憫。然而在我等待她出現的這段時間，我突然意識到我已經不在乎了。現在的我已經走到外面的世界，我很高興可以和除了我父母或急診室醫護人員以外的人在平日約出來見見面。

莫莉終於來了，她遲到半個小時。她看起來還是和以前一樣，可是好像變高了，一頭狂野的金髮披散在背後，腳上的黑色戰鬥靴讓她的長腿看起來更修長。她因為讓我久等而道歉，並說：「我在來這裡的途中跑去買了一點東西，我想可能對妳的化療會有一點幫助。」她眨眨眼睛，遞給我一個散發著大麻味的小布袋。

我們一邊聊天一邊走到電影院，買了下一場電影的門票，然後在電影院又軟又厚的座位坐下。我想專心看電影，可是爆米花的味道和電影院裡的一股汗臭味讓我的胃更不舒服。當熟悉的恐慌感出現時，我才突然想到：由於我趕著出門，忘記在打化療針之前先服用抗嘔吐藥。我急忙從座位起身，希望來得及衝到洗手間，結果才跑到販賣部旁就吐了。我對著垃圾桶吐了又吐，吐個不停，身體不停顫抖。幾個正在排隊買東西的年輕女孩看著我。「好噁心喔。」其中一個說。另一個竊笑則表示：「這個臭婊子喝醉了。」我沒有理她們，畢竟這不是我第一次在公共場合嘔吐。而且我已經開始接受臨床試驗，所以這也不會是最後一次。我越來越習慣在陌生人面前失去尊嚴。

我吐完後回到座位，假裝什麼事都沒發生。儘管我不停發抖且噁心想吐，可是我還不想回家，今晚我想假裝自己仍是正常的年輕人，我要做一點正常年輕人會做的事。我閉上眼睛，試圖讓胃不再翻攪，直到電影放映結束。

莫莉開車送我回家，抵達我家時整條街上一片漆黑，除了我家一樓還透出淡淡的燈光，照亮書房裡占據整面牆的紅色書櫃。我父親坐在書桌前閱讀，桌上有一大疊報告。我猜也許是醫療相關資訊。與保險公司談判以及破解醫療專業術語已經成為我父親的全職工作。

「晚安。」我把頭探進我父親的書房打招呼，準備上樓回房間。

「怎麼樣？」

「很開心。」我說。我不想說出真相讓他擔心。

我父親看起來很累。他有黑眼圈，氣色不好而且臉頰越來越凹陷。我有一股擁抱他的衝動，想告訴他我很愛他，可是我們的父女關係沒那麼親密。

「莫莉給我這個。」我說，並且把裝著大麻的小布袋放到他桌上。「你看起來比我更需要。」

13 百日計畫

「妳應該找一種嗜好，一種妳體能上可以承擔的興趣。」我父母強迫我去看的治療師對我說。她的建議現在聽起來非常合理，但我當時覺得像天方夜譚。舉行婚禮、參加創意寫作班、研究生資格考試、申請博士班、和莫莉去購物中心——這些原本都是我人生中很平常的事，但現在我只能在家裡或醫院病床上尋找一些我能做的事。我不僅必須接受自己身體狀況——經常感到疲憊與噁心、頭腦渾沌和不斷住院——還得設法從痛苦中找有用的事情來做。

「我聽說烘焙很療癒。」治療師提議，但我不想理會。許多人都給過我建議，醫院志工也提供各式各樣的活動讓我打發時間——例如打毛線、串珠、剪貼和編織等，我的朋友們則送我拼圖、著色本和桌遊。然而這些活動都不適合我。我很想告訴他們——我並不是退休，也不是幼稚園的小朋友，我是得了癌症。

最後我同意嘗試一項名為「百日計畫」的活動，我不知道最先是由誰發明的。這項計畫的執行方式，是我和家人以及威爾每人挪出幾分鐘的時間，在接下來的一百天裡每天做一件有創意的事。這個計畫是希望我們透過發揮想像力來安排生活，隨著時間經過，日子就會變得更有意思。

威爾執行百日計畫的方式，是每天傳影片給我，影片內容包羅萬象，從當天天氣到醫院自助餐廳的披薩都有。「今天我在中央公園進行現場直播。」他在他拍攝的某段影片中說。「我要介紹我最喜歡的熱狗攤販。拉菲基，請你向蘇萊卡打聲招呼！」每當我覺得孤單，就會一再重複觀賞這些影片。有時候我會擔心我和威爾之間的距離越來越遠，但這些影片讓我有與他緊緊相繫的感覺，也讓我得以與窗外的世界連結。

我母親則決定每天早上畫一塊手繪瓷磚。當百日計畫結束時，她將那些瓷磚拼成一幅繽紛的馬賽克，掛在我房間的牆上。她把這幅馬賽克圖取名為「蘇萊卡的盾牌」，並告訴我它可以保護我。她試著在藝術創作中隱藏自己的痛苦，不過我很好奇，那些圖畫——大部分是身陷危難中的鳥兒——墜落、迷亂、因絕望而張大鳥喙——是不是反映出她的心境？其中一塊瓷磚上寫著：*Le coeur qui saigne*（淌血之心）。

我父親為百日計畫寫了一百零一篇他童年時的往事，並將這些文章列印出來，裝訂成一本小書，在聖誕節的早晨送給我。這是我第一次讀到他的過去，他寫了他們家在春天時參觀神社，以及到突尼西亞的馬特馬塔穴居[1]的事。也寫了關於我的曾曾祖母烏伊莎的故事，烏伊莎是鎮上的巫醫，她總是在病人耳邊喃喃念咒的同時派我父親去拿她放在床底下的草藥和沙漠植物。他還寫了他小時候第一次到小鎮另一頭的「法國海灘」，在那裡看見只穿比基尼和小泳褲躺著曬太陽的外僑而被嚇壞。「我們的女人一年只洗一次澡，而且她們涉水走到海裡洗澡時，身上都穿著衣服。我們說那種景象就像『漂浮的帳篷』。」

其中的一篇文章，我讀完後一直縈繞於心。那個故事是關於我父親的姊姊葛瑪，她是家裡「臉蛋最漂亮」的孩子。我從來沒有聽過她的事——家族裡甚至從來沒有人提過她的名字。她的名字在阿拉伯語中是「月亮」的意思。我繼續往下讀之後終於明白原因：葛瑪短暫的人生幾乎都在床上度過，因為她染上一種怪病，最後在一個炎熱的夏日清晨離世。我父親寫道：「她的人生期限到了。」葛瑪去世時我父親只有四歲，但他記得聽見他母親的哭號聲在屋裡迴盪。我父親始終不敢問他母親葛瑪生了什麼病，深怕勾起她痛苦的回憶。據我所知，我父親那邊的家族沒有人得過癌症，但是讀完這個故事之後，我不禁好奇葛瑪會不會得了與我相同的癌症？奇怪的是，當我覺得自己並非唯一的罹病者時，我感到幾分安慰。

至於我的百日計畫，我決定重拾每次在遇上困難時的寄託：寫日記。我向自己保證，無論我的身體多麼不舒服或多麼疲憊，我每天一定要寫下一些東西，就算只有一句話也好。

人們常用「無言以對」來表達他們面對悲劇消息時的反應，然而從那天開始，無論第二天或之後的每一天，我完全沒有「無言」的感覺。文字不斷從我心中湧現，一開始小心翼翼，後來變得興高采烈，我的腦袋彷彿從長時間的沉睡中甦醒，寫字的速度幾乎趕不上思緒。這與我過去的寫作經驗完全不同，我寫的內容與未來的夢想無關，每一字每一句都只以現在為基礎。我一直把自己想像成那種可以幫別

1 馬特馬塔（Matmata）是突尼西亞南部的一個小鎮，當地人住在傳統的穴居屋。

人說故事的作家，然而第一人稱的書寫方式越來越吸引我。這場病讓我開始了解自己。

身為病人，別人經常要求我檢查、回報並描述自己的身體狀況：妳感覺如何？妳的疼痛程度是一到十級的哪一級？妳有什麼新症狀？妳覺得自己可以回家休養了嗎？現在我終於明白為什麼那麼多作家和藝術家會在生重病時撰寫自傳和回憶錄，因為寫自傳和回憶錄能提供一種控制感，讓你用自己的方式和自己的話語改變自身的處境。「這就是文學的力量——用自己的方式來闡述。」珍特．溫特森[2]寫道。「寫作不是隱藏自己的地方，而是尋找自己的媒介。」

當然，有時候我會因為太累而無法寫太多東西，然而寫日記重新點燃了我對文字的熱愛，也激勵我再次開始認真閱讀。我母親送我一本精裝版的《芙烈達．卡蘿日記》[3]，我仔細研讀這本書，驚訝地發現芙烈達在大約我罹患白血病的年紀時曾發生車禍——她當時在墨西哥讀醫學系預科班，某天從學校回家時，她搭乘的公車與電車相撞，她的鎖骨、肋骨、脊椎、手肘、骨盆和腿部都骨折，右腳被壓碎，左肩也脫臼。電車的鐵扶手從左髖部插進她的身體，再從骨盆底部刺出來，嚴重的傷勢讓她好幾個月無法下床。

在那場事故發生之前，芙烈達．卡蘿曾夢想成為一名醫生，但後來不得不放棄。然而在家養傷的那段時間，她發現了新的志向。「一九二六年我因為車禍而臥床不起，在那之前我從沒想過要畫畫。」她說。「我打了石膏躺在床上，整個人無聊得要死……所以我決定找點事情做。我從我父親那裡偷拿了一些油彩，我母親替我買了一個特殊的畫架，因為我無法坐著。然後我就開始畫畫。」

芙烈達將她行動不便的處境變得閃閃發亮。她憑著一個小畫架和一面掛在床頂以便自照的鏡子，開始創作自畫像，並成為史上最著名的藝術家之一。不過，支撐她受傷脊椎的石膏胸衣才是她的第一面畫布，而且她還一次又一次地在石膏胸衣上作畫。在她的一生之中，她有過幾十件胸衣。那些胸衣對她而言既是酷刑，也是美的體現。是監禁她的枷鎖，也是讓她產生靈感的來源，記錄了她人生與事業的軌跡。她彩繪每一件胸衣，在石膏上加上碎布，並且畫上猴子、羽翼鮮豔的鳥兒、老虎以及電車。有時候她會畫上她的傷疤，甚至她的眼淚。「我畫我自己，因為我經常獨處。」她說。「我是自己的繆思女神。我是我最熟悉的主題，也是我想要更進一步了解的主題。」

芙烈達死後，她經歷的手術、康復、癡迷與心碎，繼續活在她的畫作中。最後她得到神話般的地位，變成受苦者的守護神。身體健康的人能畫出那些傑作嗎？我很懷疑。不必被迫面對自身脆弱的人能畫出那些傑作嗎？我不確定。

當然，我不是芙烈達．卡蘿，要我在不幸遭遇中發揮創意實在很難，但芙烈達的故事點燃我的心，於是我開始研究那些久病不癒的藝術家和作家，看他們如何將自身的痛苦化為創造力：亨利．馬諦斯[4]罹患大腸癌時正在設計念珠禮拜堂[5]的天花板畫，因此他在養病期間將自己家假想成

2 珍特．溫特森（Jeanette Winterson, 1959.8.27-）是英國的作家。
3 芙烈達．卡蘿（Frida Kahlo, 1907.7.6-1954.7.13）是知名的墨西哥女畫家。
4 亨利．馬諦斯（Henri Émile Benoît Matisse, 1869.12.31-1954.11.3）是法國畫家、雕塑家及版畫家。
5 念珠禮拜堂（Chapel of the Rosary in Venice）位於法國蔚藍海岸（French Riviera），是一座小型的天主教禮拜堂。

禮拜堂，並且把畫筆接在長桿上，以便他躺著就可以在天花板作畫。馬塞爾．普魯斯特[6]從小就因嚴重的氣喘和憂鬱症而臥病在床，他在臥室裡的黃銅床上完成了一套七本的史詩鉅作《追憶似水年華》[7]，他在床邊隔了軟木墊，避免受到外界聲音的干擾。羅爾德．達爾[8]認為自己的慢性疼痛是他作家生涯的創意跳板，並且在寫給一位朋友的信中表示：「如果不是因為一些小病痛扭曲我的思緒，我懷疑自己會不會寫作，也懷疑自己有沒有能力寫作。」這些人似乎都因為身體病痛及人生受阻而提升了想像力與創作力。如芙烈達所言：「當我有翅膀可以飛翔時，我還需要雙腳做什麼？」

我決定將自己的倖存重新想像成一種具有創意的活動。如果我嘴巴裡的那些化療潰瘍讓我痛得無法說話，我可以透過新的方式來表達想法。我被困在床上的那段期間，想像力就是讓我航行到房間外的船艦。由於我身體虛弱，每天只剩三小時有力氣做自己的事，因此我排定優先順序，以充分利用我的時間。

因為這個緣故，我重新整理房間，把需要的東西都放在伸手可及之處：一張放了紙筆與筆記本的小夜桌、一個擺滿小說與詩集的書櫃、一塊我可以放在膝蓋上當成桌子的木板。我在家的時候寫作，住院的時候也寫，一直寫到我的憤怒、嫉妒與痛苦全都散盡，寫到我再也聽不見監視器持續發出的蜂鳴聲、人工呼吸機發出的呼呼聲，以及不斷響起的警報聲。我原本不明白這項百日計畫會讓我有什麼改變，但現在我知道自己已經開始找回力量。

6 馬塞爾・普魯斯特（Marcel Proust, 1871.7.10-1922.11.18）是法國意識流作家，許多作家及文學評論家認為他是二十世紀最具有影響力的作家之一。

7 《追憶似水年華》（*À la recherche du temps perdu*）是法國作家馬塞爾・普魯斯特的作品，以其長度及意識流手法而著名。

8 羅爾德・達爾（Roald Dahl, 1916.9.13-1990.11.23）是英國兒童文學作家、劇作家及短篇小說作家，知名的作品包括《查理與巧克力工廠》（*Charlie and the Chocolate Factory*）、《飛天巨桃歷險記》（*James and the Giant Peach*）、瑪蒂達（*Matilda*）及《吹夢巨人》（*The BFG*）等。

14 準備進行移植手術

大約一年前，在我確診之後不久，我用 Skype 打電話與我弟弟亞當聯絡。當時他正在阿根廷念書，我不得不告訴他，我剛被診斷出罹患白血病，他是我可被治癒的唯一機會，但我不想給他壓力。一開始他以為我在開玩笑。「這一點也不好笑。」他回答。我對他說：「我是認真的，我也希望自己只是說笑。」我和我父母一直沒把我的病情告訴亞當，因為我們不想讓他擔心。當亞當意識到這一切並非玩笑話時，他非常難過，二話不說就向阿根廷的學校請假，並在幾天後搭機飛回紐約，接受各種必要的檢測。

檢測結果顯示，亞當可以捐贈骨髓——而且是非常完美的捐贈者——在捐贈者量表中得到滿分。我們為此慶祝一番，為這個小小的好消息欣喜若狂。我們也因此士氣大振，甚至可以說說笑笑。亞當還替我取了一個新綽號，每天早上都對我說：「早安，蘇萊基米亞[1]！」。然而我們也必須面對隨之而來的現實——突然間，我們全家都仰仗著我弟弟。雖然亞當表示自己很開心能幫忙，但他也因此承受龐大的壓力。我開始接受臨床試驗時，他已經是大學四年級的學生，當他的同學們忙著找工作並利用大學最後幾個月的時間吃喝玩樂時，他卻必須經常從學校搭車到紐約市中心與我的移植團隊碰面。而且我父母擔心他會做一些影響健康的事，因此開始每天煩他，不准他喝酒抽菸或太晚回家。有天晚上我們吃晚飯時，我母親又嘮叨亞當攝取過多糖分，導致亞當情緒失控。「現在是怎樣？我們家在上演《姊姊的守護者》[2]嗎？」他憤怒地大吼，然後氣呼呼地走出飯廳。接下來的幾個月，他開始跟不上課業，因此減少修課，並開始服用治療焦慮症狀的藥。每當他週末回家，我總能聽見他在房間裡翻來覆去、輾轉難眠的聲音。

這些事情都增添我確診以來持續與我相隨的罪惡感。我因為家人的經濟負擔感到內疚，除了一大堆醫療費用帳單與保險自付額之外，還有我父母在收入方面的減少。自從我生病以來，我母親就將她的生活重心從繪畫移到擔任我的全職看護者，我父親也經常因為我有緊急狀況而請假缺課，他甚至考慮下學期請假。每當我半夜突然發高燒，就表示我父母之中有人必須在高速公路開三個半小時的車，一路飛馳前往市區，以便及時將我送進急診室。只要我父親去樹林裡散步然後紅著眼眶回來，我就萬分愧疚。威爾推掉升遷機會的時候，我也同樣感到罪惡，雖然他沒有說明

1 Suleikemia 是作者名字蘇萊卡（Suleika）和白血病（leukemia）組合而成的自創字。

2 《姊姊的守護者》（*My Sister's Keeper*）是美國作家茱迪·皮考特（Jodi Picoult）所寫的小說，於二〇〇四年出版，並於二〇〇九年改編為電影。故事講述十一歲的小女孩安娜（Anna Fitzgerald）自出生後便一直擔任患有重症的姊姊凱特（Kate）的捐贈者，十一年來為凱特提供血液、臍帶及骨髓，以便讓凱特延續生命。安娜知道自己是為了擔任姊姊的器官捐贈者而出生，然而當凱特因腎臟衰竭需要安娜捐贈腎臟時，安娜終於受不了這種為了別人而活的人生，決定找律師控告父母侵害自己的身體使用權。

原因，但我知道是因為我。威爾一直拜託他的老闆讓他盡可能遠端上班，這樣他就可以在醫院裡陪我，然而他在病房小床過夜時，我知道他非常疲倦，因為監視器不停嗶嗶叫，他根本無法休息。我對我弟弟更是十分內疚，雖然他不太分享自己的感受，然而有天晚上他向我母親承認，身為我的捐贈者，他認為自己對於我的骨髓移植結果負有責任。我的病對家人造成痛苦和壓力，讓我充滿罪惡感。我當然會覺得自己是家人的沉重負擔，因為我的身體狀況迫使他們必須面對各種問題。

每一輪臨床試驗結束後，醫生都會對我進行骨髓切片，檢查我骨髓中的芽細胞數，以十英寸長的針頭在我的下背部留下新的疤痕。雖然結果顯示臨床試驗對我的病情有所幫助，可是進展非常緩慢。「只要再打幾輪就好。」霍蘭德醫生在每一輪臨床試驗結束時總是這麼說。過去幾個月以來一直是如此，但經過無止盡的骨髓切片穿刺檢查和幾乎致命的併發症及住院幾個月，我們終於取得一個關鍵的數據——雖然臨床試驗尚未完全根除我的白血病，不過我骨髓中的芽細胞數已經下降至百分之五以下，表示我可以安全地進入大家希望的最後階段：移植手術。

霍蘭德醫生盡他最大努力讓我和我家人做好準備。他告訴我們，我將會在移植病房待八個星期。第一個星期，我將接受密集的化療，目的是滅少我的骨髓與免疫系統，以便我的身體接受新的骨髓。雖然我已經相當熟悉伴隨化療的噁心與嘔吐，但霍蘭德醫生警告我們，這次療程將遠比我曾接受過的任何治療都還要具有侵略性，而且少了保護我的白血球，我的身體免不了會有發燒與黏膜發炎的症狀發生，我可能需要靠餵食管進食，並且每天打嗎啡。

移植手術前的那個星期，我弟弟將接受注射，以刺激幹細胞的產生。幹細胞是會分化出紅血球、白血球與血小板的原始骨髓細胞。移植手術前四十八小時，我弟弟就必須先住院，以便醫生採集他的幹細胞。他將必須坐在病房裡，一隻手臂插著針並連接到一臺機器上，透過一種稱為分離術的過程，將血漿裡的幹細胞過濾出來，時間長達大約九小時。等到點滴袋中收集到數量足夠的幹細胞，醫療團隊就會把那些幹細胞注射到我胸口的中央導管。那些幹細胞攸關我的命運，希望它們能夠透過我的血液進入我的骨髓，在我的骨髓中開始生長與激增。移植手術後的兩個星期是最辛苦的，因為我們必須等待移植手術是否有效——看看幹細胞能否成功移植到我的骨髓中。假如移植成功，捐贈者的細胞會慢慢補足我的骨髓，並且建立新的免疫系統。等到我的血球數穩定並且不再需要輸血，我就可以出院，但是我必須住在醫院附近，這樣才能每天到醫院接受檢查。這段恢復期需要好幾個月的時間，直到新的免疫系統夠強壯，我才能在沒有口罩和手套的情況下外出。

對癌症病患而言，骨髓移植就像是獲得重生，是第二個生日——但前提是移植手術必須成功。移植手術本身具有危險性，最大的潛在併發症之一，是「移植物對抗宿主疾病」[3]。當移植物（捐贈者的細胞）沒有把宿主（患者的細胞）當成自己人的時候，就會發生這種併發症。身體滅除感

3 移植物對抗宿主疾病（Graft-versus-host disease，簡稱ＧＶＨＤ）是在移植來自他人的組織及器官後所發生的併發症。當移植物中的免疫細胞（白血球）將宿主視為異物時，就會攻擊宿主的細胞。

染的方式，就是靠免疫細胞毫不留情地攻擊外來物，然而在移植物對抗宿主疾病的情況，病人反而是遭受攻擊的目標。初發症狀通常會在移植手術後一百天內出現，輕者可能只是出現皮疹，重者則可能是肺臟、肝臟、眼睛與消化道遭到破壞。即使移植手術成功——就算沒有移植物對抗宿主疾病的問題——我依然很容易受到感染，或者出現其他多種併發症，包括心臟衰竭與器官受損。醫生告訴我和我父母，我長期存活的機率大概是百分之三十五。百分之三十五。當我聽見這個數字時，覺得自己的骨頭彷彿在嘎嘎作響。即便我真的「長期」存活，還是可能會有很多副作用，其中包括未來變成罹患癌症的高風險族群。這實在相當諷刺，也相當可怕。我覺得這種手術宛如醫療上的俄羅斯輪盤遊戲，我彷彿拿著一把上膛的手槍對準自己的太陽穴。

在我確診癌症之前，「活在當下」這句話總讓我覺得只不過是你在羅賓・威廉斯[4]（Robin Williams）那部蠢電影[5]或者在大學畢業典禮的演講中會聽到的陳腔濫調。然而隨著移植手術日期接近，我每一天都覺得像是「活在當下」的倒數計時。我覺得自己應該要盡力完成每一件事，因為我的每一天、每小時都是無價之寶，不能隨便浪費。時間就像一頭想獵殺我的猛獸，緊緊跟隨著我，而且我不是唯一有這種感覺的人，我母親破天荒找了一位專業攝影師為我們拍攝全家福照，威爾和我的好友們則為我舉辦了一場派對，有一部分像是為了祝福我手術平安順利，另一部分是為了與我道別。我父親開始在每晚睡覺前對我說「我愛妳」。雖然我一直覺得我父親很愛我，但這是我有生以來第一次聽到他說出口。

我被這些舉動感動，可是也有一點害怕。當你可能即將死去時，人們對你的態度會有所不同：他們的目光會停在你身上、記住你臉上的每一顆痣、摹寫你嘴唇的形狀、注意你眼珠的顏色，彷彿想要為你畫一幅肖像，以便掛在記憶的長廊裡。他們用手機為你拍攝許多照片和影片，試著讓時間停格，留住你的笑容，讓這些有意義的時刻永遠留存，以便日後再從雲端的記憶體複習。然而這些關注方式會讓你感覺自己在還活著的時候就已經被大家紀念。

比起接受移植手術、被副作用摧殘身體以及可能死去，更令我害怕的是別人只記得我是個有志未竟的可憐蟲。我成年後的最大成就，是擔任一名法務助理，負責準備咖啡和影印文件，還有盡力對抗一種我根本不想要的疾病。我沒有做過任何能讓自己引以為傲的事。我在地球上活了二十三年，一直為我的人生做準備：熬夜念書以便獲得好成績、申請優異學府提供的獎學金，並希望將來有一天可以擁有自己選擇的職業。我還學會做出一桌豐盛的菜餚，希望將來有一天可以舉辦一場盛大的派對。我把薪水都存起來，希望將來有一天能去某個地方長途旅行。我經常談論自己想寫什麼文章，但實際上我從來不曾鼓起勇氣將任何作品公諸於世。我知道許多事現在可能都已經來不及去做了，不過我下定決心要善用我僅存的日子。因為面對死亡，我拋開了擔心自己

4 羅賓・威廉斯（Robin Williams, 1951.7.21-2014.8.11）是美國著名的演員與配音員。

5 指一九八九年由羅賓・威廉斯主演的美國電影《春風化雨》（*Dead Poets Society*）。該片講述一名文學老師到一間傳統保守的學校任教，以反傳統的方式指導學生詩歌、文學與生活，並告訴學生要「活在當下」（carpe diem）。

看起來不夠酷的考量。當我說出希望自己能夠有所作為時，我不覺得尷尬或者只是自己太一廂情願。我想透過自己的方式為這個世界做一點貢獻，無論貢獻多麼微小。我希望付出的比得到的還多。

我被孤立將近一年，期間只能在醫院和我父母位於薩拉托加的家之間來來回回，我受夠了這種日子。艾德麗安・里奇[6]曾經寫道：「只有在承受壓力的情況下，尤其是隱匿的壓力，才能激勵出寫詩的爆發力。」我想了解自己的遭遇，並且用自己的文字去挖掘其意義。我希望關於我的最後一句話是由我自己寫出來的。

因此我決定開始寫部落格。

我想為罹患癌症的年輕人打造一個平臺，因為這個族群經常遭到誤解和忽略。我不知道這麼做會有什麼樣的成果，但我開始記錄我臥床與就醫的過程。在我父母的支持和威爾的協助下，我開始動工。我找一位高中時期認識的攝影師朋友來為我拍照，還買了一臺便宜的攝影機，花時間拍攝與剪輯短片。我仔細研究 YouTube 上的教學影片，學會如何建立基本的網站。最後，部落格正式上架，我上傳了第一批文章，選自我在百日計畫時所寫的日記。

我非常認真看待部落格這件事。「截稿日快到了。」護士來檢查我的身體狀況或為我調整藥量時，我常這樣告訴她們。當然，截稿日期是我自己訂的，不過有工作可做的感覺真好——讓我有目標，而不僅僅是個病人。

當我的部落格在二〇一二年初上線時，我並沒有抱太大的期望。我相信我的讀者群大概只有威爾和我父母，可能還有我的祖母。令我吃驚的是，我的第一篇文章開始被大家分享，不僅被親戚分享，也被朋友、同學，甚至我讀大學時的新聞學教授分享。這位教授寫信告訴我，說他對我的部落格文章印象深刻，打算轉發給一些同事閱讀。隔天早上當我睡醒時，發現《哈芬登郵報》[7]在首頁刊登了我的第一篇部落格文章，標題為「午安，妳得了癌症」。我在文中寫道：「今天當我準備接受骨髓移植時，我知道自己面對的最大挑戰可能不是身體上的問題，而是必須忍受生病時的無聊、絕望與孤立，以及被限制在床上，時間長短未知。」不到幾個小時，我那個簡單的部落格就已經累積上千次點擊數。接著我發表了第二篇文章，那篇文章帶點挖苦意味，標題是「不可以對癌症患者說的十件事」，為重症病患的親友提供探病時的禮儀指南。不久之後，我開始收到與我非親非故的讀者來信——寄信人全都是住在各地的陌生人。

在我收到的第一批信件中，有一封來自一位綽號為Lil'GQ的年輕人，他說他想讓我知道一件事：我的故事觸動了一顆死刑犯的心。不過，他寫信來的真正目的，是因為他很能體會我所處的困境。我知道我們的情況不同。他以華麗的草書字體寫道。可是死亡的威脅都潛伏在暗處等著我們。Lil'GQ沒有生過病，但他和我一樣活在地獄邊緣，等著命運做出決定。

---

6 艾德麗安・里奇（Adrienne Rich, 1929.5.16-2012.3.27）是美國詩人、散文家和女權主義者。

7 《哈芬登郵報》（*Huffpost*，原名 *The Huffington Post*）是美國一家多語言網路傳媒。

我躺在紐約市的病床上一再重讀 Lil'GQ 的來信，很難想像他正在位於一千五百英里外的德州監獄裡。我有很多事情想問他，我有很多事情想知道。我想知道他是不是和我一樣想逃離這一切，也想知道他是不是和我一樣恐懼死亡。或許等待死刑的感覺不同，因為他的性命交在被法律賦予權力的獄警手中，而不是疾病。我想知道更多關於 Lil'GQ 的過往──他為什麼被犯下死刑？也好奇他都做什麼來打發時間。你每天都如何醒來？當未來充滿不確定時，或者更糟的是，當未來注定走向死亡時，你該如何繼續度日？

我試著回覆一些部落格上的留言，可是無法回信給他，因為經營部落格就已經耗盡我僅有的力氣。我的身體太虛弱，沒辦法坐到書桌前寫信，我只能坐在床上，倚著堆高的枕頭撰寫部落格文章。化療讓我的思緒變得緩慢且渾沌，我每天慢慢吞吞地寫，每隔十分鐘就得休息一下。我藉著喝冰卡布奇諾來獲取額外的能量，加糖的冰泥也有助於冷卻我口中的發炎，咖啡因則能讓我保持頭腦清楚。當因為我病得太重而無法打字時，我就以口述方式說給威爾聽，威爾會坐在床尾用我的筆記型電腦打字，並且給我意見和鼓勵。這份工作辛苦又費力，但也令人感到滿足。

兩個星期後，當我在等待移植手術前最後一次骨髓切片檢查報告時，突然收到一封電子郵件。那封電子郵件來自《紐約時報》的一位編輯，對方表示讀過我的部落格，想知道我願不願意為《紐約時報》寫一篇文章。一想到自己的名字可以出現在報紙專欄上，讓我感到極度興奮，幾乎想要起身狂跳，甚至在病房裡翻筋斗。我回覆了那封電子郵件，並且附上我的手機號碼。令我驚訝的是，那位編輯竟然立刻打電話給我。

「妳有興趣嗎？」

「也許。」我坦白地說。

我以前從來不曾在真正的報紙發表過文章，也不曾與任何編輯合作過。大學一年級的時候，我沒有申請到創意寫作課，因此除了兩堂選修的新聞課程之外，我從未正式學過寫作。然而我每天寫日記以及思考部落格的內容時，有個想法不斷出現在我腦子裡，而且這個念頭越來越堅定，讓我無法再有其他的想法——我渴望用文字表達出所有的事情，包括發生在我骨頭裡的神祕疾病、永無休止的臥床過程、被迫進入孤單的反思境界、命運的羞辱與玩弄、目睹其他病患的接連離世，以及我自己某些部分的死去。事實上，我不知道自己在做什麼，當然更不知道自己有沒有本事完成，但我知道自己不會有什麼損失，癌症已經讓我變成厚臉皮的傢伙。

「不過，我真正想寫的，是每星期見報一次的專欄，內容是關於年紀輕輕就罹患癌症的親身經歷。」我說。

身為一個沒有發表過文章的二十三歲年輕人，直接要求在《紐約時報》寫專欄實在太過自大。而且，與其把僅剩的力氣投入寫作，我知道自己應該讓身體多休息，以便迎接移植手術，並且把時間拿來陪伴家人。我應該問問自己：即時對外分享我人生中最艱困的時刻，會對我的健康、我的未來與我的親人造成什麼樣的影響。我穿著藍色棉袍，一邊在房間裡來回踱步，一邊透過手機向編輯說明我的想法：我打算將我從確診之後所經歷的一切，轉化成每星期一千字的連載報導。我還建議可以在專欄附上影片連結，因為根據親身經驗，我知道生病的人閱讀文字會很吃力，而且我希望這個專欄可以盡量包羅萬象。

「好。」編輯回答。「我們就先試刊登幾篇，看讀者的反應如何。我會請我們影片組的工作人員與妳聯絡，你們可以討論如何呈現專欄的影片。妳寫完第一篇稿子時請與我聯繫。」

掛上電話之後，我忍不住淚流滿面。

「怎麼了？」我母親擔心地問。

「我剛剛為自己爭取到一份工作。」

「寫作時，要抱著自己即將死去的心態。」安妮・迪拉德[8]曾說。我們都是這個地球上的絕症患者——大家面對的問題不是「會不會死」，而是「什麼時候死」。隨著進行移植手術的日期越來越接近，她的話語在我耳邊不斷響起。我的每一次呼吸都籠罩在死亡陰影中，我的每一個步伐都比以往更具有活在當下的感受。狂熱的能量在我的身體裡流竄，在進入移植病房之前，我夜以繼日地寫了整整一個月，完成十三篇專欄稿，因為我知道自己在手術之後要經過很長的時間才有辦法再次寫作、走路或者做任何事。如果你知道自己就快要死了，你會寫些什麼？我在床上對著筆記型電腦，心思飄至生命的沉默處。我寫了關於自己將無法生育，以及沒有人先警告過我的事。我還寫了我如何學到美國醫療保健系統的荒謬，以及在生病時墜入愛河對我的意義，還有我們如何討論——或者不去討論——死亡這件事。我也寫了關於罪惡感的事。我還順便寫了遺囑，以免沒能撐過手術。直到今天，我從來不曾一口氣寫過那麼多文章，因此死亡可說是非常了不起的激勵因素。

二〇一二年三月二十九日，我的專欄及附隨的系列影片首度問世——名稱為「被打亂的人生」（Life, Interrupted）。幾天後我就接受了骨髓移植，這些接踵而來的重要大事讓我頭昏眼花，宛如一場美夢與一場惡夢共舞探戈。

8 安妮・迪拉德（Annie Dillard, 1945.4.30-）是美國作家，以小說和敘事散文而聞名。

15 在望遠鏡的兩端

入住骨髓移植病房的第一個夜晚，我躺在病床上打點滴，眼睛睜得大大的。我的恐懼像一頭活生生的野獸，病房裡幾乎可以聞到它潮濕的皮毛味，並且感覺到它呼出的鼻息以及噴在我皮膚上的熱氣。我掀開毯子走下床，避開將我連接到各種機器的管線，然後蹲下身子以雙手雙腳貼地，將額頭靠在冰涼的地板上時小心地不撞傷頭——就像我已故的朋友葉亞在敬拜時的姿勢。我父親從小就是穆斯林，我母親則在天主教家庭中長大，因此我在成長過程中有混雜的信仰和傳統。我們和瑞士那邊的親戚在一起時，會慶祝復活節並參加彌撒；我們和突尼西亞那邊的親戚在一起時，會在齋月期間禁食，並在古爾邦節[1]宰殺羔羊。但我們在美國時，除了聖誕節之外，幾乎不慶祝任何宗教節日。雖然我對宗教一直很感興趣，不過我從未真正實踐任何宗教。我不知道該如何禱告，也不知道能向誰禱告。然而我很清楚，我必須請所有能幫助我的神明助我一臂之力。

我到底要祈求什麼？多少絕望的病患曾在這間病房裡試著與神明討價還價？我開始感覺頭暈，瘦弱的雙腿在身體下方不停發抖。我站起身子，拿起朋友送我的夜光筆走到牆邊。我不會唱詩歌，也沒有滔滔不絕的宣言可以向神明訴說。我只有一個簡單又基本的願望：讓我活下去。我潦草地寫下小小的字——既是祈禱，也是懇求。

　　我所處的新環境也使得我此時的情緒變得更強烈。在我仔細研究過各家精通移植手術的醫院後，決定從西奈山醫院轉診至斯隆凱特琳紀念醫院[2]。這間癌症中心被認為是最頂尖的移植機構，就算不是全美國第一，也是紐約市第一。但儘管如此，我依然煩惱著這項抉擇。選擇執行骨髓移植手術的醫院就像參觀大學，除了光鮮亮麗的宣傳手冊與匆促的見面和問候，只有時間能告訴我是否做出正確的決定。斯隆凱特琳紀念醫院移植病房裡的各種監視儀器、具有未來感的設備以及戴著口罩並穿著手術袍的陌生面孔，讓我覺得自己彷彿登上一艘外星太空船。我想念霍蘭德醫生與我的醫療團隊——包括只有我們這群人才懂的笑話，以及該團隊的認真、才華與愛心。在過去一年，該團隊的醫生和護士變得像我的家人。「答應我，等妳身體好轉之後，一定要回來看我喔。」尤妮可在我們道別時抱著我說。

　　上星期我與西奈山醫院的醫療團隊說再見，在住進斯隆凱特琳紀念醫院的移植病房之前，先返回薩拉托加的父母家待幾天。我將我的紅色行李箱收拾好，準備住院八個星期，並且在最後一刻將我小時候最喜歡的填充玩具狗「史利皮」也放進行李箱。出發前往醫院的前一晚，我實在無

1 古爾邦節（Eid al-Adha）是伊斯蘭教的重要節日，在伊斯蘭曆每年的十二月十日。

2 斯隆凱特琳紀念醫院（Memorial Sloan Kettering Cancer Center）是美國紐約市的癌症治療和研究機構，成立於一八八四年。

法入睡，因此凌晨五點鐘就起床在屋內走來走去。我看了童年時期的房間最後一眼，向粉紅色的牆壁、書櫃及我最喜愛的舊海報道別。我伸手輕輕撫摸我那把低音大提琴的頸背，也向它說了再見。我向餐桌道別，這麼多年來我們一家人在這裡共進無數次餐飲。我還向我母親的花圃告別。威爾和我父母下樓來吃早餐，接著把行李箱搬上車。當廂型車駛離我父母家時，我心情一沉，感覺到一股悲傷的情緒，不知道自己是否還有機會回到這裡。對於即將面對死亡的人而言，哀悼從當下就已開始。我早在嚥下最後一口氣之前，就已經展開一系列的私人道別。

我在移植病房裡被一群人團團圍住，他們最關心的並非我是誰，而是我的病症。這些戴著口罩的醫生和護士站在我的病床前低頭看著我，討論著我的病情，彷彿我不在這間病房中。他們讓我穿上醫院的病人袍，然後開始討論、檢視、探查、戳刺，並且低聲交換意見。他們只有一個目標：把我這個病人治好，讓我變回原本的自己。這實在很諷刺，因為我確診不過一年的時間，卻已經幾乎不記得自己原來的模樣。

在接下來的一個星期，我的免疫系統接受二十次的大劑量化療注射——劑量遠遠超過自從我確診後這一年多來的注射量。在這段時間，我將我的病房保持得乾乾淨淨，我一向喜歡整齊與井然有序，不過我這個習慣似乎已經變成強迫症，因為我把我的書籍、藥罐和水瓶在床頭櫃上擺成一直線。我不穿醫院提供的病人袍，而是穿自己的睡衣、睡袍和羊皮拖鞋。我每天早上起床之後就會坐在病房的摺疊式沙發床上，我在那張沙發床鋪了乾淨的床單和毯子。我還從家裡帶隨身喇叭過來，當我修改《紐約時報》的專欄並回覆電子郵件時，會一邊播放詹姆斯·布朗（James Brown）[3]或巴哈的音樂來擋掉醫院裡的其他聲音。我拚命工作，希望在化療的副作用加劇之前盡可能多做一些事。我免不了還是有一些副作用，因此我打字的時候，手邊會準備一個黃色的嘔吐桶。

移植手術當天早晨——醫療團隊將之稱為「第零天」——我父母和威爾穿著黃色的手術袍與藍色口罩來到我的病房，我弟弟則跟在他們身後，用他一貫的問候語對我說：「早安，蘇萊基米亞！」並俯身與我隔著乳膠手套互擊拳頭。我笑了出來，並回答他：「希望以後再也不要聽到這個稱呼。」幾分鐘後，六位醫生和護士走進病房，房間裡原本輕鬆的氛圍便消散無蹤。

相較於原本的想像，實際過程並沒有那麼精彩刺激。大家像衛兵一樣嚴肅地站在病床兩側，看著我弟弟的幹細胞從點滴袋裡滴下來。當最後一滴幹細胞滴入我的血管，我始終相當平靜，也許是因為我並不在病房裡，不算真的在。我閉著雙眼，想像自己飛越海洋、飛到其他的大陸，先與威爾坐在巴黎的咖啡館，然後又在突尼西亞的街道散步。在想像的畫面中，我身體強壯而且長髮飄逸。

3 詹姆士·布朗（James Brown, 1933.5.3-2006.12.25）是美國的歌手暨作曲家，有「靈魂樂教父」（Godfather of Soul）之稱。

移植過程只花幾分鐘就結束了。每個人都從我的病房離開，好讓我休息。

醫療團隊警告我，最困難的是接下來的幾天和幾個星期，等待亞當的細胞嫁接到我的骨髓中。我又回到「與世隔絕」的狀態，而且這裡的移植病房比西奈山醫院的病房更加謹慎。我的病房有專門的通風口，會過濾空氣中的任何雜質。我所有的食物都經過微波殺菌，而且進入我房間的任何人都必須先洗手並戴上相當於防護衣的塑膠手套、手術袍、口罩與鞋套。在我的免疫系統恢復之前，親吻、握手、新鮮水果和蔬菜、小感冒或者被紙張割傷都可能讓我喪命。我的房間裡甚至不能擺放鮮花。雖然冒昧，但我們還是通知親朋好友不要送花，結果依然有許多花束送來我病房門外。

我們的目標是撐到第一百天，也就是「檢查日」。術後第一百天是評估病患恢復狀況的第一關。無論白天或晚上，我都必須以四十五度的角度躺在床上，以避免肺部積水。我試著躺在床上數日子，然而數到最後，時間都被我搞混了。點滴像遮陽篷般掛在我的床邊，提供我每天必須攝取的水分、免疫抑制劑、止吐藥與三種抗生素，並且全天候二十四小時提供我嗎啡。從天花板通風口送入病房的冷風，帶著一種持續且令人焦慮的嘶嘶聲。

我就這樣過了將近兩個星期，沒有發生任何重大問題。然後，在第十四天的凌晨，我突然聽見有人尖叫，那個深沉且持續的哀號聲如此宏亮，將我從夢中吵醒。房間裡漆黑一片，警報聲開始響起。各種管線像蛇一樣纏著我，可是我的胸口卻光溜溜的。我覺得有東西從我的鎖骨下方噴出，沿著我的身體兩側往下滴。過了一會兒，我的房門被打開，一名護士的臉出現在我面前。她不斷輕搖我的肩膀，直到我意識到尖叫的人是我自己。「我的天哪！」她驚恐地看著我，忍不住脫口而出。原來我做了惡夢，夢見幾十隻蟲在我身上爬來爬去、啃噬我的皮膚。這場因為藥物導致的恐慌，讓我將身上的導管從胸口扯掉。

還有一個關鍵的轉折點：一種因長期住院而產生的幽閉恐懼症，會在長時間被鎖在房間裡的第二個星期左右發作。時間開始越走越慢，空間感也跟著分崩離析。每天盯著天花板看好幾個小時，眼睛會開始看到各種形狀與圖案，然後整個宇宙會從水泥牆的裂縫中浮現。牆壁變得越來越靠近，當雨水打在窗上的聲響將你從因服用藥物而昏睡中吵醒時，你會渴望雨水，史無前例地渴望它——希望自己可以跑到室外感受雨水從脖子後方滴下的感覺，並且抬起頭、仰起臉，用舌頭品嘗天空的味道。你會試圖將窗戶打開，雖然你很清楚窗戶是密封且緊閉的。你的絕望會開始接近瘋狂邊緣。

除非曾經有過被監禁的經驗，否則大多數人無法體會這種日子是什麼感覺——被鎖在白色的小房間裡，看不到自己獲釋的日期。待在移植病房的那段期間，我常想到幾個星期前曾寫信給我的死刑犯 Lil'GQ。我想知道他被單獨監禁時如何打發時間，也想知道他如何保持理智——如果他還能保持理智。我開始寫一篇文章闡述我所認為的「癌症監禁」，其中一部分的內容是受到他的啟發：

對癌症患者而言，形容囚犯的詞彙似乎會從四面八方湧現，因為行動受到監控，想吃什麼以及何時可吃等基本決定都需要上級預先批准，更別說化療就宛如可致命的懲罰。醫護人員就是法官，醫生隨時可以將你判刑：緩刑、居家監禁、延長「坐牢」時間。某些人甚至可能被判死刑。雖然我沒有去過法庭，但出庭時腎上腺素飆升的反應應該與聆聽醫生宣布切片結果時相同。

在移植病房那段漫長且神志不清的日子裡，Lil'GQ並非唯一一個陪伴我的陌生人。每天早上我檢查電子信箱的收件匣時，總會收到幾十封「被打亂的人生」的讀者們寄來的信。雖然我無法離開病房，但寫作為我開了一扇門，讓我可以穿越時間、空間與各個大陸。

我收到各式各樣的人寫來的信，其中許多人也是病患。我收到一個名叫「尤妮」的少女寫來的電子郵件，她來自佛羅里達州，正在接受肝癌治療。她寫給我的信裡大部分是表情符號。一個來自俄亥俄州的退休藝術史學家，名叫霍華德，他告訴我他人生大部分的時間都患有一種奇怪的慢性自身免疫疾病。妳是個年輕女孩，而我是個老人；妳還在往前看，而我則是回首往事。或許我們的共通點只有死亡。他寫道。我們無法從物質領域——晚餐、爵士樂、雞尾酒、對話等事物中找到意義，意義是所有事物都被拿掉之後剩下的東西。還有許多人來信表示他們這輩子從來沒有生過病，但是對於人生「被打亂」的廣義概念心有戚戚。一位來自中西部的某位參議員妻子告訴我她正在對抗不孕症，一名患有躁鬱症的波士頓年輕人最近淪落到無家可歸的地步，只能睡在他的車子裡。還有一個名叫凱薩琳的加州高中老師，正在哀悼她兒子的離世。

原本我在移植病房中應該比以前更孤單，然而這些陌生人和他們的故事很快地就變成我與外界的連結管道。我很喜歡我收到的郵件，雖然我沒有力氣逐一回覆。我有力氣回信時，首要任務是先回給那些罹患癌症的年輕人——因為他們與我的遭遇相同。其中一個年輕人是來自密西根州的十九歲男孩強尼，他也在斯隆凱特琳紀念醫院接受白血病的治療。他讀了我的專欄，並且在推特上留言給我，我馬上就回覆他，這是我頭一次有機會和與我同病相憐的年輕人互動。我們兩人都處於「與世隔絕」的狀態，被隔離在同一家醫院但位於不同樓層的泡泡裡。我們沒有辦法見面，只能透過網路聊天。我們聊天的內容從愚蠢的傻事到嚴肅的話題都有，而且句子通常寫得很長，沒有斷句，因為我們都注射了大量嗎啡，腦子有點放鬆，對於標點符號或拼字或文法都不是那麼在意。

強尼：醫院的菜單妳最喜歡哪一道？

我：墨西哥起司餡餅。

強尼：沒錯，我昨天吃了一個墨西哥起司餡餅，宛如置身天堂。

我：你在住院嗎？

強尼：我剛住進小兒科病房……被分配到中間的床位，所以同房病患去使用洗手間時一定會經過我的床。我也沒有靠窗的美麗風景可以欣賞。

強尼：妳做完骨髓移植手術後的感覺如何？

我：我脾氣暴躁且疼痛難耐。護士每天早上五點鐘來替我量體重。

強尼：我迫不及待想感受沒有癌症的人生。

我：我也是。有沒有哪種咒語可以加快我們康復的時間？

我很同情強尼。我們共有的經歷非常殘酷，但我們之間存在著一種奇怪的美好：我們這兩個完全陌生的人，從各自的電腦螢幕伸出雙臂，親密地擁抱彼此。

移植手術完成後將近三個星期——醫生和護士們將之稱為術後第二十天——我躺在病床上，威爾背對著我站在窗邊，一面遠眺病房外的晨景，一面將他看見的景物轉述給我聽。不規則的陽光照在東河上方，一座橋從位於背光處的大樓陰影中露出，黃色的計程車有如大富翁遊戲裡的小道具在約克大道上搖搖晃晃地行駛，穿西裝的人們正趕著上班。我很想和威爾一起欣賞窗外的人事物，可是我的身體太虛弱，無法起床並且拖著我的點滴架走到他站立的位置，雖然只有短短五英尺之遙。我知道威爾再過幾分鐘就要去上班了，可是藥物讓我非常想睡。等到我再次醒來時，他已經離開了。

這種昏睡宛如一種逃避，讓我對移植手術的各種副作用無感。我在臨床試驗過程中長回來的毛髮，如今又再度脫落，讓我的皮膚變得光滑，像個小寶寶。我的體重急劇下降，原本已經骨瘦如柴的身體更加萎縮，可是臉頰卻因為類固醇和注入我身體內的各種液體而渾圓腫脹，癌症病患將這種副作用稱為月亮臉。身體在不對的位置變瘦和變胖，破裂的血管像水彩畫一樣透出我的皮膚表面，讓我覺得自己好醜——豈止月亮臉，我根本是怪物。

我的免疫系統已經完全消滅了。我等著亞當的健康幹細胞嫁接到我的身體中，然而它所需的時間比預期的還要久。亞當即將結束最後幾個星期的大學生活，他應該將精力放在期末考試、參加派對與畢業典禮上，可是和我父母以及每一個走進這個無菌泡泡的人一樣，他將所有煩惱都隱藏在面具背後。

那天下午稍晚時，我被我父母的說話聲吵醒。當我想轉頭與他們打招呼時，突然覺得喉嚨裡有東西像魔鬼氈一樣被撕開。我往前傾身，將一堆血肉模糊的東西嘔吐到放置在床邊的塑膠桶中。我的嘴裡滿是鮮血。

「這是怎麼回事？」我父母緊張地大叫，急忙把護士找來。

「你們的女兒只是把食道內層吐出來了。」護士平靜地檢查那團血肉模糊的東西，然後以平常的語調向我父母解釋。

化療燒壞了我口腔、喉嚨與消化道的黏膜，導致我沒辦法說話，而且除了碎冰之外什麼都沒辦法吃。我連續嘔吐了幾個小時，把一塊塊黑色的肉吐進床邊的塑膠桶裡。止痛藥和抗嘔吐藥提供我些許緩解，但是我清醒的大部分時間都得假裝自己是一尊雕像，希望靜靜坐著不動可以舒緩我不停翻攪的胃。穿著黃色長袍的醫生們來了，他們圍在我的床邊，替我接上餵食管，餵食管的另一端接著一袋看起來像是激浪[4]的黃綠色液體。

那天晚上威爾回來了，他推掉晚餐的應酬，以便多一點時間陪我。我想問他這天過得如何，有沒有什麼有趣的事？是不是在公園裡吃午餐？辦公室裡有什麼八卦？不過我們聊天時被護士打斷，護士帶了新藥過來，那種藥讓我昏昏欲睡。威爾提議要朗讀書籍給我聽，或是陪我玩拼字遊戲，雖然我可能只玩幾回合就沒力氣了。我早已不記得我們上次玩拼字遊戲是什麼時候的事。

威爾的行事曆排滿了工作、籃球比賽和足球比賽，其中籃球隊和足球隊是他在我住進移植病房前一個星期加入的。大部分的晚上，當他來醫院的時候，我都已經熟睡了。我知道他需要出口來發洩我們所處的情況和壓力——每一位照顧者都需要宣洩的出口——可是我不理解他為什麼突然變得如此忙碌。漸漸地，我覺得我們兩人彷彿相隔遙遠，只能透過望遠鏡的兩端彼此相望。

我因為發冷而牙齒打顫，於是威爾替我蓋上電熱毯。他還用紙杯替我倒了一些水，我以舌頭沾沾水，讓冷水在我嘴裡流動——這樣可以暫時滋潤我腫脹的臉頰——然後再將水吐掉。我不想抱怨，我得忙著與我的身體作戰。威爾和我需要討論的事情太多了，但我突然覺得精疲力盡，眼皮又再度變重。當我打起瞌睡時，威爾坐在我的床邊，我們兩人都戴著藍色的乳膠手套，牽著彼此的手。

4 激浪（Mountain Dew）是美國百事公司（PepsiCo Inc.）生產的碳酸飲料。

16 希望之家

我坐在輪椅上從醫院出來，來到約克大道上。我在太陽底下仰起頭，讓陽光溫暖我枯黃的皮膚。那是一個天氣溫和的五月下午，我雖然戴著羊毛帽且穿著滑雪夾克，但依然冷得牙齒打顫。我的輪椅停在醫院門外的人行道，等我母親和威爾招喚計程車。路過的行人退到一旁，不經意地看了我們這支小型隊伍一眼。坐進計程車的時候，我的腳只短暫觸碰到人行道。

我完成移植手術已經一個多月，醫生告訴我：雖然我依然沒有免疫系統，但根據初步的檢測結果顯示，亞當的細胞終於開始在我的骨髓中生長。我的身體也有一些進步的跡象：過去幾天我已經從靠著餵食管進食變成可以吃下幾塊鹹餅乾，而且也能夠開始四處走動——雖然速度很慢，但大部分的時候不需要別人攙扶。我的血球數正朝著正常值攀升，但是還要再過幾個星期，我們才能知道移植手術是否成功——第一百天還很遙遠。儘管如此，現在的我只專注於一個小小的勝利：我出院了。

醫生讓我轉到希望之家。希望之家有點類似曼哈頓中城區的癌症病患中途之家，總共有六十個房間，我將在那裡住三個月。它是一棟灰色的混凝土建築，距離賓州車站一個街區，街口有一家便利商店。在可預見的將來，無論我走到哪裡都必須戴手套和口罩，而且醫生警告我：不准到地鐵站或任何公共場所，不可以接觸到任何細菌。我從計程車下車之後，就坐著輪椅來到希望之家門口。由於人行道上都是路人，我趕緊用口罩蓋緊嘴巴。

我很感激有希望之家這種地方存在，並感謝為希望之家籌集資金的陌生人。但是在理想狀況下，我根本不需要住進希望之家。在理想狀況下，我應該要有自己的住處，我應該要搬進我母親當初位於東村的那間公寓。我母親保有那間公寓，一位長期房客一直承租到最近。然而我的免疫系統還太脆弱，沒辦法住進在戰前就蓋好的舊大樓，而且公寓就位於大樓一樓，旁邊是垃圾場。那間公寓更大的問題是空間太小，無法容納我與威爾和我母親三人。我完成移植手術之後不久，就已經明白照顧移植病人是二十四小時的工作，因此我母親和威爾必須輪流照顧我。我們決定讓我住進希望之家，他們依需求使用那間公寓，將那裡當成照顧我的前哨基地。基於當時的情況，這是我們所能想到的最佳方法。

不過我們一抵達希望之家，就發現這個計畫行不通。希望之家的接待人員出來迎接我們，給我們一把房間鑰匙和一份入住須知。威爾和我母親準備與我一起搭電梯上樓到房間去時，那位接待人員叫住我們，表示只能有一位照顧者陪同病人到房間所在的樓層——這是規定。我們試著反駁，認為這種嚴格的要求沒有考量每位病患的不同需求以及病情的不可預測性，然而規定就是規定，我原本希望威爾和我母親能夠像一家人般流暢地分擔照顧我的責任，現在顯然不可能做到，因為我們沒有自主權，希望之家也沒有空間讓他們兩人一同照顧我或彼此支援，我必須在他們兩人之間選一個。

我很為難，因為我需要的協助，只方便由父母親提供，可是我覺得威爾和我漸行漸遠，我不想與他分開。自從我確診後的第一天開始，除了死亡之外，我最大的恐懼就是失去威爾。現在我的身體狀況比之前還要虛弱，因此我出於本能想緊緊抓住他。所以我建議威爾和我一起住進希望之家，我母親白天過來照顧我，好讓威爾去上班。當時這似乎是一種很棒的妥協方式。

威爾和我入住的房間是一間光線昏暗的雙床房，擺設像汽車旅館，鋪著棕色地毯，自然光線並不充足。走廊的盡頭有一間公用廚房，我們偶爾會在那裡遇到其他的照顧者和病人，並且不得不與他們寒暄幾句，例如：「你剛從醫院轉過來嗎？」或是「你腦部的腫瘤狀況如何？」這棟建築物裡的氛圍充滿悲戚，因為住在這裡的每個人都被迫放棄他們的人生。

希望之家的工作人員努力讓氣氛變得活潑，六樓設有一間附有壁爐的客廳，還有一個寬敞的戶外露臺，病人可以與來訪的朋友及家人坐在那裡聊天。交誼室有禪修課與適合白血病病患的烹飪課，每個星期還會有志工過來舉辦特別活動——音樂會、喜劇表演和當地餐館免費提供的晚餐。一群嘰嘰喳喳的曼哈頓婦女每個星期會過來主持一次「午茶時間」——每個星期三下午，那些女人會穿著香奈兒高級褲裝和六寸細跟高跟鞋來到希望之家的交誼室，張羅一盤又一盤的蛋糕與甜點。我相信那些女人是出於好意，可是我無法忍受她們對我們這些病人說話時會刻意放大音量且放慢速度，語氣中帶著優越感，彷彿我們不只是病人，而且不懂英語。我很快就開始鄙視這種午茶時間，我不需要她們的慈悲或憐憫，也不想成為她們施善的對象。

我在移植手術後的例行任務，主要是每天睡十八個小時。當我沒睡著的時候，也會閉著眼睛躺在床上，因為太疲倦沒有辦法坐起身來，也幾乎沒有辦法說話或閱讀。奇怪的是，唯一的例外是《格雷的五十道陰影》[1]，我利用一個週末就讀完了三部曲。這套書的內容如此越軌，與我的現實人生如此不同，感覺就像科幻小說。但這也是引人入勝之處，因為情節可笑得讓我分散注意力，忘記強烈的噁心感。

「你寧願罹患急性骨髓性白血病還是閱讀《格雷的五十道陰影》？」有一天早上我問威爾。

「得白血病。」他毫不猶豫地回答。

威爾為我準備早餐，他每天早上都會這麼做，雖然我很少吃超過一口。接著他就把我交給我母親，然後才去上班。我每天最可怕的行程是從希望之家辛苦跋涉到醫院，在醫院接受輸血並且補充水分、鎂和其他被化療消滅的營養素。由於我會一直有噁心感，因此在計程車上橫越中城區短短二十分鐘的車程內，我幾乎一路嘔吐。有一次我在後座吐得非常嚴重，計程車司機以為我喝醉了，把我和我母親趕下車。我們根本來不及解釋，他就已經把我們丟在路旁，駕車揚長而去。

在我搬進希望之家不到一個星期後，全國公共廣播電臺的 Talk of the Nation 節目邀請我接受訪問。那天是個大日子：自從我出院之後第一次真正外出。打完點滴之後，我和我母親就搭計程車前往位於布萊恩特公園對面的全國公共廣播電臺辦公室。我以前從來沒有接受過任何人的訪問，因此感到十分興奮。

自從我推出專欄之後，就收到各式各樣的訪問邀約，但我至今仍無法理解原因。開始有讀者在醫院候診室裡與我打招呼，甚至有人在曼哈頓的人行道上認出我，告訴我他們多喜歡我的專欄，非常支持我。受到這樣的關注令我受寵若驚，有時候還會讓我有一些不安，沒想到癌症竟然讓我變成知名人物。

並非每個人都和我一樣開心。我的專欄隨即變成我與威爾關係緊繃的源頭。他擔心這會對我的健康造成影響，並且抱怨我將自己僅剩的力氣花在寫作上。他說得沒錯，我也覺得自己的雄心壯志與健康狀況互相衝撞。我的腦子裡滿是注入我體內的藥物毒素，因此沒有辦法好好運作。我以前可以仔細記住許多無用的資訊，包括我小學三年級的老師在開學第一天穿什麼顏色的襯衫，以及我最喜歡的書的完整內容，可是我現在連我好友的名字甚至我自己的手機號碼都記不起來。在移植手術之前，寫作一直是我的避風港，但我現在常常越寫越沮喪，並且寫到淚流滿面。但我已經下定決心要在我還有力氣的時候盡情寫作，即便這表示必須不顧一切地將我的體能用到極限。

在接受全國公共廣播電臺訪問的前一天晚上，我因為輕微發燒而身體不適，整晚都縮在毯子

1 《格雷的五十道陰影》（*Fifty Shades of Grey*）是英國作家E L．詹姆絲（E. L. James）所寫的情慾小說，全系列共三集，第一集於二〇一一年出版，全球銷售超過七千萬冊。

裡發抖，而且每隔幾分鐘就會發出可怕的咳嗽聲，像是要把肺咳出來。威爾和我母親都希望我更改受訪時間，可是我拒絕。我不知道這種機會能等我多久，也不知道我接下來身體狀況會不會好轉。我一定要接受這次訪問，沒有人能勸退我。

當我在全國公共廣播電臺的錄音室坐定並完成試音時，整個人早已精疲力竭。我拿起塑膠杯喝水，手卻不停地發抖，而且我說話的聲音很虛弱，聽起來像有氣無力的耳語。我盡最大努力回答主持人以及打電話進來的聽眾的問題，只不過我完全不記得自己說了什麼，只記得一直按下控制臺的咳嗽消音鍵，將我卡痰的咳嗽聲變成靜音，以免傳送出去。我按了那個消音鍵至少五十次。

到了訪問的尾聲，我已經無力地癱在椅子上。不斷開口說話以及直挺挺地坐著，讓我疲憊不堪。但是主持人還有最後一個問題：「我們只剩下幾秒鐘的時間。」他說。「此刻妳是否正面臨死亡？」

我很驚訝他問這種問題。當然，我經常思考死亡這件事，但這是頭一次有人當面問我這個問題。在全國公共廣播電臺聽見主持人大聲提出這個問題，讓我覺得死亡的威脅變得更強烈也更逼近。我突然意識到：主持人、聽眾以及閱讀我專欄的讀者可能都想著同樣一件事：我會活著還是死去？我的存活在無意中變成敘事的懸念：追蹤我部落格的陌生人都帶著病態的好奇心關注我接下來幾個星期會發生什麼事。這種想法令我不安，可是我打起精神，決定以堅強的態度結束這次訪問，但是我開口時聲音聽起來有氣無力。「我對未來充滿希望。」我輕聲地說。我的語氣實在難以令人信服。

我不知道那天讓我不停咳嗽的原因，但這個原因很快就影響了我的免疫系統。那個週末是母親節，原本我打算和我母親在希望之家的交誼室一起享用早午餐和觀賞電影，結果我卻蜷縮在急診室的擔架上，我母親在旁邊陪我。我的血壓低到不行，心跳則快速到危險的地步。雖然我表示抗議，但醫生還是要我住院。「是我自己招來厄運。」我想到自己在電臺訪問中所說的最後一句話，忍不住這樣對我母親說。「我應該說，對於未來，我謹慎地抱持希望。」

我們出生時需要別人照顧，我們死亡時也需要別人照顧，但我很難接受自己變得如此無助。經過住院期間那段危急的情況，我在希望之家時身體一樣非常虛弱，宛如一個正在學步的幼童，非常依賴威爾和我母親。在接下來的幾個星期，我的健康變得越來越差。到了第七十天，我甚至連基本的沖澡或做個三明治都得靠他們幫忙。我因為身體太虛弱而經常感覺噁心，所以根本無法走路，只能靠輪椅才能四處移動。我會在三更半夜的時候因為心律不整而醒來，忽快忽慢的心跳速度使我無法安睡，也讓我意識到自己的脆弱。

然後，大約在第八十天的時候，我的額頭上出現一片顏色暗沉的疹子，大家都很緊張，因為這是移植物對抗宿主疾病的第一個症狀。醫生曾經警告過我，移植物對抗宿主疾病是移植手術後潛在的致命併發症。於是我的醫生為我增加類固醇與抗排斥藥物的劑量，密切留意我的身體狀況，希望不要發生問題。

我失去的不只是我的獨立自主。自從搬進希望之家之後，威爾每天越來越晚下班。他經常在最後一刻才打電話問我是否能找人晚上來照顧我，如果我告訴他這麼短的時間可能很難找到人，他就會問為什麼我們不能多找一些人幫忙。我知道希望之家不是什麼有趣的地方，而且照顧我是非常費力的事，我沒有辦法讓威爾打起精神，可是我此刻比任何時候都更需要他。我們在一起的時候，我像海綿一樣吸光威爾的愛，因為我渴望再次與他變得親密。每當我表示他似乎漸漸疏離時，他總是堅稱我胡思亂想。儘管如此，我真的很擔心。

有一天晚上，當我等著威爾下班時，突然收到他傳來的簡訊：我要和幾個朋友去聖馬克街的一家酒吧喝酒，妳想不想一起來？我盯著手機，不知道該如何回應。也許他真心希望我加入他們，但我們都知道我可能還要再等幾個星期甚至幾個月才有辦法到公共場所，更別說去聖馬克街的酒吧。聖馬克街是曼哈頓下城區最髒也最擁擠的地方之一。我試著回覆訊息時，眼裡已經盈滿淚水。我將指甲掐進掌心，命令自己不要哭。抱歉，我沒辦法過去，可是我想你應該很清楚。我回覆威爾時，我母親正準備穿上外套離開。她難得與朋友約吃晚餐，雖然我知道她一定很樂意留下來陪我，可是我沒有開口要求。

我獨自躺在床上等威爾。夜幕降臨，黑暗淹沒了整個房間，城市的燈火也在窗外亮起。隨著時間流逝，我感到一股發自內心的冰冷恐懼。在服用最後一批藥物之前，我必須先吃點東西，可是我實在太虛弱，沒有辦法走到走廊盡頭的公用廚房，所以我喝了一點水就吞下那一大把藥丸，這是經驗不足者才會犯下的錯誤。威爾回來的時候已經過了午夜，當時我正彎著腰對著垃圾桶嘔吐，我身旁的床單早已被我的嘔吐物弄髒，我的睡衣也被汗水浸濕。威爾愣在我的床尾處，臉上滿是愧疚。他把我抱起來並帶我去洗澡時，我心裡有兩種彼此對峙的情緒：我痛恨你。我需要你。

第一百天的早晨，我坐在公用廚房的藍色座椅上等威爾吃完早餐。為了讓威爾安心，我也舀了一匙燕麥假裝在吃，但我心裡其實想著別的事情。待會兒我們就要前往醫院聽取上星期的檢查與切片報告。我覺得只有兩種可能：一種是移植手術成功，我即將痊癒；另一種是移植手術失敗，我的白血病將復發，這次我難逃一死。我從來沒有想過會有第三種可能。

威爾洗碗時，我焦慮地瀏覽讀者寄來的電子郵件，希望藉此轉移注意力。其中有一封郵件特別吸引我的注意。那封信的標題是：回歸現實世界的困難。那封電子郵件的附件照片是一個打赤膊的年輕人坐在病房裡，他的肩膀寬闊、肌肉發達，紅潤的臉頰散發著光彩。他的頭和我一樣光禿禿的沒有頭髮，然而他自信的表情深深觸動我。我把手機拿給威爾，讓他看看這張照片。威爾吹了一聲口哨。「可惡，他看起來比我帥多了。要不是因為我知道他是妳的讀者，我可能會擔心妳找了一個癌症男友來取代我。」

這個年輕人叫做奈德，他在來信中分享自己的故事。二〇一〇年時，奈德就讀大學四年級，當時他無憂無慮，完全不知道有什麼可怕的事正等著他。他忙著寫論文，並且和一個漂亮的女孩子交往，還申請了傅爾布萊特計畫[2]，希望大學畢業後可以到義大利生活。然而在寒假期間，他回

2 傅爾布萊特計畫（Fulbright Program）是一項由美國政府資助的國際教育、文化與研究交流計畫，自一九四六年設立。

到位於波士頓的老家，做了電腦斷層掃描，結果發現他的脾臟腫大。經過更詳細的檢查之後，醫生證實他罹患白血病。這不是奈德第一次生病，早在三年之前，他就已經被診斷出患有睪丸癌，不過他是後來才告訴我睪丸癌的事。「只是個小小的癌症，動個手術就沒事了。」他說。

這樣的故事我很清楚，因為這也是我自己的故事，以及我寫專欄之後聽到無數年輕癌症患者分享的故事。這種故事令我感到安慰，讓我知道有多少人和我一樣，就像一個隱形社團，藏在醫院的病房裡，與點滴架緊密相連。

然而奈德的故事朝著讓我意想不到的方向發展。我之所以寫信給妳，是因為我知道妳的專欄在不久之後就會提到這個部分——回歸到現實世界，「正常人的世界。」他寫道。當初我很難馬上回歸正常的生活。當我讀到這句話的時候，我意識到這並不是一封描述年輕人罹患癌症的信，而是關於癌症消失後會遇上的事。癌症痊癒後的生活不是我所能想像的，起碼目前還沒有辦法，因為我仍被困在希望之家裡，必須使用輪椅才能走動，而且依然病得很重，除了即將揭曉的骨髓切片結果之外，我什麼事情都無法思考——更不用說癌症痊癒後的生活會是什麼樣子。

幾分鐘之後，威爾和我一起下樓到大廳，我母親在那裡等我們。我們三人一起坐上計程車，我隨身帶著塑膠袋，以防在車上嘔吐，不過這次讓我胃部翻攪的原因是緊張不安，而非噁心的感覺。抵達醫院後，我們沉默地搭電梯到骨髓移植門診區，因為心情太焦慮，所以說不出話來。

護士喊了我的名字，我們被帶到位於後方的診療室。我緊張地屏住呼吸，等待醫療團隊出現。負責為我進行移植手術的醫生走進來，後面跟著一位護士。我的醫生戴著眼鏡，身材矮胖，臉上總是刻意裝出嚴肅的表情，以掩飾他溫柔的性格。「好消息是，最新的切片報告顯示，妳的骨髓裡已經沒有癌細胞了。」他說。「移植手術似乎成功了——就目前看來——不過如果真要確定，必須再觀察幾個月的時間，並且進行很多次這種診斷。」

「那麼壞消息呢？」我問。我當然不希望有任何壞消息，不過我已經很熟悉醫生進行這類談話時慣用的方式，因此知道不會沒有壞消息。

「呃，壞消息是妳有復發的高風險。由於妳骨髓中的染色體異常，以及我們在進行移植手術之前無法完全擺脫白血病，所以妳的病極可能再次復發。因此我希望妳馬上接受一種實驗性的維護化療，如果妳的身體可以承受的話。」

我坐在檢查檯上，將膝蓋抱在胸前。我已經被絕望吞沒，那種絕望的感覺像溺水一樣，以致各種聲音聽起來都變得微小而遙遠，彷彿我在水底深處。我想到早上讀到的那封奈德寫來的信。恢復正常有什麼困難？此刻我痛苦地回想。我只想要恢復正常，我希望可以永遠離開病房。我的癌症就像被關進垃圾場裡的狗，雖然現在可能被圍欄困住，可是依然兇惡地吠個不停，企圖從鐵絲網下方挖洞逃走。我必須努力奮戰，才能把牠擋在圍欄後方。我必須忍受更多實驗治療與無數次測試，花幾個月甚至幾年的時間持續追蹤。永遠會有另一次掃描和又一次切片等著我。

「我還要接受多久的維持性化療？」我問我的移植手術醫生，並做好心理準備面對他的答案。

「還要很久。」他輕聲地說。「還要一年，也許更久。」我轉頭看看威爾，他的臉沉了下來，像一個被困住的沮喪男子。我不能怪他，但是現在回想起來，當時我確實因此埋怨他。

17 自由年代

對於像我這樣的人，「家」是一種難以捉摸的概念。我十二歲的時候已經在三大洲讀過六間不同的學校，直到七年級的時候，我們才在薩拉托加定居（大部分的時候），可是我從不覺得自己是來自薩拉托加或者其他地方。每當我在同一個地方待上一、兩年，就會開始感到焦慮不安，擔心自己會像黏在船身的藤壺一樣，永遠卡在同一個地方。這是混血兒的詛咒，從小介於兩個國家的文化、信仰與習俗之間，膚色太白也太黑、姓名太具有異國風情，而且整個人沒有清楚明確的定義，無法完全隸屬任何一個地方。

確診之後，我依然過著流浪的日子。在過去一年裡，威爾和我在醫院以外的地方住了六個月的時間，我們曾住在我小時候在薩拉托加的房間，也住過我朋友家的客房，最近我們一直住在希望之家，但那裡規定我們最長只能住三個月。進入夏季的尾聲時，我的一些短暫症狀都消失了，當時我非常渴望能擁有一個屬於自己的家。

二〇一二年八月下旬，威爾和我搬進我母親位於東村第四街與A大道轉角處的公寓——也就是二十年前她剛剛移民到紐約時所住的地方。只要我和威爾有足夠的錢支付維修費、水電費與房屋稅，無論我們想在這間公寓裡住多久都可以。

距離我上一次來到這間公寓，期間發生了許多變化，但好像也沒什麼改變。我抵達時聽到有人用法文對著我喊：「寶寶！」然後我看到了喬格。喬格在這棟公寓擔任晚班警衛，他現在已經變成一個老人，滿頭白髮且稍微駝背，但他還記得我出生之後我父母把我從醫院帶回家時的情景。這棟建築裡的每一扇門仍舊漆著原本的海綠色，走廊上的金色飾板和藝術燈具也都還在。電梯依然經常拋錨，水龍頭偶爾會噴出鐵鏽色的汙水。我母親的這間小公寓位於一樓，窗戶對著庭院裡的垃圾場。威爾的父母為我們買了碗盤架和玻璃杯，我父母則借我們床單和一條漂亮的突尼西亞地毯，還有一位朋友送我們床架。我們到二手商店買了一個老舊的行李箱當成餐桌，就像我們在巴黎時一樣。無論我們的家多麼狹小、光線多麼昏暗、家具擺設多麼雜亂，仍然象徵著一種全新的自由，因此我們覺得自己非常幸運。

我們住進公寓的第一晚，威爾在充當餐桌的行李箱上放了兩個盤子，並且點了幾根蠟燭。我記得自己最後一頓真正的餐點是在移植病房裡吃的復活節晚餐，後來我只能透過餵食管進食，或者在希望之家吃一些煮到很爛以便吞嚥的食物。我的體重來到史上最低點，而且完全沒有食慾，可是我下定決心要在新家享用我們的第一頓晚餐。自由就是能夠吃下半碗自製義大利麵——然後一整晚努力不吐出來。

自由也意味著在隨後幾個星期要對威爾有耐心。他努力填補醫院工作人員和我母親的空缺，因為我母親已經返回薩拉托加，威爾要負責大部分的家務，還要做飯和打掃，以及當我每隔幾星期再次發燒或出現新併發症時陪我趕往急診室。由於我的身體很虛弱，就算走到一個街區外的藥房也是極大挑戰，因此我大部分的時間都獨自躺在床上睡覺，或試著寫作及麻木地看電視。我等著中午到來，威爾會利用午休時間騎腳踏車回來看我，並替我張羅午餐，然後再回去上班。接著我又繼續躺在床上算時間，直到晚上七點鐘威爾下班回家。由於我還無法到擁擠的地方，也不能吃外面餐廳的食物或者搭乘大眾交通工具，因此晚上我們都待在家裡。我和威爾在希望之家時的距離感，如今已經大幅減少，因為我們都對於能在一個屬於自己的地方重新開始生活而欣喜若狂。自由亦代表我在移植手術後頭一次與威爾同床共枕，我必須適應自己這個似乎已經忘記如何與人親密的全新身體。

那是星期一的早晨，時間剛過九點。我站在公寓外，街上每個角落都有人等著招喚計程車，於是我在路旁坐下，打算等交通尖峰時段結束後再叫車。我已經開始接受化療，可是我並不急著趕往醫院，因為我遲到半小時已經變成常態。無論我怎麼做——早上跳過淋浴、設定多個鬧鐘、前一晚提早上床睡覺——我每次抵達醫院時總會遲到半小時。我幾乎為此感到驕傲：我非常準時，只不過是依照我自己的時間表。

或許我暗中希望：如果我抵達得夠晚，醫院會告知我可以休息一次。我想盡辦法逃避維持性化療。因為我現在已經沒有芽細胞了——我已擺脫癌症，只怕癌症可能會復發——所以更難以凝聚決心順從這種痛苦的療程，即使我的理性邏輯能明白必須接受維持性化療的原因。我的新治療法包括阿扎胞苷的靜脈注射，阿扎胞苷是我在臨床試驗期間施打的藥物，我每個月要連續施打五天，然後休息三個星期。從字面上來看，這似乎沒有什麼大不了，但根據我的經驗，那三個星期的休息時間不會太輕鬆——有毒的化學物質會讓我在那三個星期過得非常痛苦，等到好不容易開始覺得舒服一點，又要繼續施打五天。在可預見的未來，我的生活就是這樣。

一輛計程車緩緩駛近，我懶懶地伸出手。司機是一位年長的男性，斑白的頭髮綁成麻花辮，說話時有濃濃的牙買加口音。當我們沿著曼哈頓東邊的羅斯福大道加速行駛時，我瞥見一個年輕女子在東河的自行車道上騎腳踏車。她看起來與我年紀相仿，皮膚曬成古銅色，有著運動員的健壯體格，綁成馬尾的金色長髮隨風飛舞。我心想：也許將來有一天，我也可以騎腳踏車去醫院，只要等我的身體夠好。

「哈囉？小姐？」計程車司機對我說。我們已經抵達醫院，但我因為沉浸於自己的想像而沒有察覺。「妳還好嗎？」我心裡暗忖，哪天要是又有人問我「還好嗎？」，我一定要滔滔不絕地告訴對方關於我最新的切片檢查結果，看對方會有什麼反應。不過我知道這位司機只是看我在發呆，好意表達關切。我知道他一點也不想聽我解釋為什麼骨髓移植會讓我心神迷失、思緒分散，以及我為什麼經常在公共場所睡著。所以我什麼話都沒說，付完車資之後只說聲「謝謝」，然後就迅速下車。

我走進斯隆凱特琳醫院的大廳，就聞到熟悉的消毒藥水味。這棟大樓總共有二十層樓，閃閃發亮的鋼製電梯，牆壁上井然有序地掛著藝術品。這裡就像一艘巨大的郵輪，滿載癌症患者和照顧病患的人。裡面還有迷你版的郵輪設施：星巴克咖啡、餐飲部，以及偶爾舉行的室內音樂會、娛樂節目、藝術展和手工藝活動。醫院裡還有圖書館，讓病患可以前往翻閱老舊的羅曼史小說。這棟建築物打掃得一塵不染，設備都是最先進的產品，但是建築本身充滿疲憊感，而且近乎破舊。候診室裡擺著七〇年代風格的家具，大理石地板上的軟膠毯多年來在醫生及護理人員腳下早已嚴重磨損。急診室裡總是聚集許多人，坐在輪椅上和躺在擔架上的病患占據了走廊。

我第一次到斯隆凱特琳醫院是在確診後幾天，當時我來尋求第二意見。我長及腰部的頭髮和臉上的鼻環使我看起來不像一般病人。我們在候診室時，一個穿著無袖襯衫、頭上以布巾包住光頭的中年男子俯身對我父親說：「老兄，祝你健康！」並且握拳以表達鼓勵。我父親的頭髮在九〇年代就已經掉光了，那個中年男子因此誤以為我父親是接受化療的病人。我還記得那彷彿證明了我的無辜，那個中年男子的誤解證明了我不屬於這個地方——顯然就某個角度來看，我與這些病患並不相似。然而現在這些病人以及醫院裡的消毒藥水味讓我覺得舒坦，我頭上短得像小鴨新毛且生長凌亂的金髮讓我覺得自己適合這裡，也讓我心情放鬆。我理解醫院裡的各項規定，也熟悉多種醫學專用語，甚至可以閉著眼睛在錯綜複雜的走廊上走動而不迷路。相反的，外面的世界對我來說已經變得陌生，甚至有點嚇人。

我壓了三次乾洗手供給器——這是我的幸運慣例——搓搓雙手，然後戴上一雙藍色乳膠手套和一個新的口罩，走到B電梯前。當電梯門在四樓打開時，我不禁微微顫抖。骨髓移植門診區非常寒冷而且密不通風，宛如肉品冷凍櫃。我從護理站拿了一條加熱的毯子——有個類似烤箱的機器可以讓毯子變得暖烘烘——然後找位子坐下。

在候診室等待的時間似乎永無止盡，適合靜靜坐著不動或者看人。經過這段時間，我已經變成一個可以辨識病患在哪種階段的專家：剛確診的病人，身旁往往有親朋好友隨行，而且那些親友還會帶著鮮花與禮物。有些已經半禿或者頭髮不多的父親或兒子，會為了不讓病人孤單而剃光自己的頭髮，認為自己的犧牲行徑可獲得榮譽勳章。過了幾個星期後，陪病人來化療的親友人數就會減少。他們還會擬定一份「化療行事曆」，以便朋友和家人輪班陪伴病人。不到六個月的時間，病人身邊就只會剩下一名照顧者，這個照顧者的重責大任是聆聽病患抱怨停車不方便或「候診時間有如身處地獄」。假如病人不幸超過一、兩年還未能痊癒，最後都能堅強地獨自就醫。

自從我罹癌之後，今天是我第一次獨自到醫院就診——然而我並不是唯一一個。我發現有個年輕人剛剛走進來，他正準備戴上必要的口罩和手套。他看起來不到三十歲，身材又高又瘦，頭上戴著羊毛帽。當他環顧人潮擁擠的候診室尋找可坐下的空位時，表情似乎有點緊張。唯一的空位正好在我的右手邊，他走過來的時候，我們互相點點頭。

「妳是蘇萊卡，對不對？」他伸出戴著手套的手與我握手。「我非常喜歡妳的專欄。」他說他叫布瑞特，並且在我們等候時告訴我他對抗淋巴瘤失敗，以及他和他太太為了方便他接受骨髓移植手術，正考慮要從芝加哥搬到紐約市。我靜靜聽他說，然後分享我自己的相關經驗。我告訴他，如果他決定來這裡接受移植手術，將可以得到很好的照顧。我還表示願意幫他聯繫希望之家，他和他太太可以免費暫住那裡。當布瑞特的名字被叫到時，他看起來從容沉著，我自己也因為我們的談話而感到踏實。我們交換了手機號碼，我答應如果我去芝加哥一定會拜訪他們。當他消失在簾子後方時，我又變成獨自一人。

當我終於被叫進化療室時，我見到艾比。艾比是我最喜歡的護士之一。「妳的眼睛很紅。」艾比帶著一絲擔憂對我說。「我只是有點累。」我告訴她——這句話有一部分是真的，我最近睡得不好，因為用來對抗移植物對抗宿主疾病的高劑量類固醇導致我失眠，所以我常整夜坐在床上看電影。然而我還沒來得及繼續聊別的事情，就發現自己已經淚流滿面。這種突如其來的情緒失控讓我驚訝，我在家裡雖然經常掉淚，可是很少在別人面前哭泣。

自從我得知必須接受更多化療以來，我的精神狀況一直陷於混亂——思緒不停翻攪，情緒躁動不安。威爾忙著工作，我父母已返回位於薩拉托加的家。自由就表示我要學習照顧自己。我有一個大大的藥盒，上面標示著一星期七天，我必須提醒自己按時服用幾十種藥物。自由也表示自己一人來化療，這讓我意識到我必須獨自面對所有的事情，而且就某種意義而言，其實我一直都是單打獨鬥。

18 雜種狗

小時候，每當我弟弟和朋友們在爬樹及踢足球時，我總是忙著在人行道上與灌木叢間尋找被人遺棄的小動物。只要經過廢棄的紙箱或大型垃圾桶，我一定會打開檢查有沒有跟著垃圾一起被人丟棄的小貓。當大人們問我長大後想做什麼的時候，我總是嚴肅地回答：我要成為照顧流浪動物的德蕾莎修女。

那些年我一直拜託我父母讓我養狗，可是他們總是拒絕——因為我們經常搬家，而且他們不想承擔額外的責任。我念小學四年級和五年級時，每天放學後都會騎腳踏車到附近的動物醫院幫忙打掃狗舍並且看獸醫替寵物動手術。我的零用錢全拿去買二手的獸醫教科書，以及捐給動物救援組織買狗糧、貓糧和玩具。我知道美國犬業俱樂部[1]認可的兩百七十四類犬種，並強迫我父母抽考我各類犬種的行為特徵、健康需求和預期壽命。十歲那年的聖誕節，我叫我弟弟送我一個孵化

1 美國犬業俱樂部（American Kennel Club）是全球最活躍的犬類組織，總部設於美國紐約，成立於一八八四年九月十七日，主要從事犬類鑑定、開發新犬種與出版雜誌等事務。

器，隔年春天我用我的舊娃娃車裝著十二隻新生的小雞到處走，把我父母嚇壞。後來我養過倉鼠，還替別人照顧寵物以賺取外快。讀中學的時候，我利用週末去動物收容所，與長疥癬的老狗群互動。我特別喜歡雜種狗——尤其是邋遢、頑皮、具有野性且難以馴服的雜種狗。就某種程度而言，我能夠體會牠們的感覺——牠們沒有人要，只想找個屬於自己的家。

我在大學時期還養過一隻剛出生的小貓，並將牠取名為穆罕默德。可是我因為忙著上課無暇照顧，而且還要參加暑期的海外旅行和管弦樂團的排練，以及交男朋友和參加派對，不久之後只好把牠送給一個比我可靠的朋友飼養。大學畢業後，我的成年生活已經沒有辦法養寵物，因為我連自己都照顧不好。

在西奈山醫院剛開始接受治療時，曾有一隻治療犬來探望我。那是一隻精力充沛的長毛垂耳獵犬，在我的病床上跳來跳去，還頑皮地拉扯我蓋在腿上的毛毯。自從生病以來，我第一次覺得自己沒有被人當成瓷娃娃。治療犬的來訪讓我再次對寵物產生渴求，就像小時候那樣。我和威爾一起搬進公寓後，飼養寵物的想法就變得更強烈。我花好幾個小時在電腦上瀏覽動物收養網站，不過我也很清楚醫學方面的現實問題：我的免疫系統還太脆弱，因此不能養狗。我的移植醫生毫不考慮地表示我不能養狗，可是我依舊每隔幾個星期就問他一次。

十月的某個早晨，我前往斯隆凱特琳醫院接受定期檢查時，發現我的移植醫生請了短期病假。在他請假期間，一位姓巴克（Barker）的醫生將負責為我檢查。我覺得她的姓氏是個吉兆[2]，因此決定試試我的運氣。

「妳覺得我可以養狗嗎？」我在我們第一次診療開始之後幾分鐘就問她這個問題。巴克醫生想了一會兒，然後回答：「當然可以。我想不出有什麼理由應該禁止妳養狗。」她認為我的免疫系統已經變得強壯——雖然還比不上一般人，可是已經夠強壯——而且她說養寵物可能有助於我的健康。

我不想浪費任何一點時間，因此當天傍晚我就拜託威爾在下班後陪我去蘇活區的動物救援組織——「只是去看一看。」到了那裡之後，我直接跑到一隻幼犬的籠子前。那隻狗是一隻長得很醜的小型混種犬，一部分是雪納瑞，一部分是貴賓狗，稀疏的白毛幾乎遮不住牠長著斑點的淺紫色肉身與下垂的雙耳。我克制不住衝動，表示想抱抱牠。牠的體型很小，只有我的手掌那麼大。牠吠叫著，眼裡透出淘氣的光芒，下巴長著不整齊的山羊鬍。牠看起來脾氣不太好，有點狂野，可是很有個性，讓我對牠一見鍾情。「我要這隻狗。」我說。

威爾很操心，他擔心我會接觸到細菌，而且照顧寵物會造成額外的負擔，畢竟我們已經無力面對更多問題。可是我苦苦哀求，答應一定會謹慎確保自己的健康，而且提出一個絕妙的解決方案：溜狗時只要讓狗穿上一次性的腳套，就能確保牠的腳不會弄髒。我還發誓在餵狗和清理穢物的時候一定會戴上手套，並保證永遠不讓牠睡到床上。我更列出四位朋友的名字，表示在我身體狀況不佳時，這四位朋友可以幫忙我照顧狗。

---

2 Barker 的意思為吠叫的動物。

「妳真的很固執。」威爾笑著說。

當我告訴辦公桌後的那位女士我們想領養這隻小狗時，她說還有十幾個人在排隊等著領養牠，而且那些人都已經提出正式申請。她必須審查每一位申請人的資料，並且打電話給表格上的推薦人，然後才能做決定。我遲疑了一會兒，然後問她：「請問妳什麼時候可以做出最後的決定？我很希望能在下一輪化療之前就領養到牠。醫護人員都說，狗是最好的良藥……」那是我第一次也是唯一一次打癌症牌，因為我真的非常想要這隻狗。那位女士顯然被我迫切的渴望所打動，馬上讓我們辦完領養手續。在搭乘計程車返回我們公寓的路上，我將這隻小狗取名為「奧斯卡」。

帶奧斯卡回家的第一個晚上，在我的印象中是我確診之後最開心的一晚。雖然不到一個小時的時間，牠已經在客廳那張突尼西亞舊地毯上撒了兩次尿，並且拉了一坨分量驚人的屎，可是我實在太興奮，所以完全不在意。威爾也變得和我一樣雀躍，我們一起替奧斯卡洗澡，像一對欣喜若狂的新手父母討好牠。等到奧斯卡終於在我的胸前睡著時，我揉揉牠的小肚子，看著牠安靜沉睡。牠黑色的小腳在做夢時微微抽動，身體的溫暖與平穩的心跳緊貼著我的胸口，讓我感到無比放鬆。後來我在沙發上睡著，奧斯卡則蜷伏在我的臂彎下。

第二天，現實問題來了。威爾去上班後，我第一次與奧斯卡獨處。我沒想到必須帶一隻還不會控制大小便的狗一天出門六趟，有時候我還來不及走到門口，牠已經直接尿在走廊上。化療和移植手術讓我體力變差，我需要大量的休息，可是奧斯卡不管我會不會噁心想吐或者身體痛到沒辦法玩丟球，照顧牠很快就變成我每天最可怕的工作。每個早上威爾出門上班之後，奧斯卡就會用牠的舌頭舔舔我的腳趾，把我從睡夢中叫醒。我帶牠出去散步時，走完幾個街區後，牠熱身完畢準備開始奔跑，但我卻已經筋疲力盡，一心只想回床上休息。我不確定自己是不是犯了一個天大的錯誤。

然而隨著時間經過，我和奧斯卡慢慢變得形影不離。我別無選擇，生活只能以牠的需求為中心，而非我自己的需求。奧斯卡已經不會在客廳地毯上小便了，我也不再每天睡到中午才起床。奧斯卡完成了後續疫苗注射，我也二度接種小時候打過的各種疫苗。（骨髓移植會導致病患喪失童年時期的免疫接種。）我努力跟上奧斯卡的腳步，結果證實是很好的復健運動。我的肌肉因為長時間臥床而開始萎縮，但經過幾個星期被迫天天散步，我已經可以輕鬆上下樓梯，而且一次跨上兩階。

這麼長一段時間以來，我第一次沒有讓癌症主宰我的生活。「來吧，夥伴。」我拍拍手，準備帶奧斯卡出去散步。「你負責帶路喔。」奧斯卡往前跑並拉扯皮帶，領著我走出公寓，朝著湯姆普金斯廣場公園狗跑道的方向前進。我們在那裡交到很多新朋友，包括一隻喜歡在沙堆和奧斯卡玩摔角的混血小型犬「麻糬」、一對只喜歡遠遠觀賞其他小狗玩耍的害羞獵兔犬兄妹「塞爾瑪」和「露薏絲」，還有一隻喜歡攻擊女性飼主毛皮外套的獵浣熊犬「麥克斯」。路過的行人不會盯著我這個戴口罩的可憐女子，只會停下腳步摸摸奧斯卡，稱讚牠多麼可愛。我那棟公寓的其他住戶在問候我之前都先向我的狗打招呼。威爾和我不再只是討論我每個星期的症狀與療程，而是忙著訓練奧斯卡上廁所和聽命令。我很開心自己終於不再是眾人關注的焦點。

我依然屬於「高風險」的白血病患者在移植手術後第一年症狀緩解時的虛弱類型，每天必須服用二十三顆藥，而且大部分的時間都待在床上——無論睡覺或醒著。我依然每個星期要到醫院做一次檢查，而且每次在等待血球數是否正常的報告時都會十分焦慮。我依然每個月要進行化療五天。奧斯卡沒有辦法改變我骨髓裡的問題，可是牠施展了另一種魔法。自從我收養牠之後，我感覺到一股能量，這道曙光讓我瞥見自己有再次恢復正常的可能。

19 在水彩畫裡編織夢想

醫院裡的感覺就像住在大城市一樣，隨時有各式各樣的活動在你身旁進行著：病患在走廊上走來走去、住院醫師忙著晨間巡房、護士們聚在咖啡機旁聊天。儘管熱鬧非凡，你依然會覺得孤單和疏離。

沒有人陪我回診，只有讀者持續寄來的電子郵件陪我打發漫長的等待時間。自從我在雜誌和報紙同步連載的「被打亂的人生」專欄推出以來，累積了大量的讀者。雖然我沒有力氣每個星期發表一篇新文章，可是我持續地寫，就算每天只寫一小段也好。除了偶爾在候診室裡閒聊或者在人行道上打招呼之外，我從來沒有想過要進一步與讀者見面。然而我渴望能找個可以理解我的人聊一聊，以排解我的孤單感。我在候診室裡等著開始接受第三輪的維持性化療時，在臉書上讀到一位年輕女性的留言。她名叫梅莉莎．卡羅爾，正在斯隆凱特琳醫院接受治療。我回覆了她的留言，並問她改天想不想聚一聚。幾分鐘後，她回答說她那天也在醫院裡，問我要不要碰面。

我在骨髓移植門診完成化療之後，就搭電梯上樓，利用梅莉莎打點滴的時間與她共進午餐。梅莉莎三十歲，是兒童癌症病房裡年齡最大的病人之一。她有尤文氏肉瘤[1]，一種惡性骨癌。由於這種腫瘤經常發生在幼兒和青少年身上，因此她在九樓的兒童癌症病房接受治療。

兒科病房自成一國，牆上有彩繪壁畫和生動的動物貼紙，就連在其他病房顯得刺眼且不討人喜歡的日光燈，在這裡也變得溫暖許多，照射出宜人的光線。當時是萬聖節的前一個星期，所有的醫生和護士都換上各式各樣的裝扮，還把五顏六色的口罩串接成彩虹——其中有些口罩上還畫著笑臉和鬍子。掛號處對面有一個大大的遊戲區，裡面擺滿了玩具、桌遊、娃娃屋和動物布偶。一個看起來不到五歲的小女孩，皮膚沒有一絲血色，頭骨中央有一道淺淺的手術疤。她把一個娃娃推進一個小木箱，然後又推出來。我仔細一看，才發現那個小木箱是個電腦斷層掃描機玩具。一位護士盤腿坐在小女孩身旁，輕聲向她解釋電腦斷層掃描機如何運作，宛如某種奇特的幼兒教學課。

我在過去幾個月一直努力想變成大人，宛如成年是一種考試，我只要用功並且填寫正確答案就能通過測驗。那年我二十四歲，有一隻小狗要養，有房租要支付，有專欄文章要寫。我還有一個男朋友，等我完成治療就要和他結婚。而且我獨自前來化療。不過，當我看到那些色彩繽紛的牆面與一罐又一罐的棒棒糖時，突然希望自己是個孩子，因為兒科病患的年紀與我相近，不像樓下的骨髓移植科都是老年人。

我繞過遊戲區往病房區走去，梅莉莎坐在一張椅背可往後躺的沙發椅上，面對著一排窗戶。她長長的深色假髮捲成柔軟的波浪狀，與她蒼白的皮膚和擦著玫瑰色口紅的嘴唇呈強烈對比。不過，最令人難忘的是她的眼眸——大大的雙眼，如同綠色玻璃的虹膜，以及又黑又長的睫毛。她身旁掛著點滴，毒藥慢慢滴進她刺青的手臂裡。她看見我的時候，拍拍手並露出笑容。「蘇萊卡！」她含糊地喊出我的名字。我們沒有擁抱，因為必須嚴格遵守不得接觸免疫功能低下患者的規則。「這裡很酷對不對？」她說。「光線充足。」

我在她旁邊的躺椅坐下。到了午餐時間，我們點了星星狀的花生醬和果醬三明治——梅莉莎說這是兒童菜單上她最喜歡的餐點。我們一邊吃三明治一邊看著窗外，我問了她很多問題，因為我想了解這位新朋友。梅莉莎告訴我她出生在愛爾蘭，她父親是一位愛爾蘭音樂家。她在美國新罕布夏州的一個小鎮長大，十幾歲的時候學會打鼓，曾短暫參與一個名為「神祕螺旋」的非主流女子搖滾樂團。梅莉莎從藝術學校畢業後就搬到紐約的布魯克林區，在知名的當代畫家弗朗切斯科·克萊門特[2]身邊擔任助理，時間長達五年。

「二〇一〇年對我來說是很棒的一年。」梅莉莎眼中滿是憧憬。她有一個男朋友和豐富熱鬧的社交生活，而且她的畫作開始在畫廊展出。但是某天晚上，她和一個朋友在威廉斯堡的一間酒吧碰面，由於酒吧很暗，她朋友所坐的鐵椅不小心壓到她的腳。一開始梅莉莎以為自己的腳因此扭傷，可是過了好幾個星期她的疼痛一直沒有消退，而且腳背上還出現硬硬的突起物。當時梅莉

1 尤文氏肉瘤（Ewing sarcoma）是一種骨髓裡的惡性腫瘤。
2 弗朗切斯科·克萊門特（Francesco Clemente, 1952.3.23-）是義大利畫家，出生於那不勒斯，作品同時呈現超現實主義及表現主義，目前定居於紐約。

莎沒有保險，她好不容易才找到一家滑動收費[3]的診所，X光片顯示她的第三塊蹠骨被壓碎了，同時還發現她腳背上的突起物是異常的腫塊。切片後發現那是一個惡性腫瘤，而且癌症已經蔓延到她的骨盆淋巴結和膝蓋。「人不會因為酒吧裡的鐵椅而得到癌症。」梅莉莎說。「但如果我朋友沒有剛好把鐵椅壓在我腳上的那個位置，我可能不會發現自己得了癌症。這很奇妙，對不對？」

確診之後，梅莉莎別無選擇，只能搬回新罕布夏州與父母同住。她開始接受密集的化療，當她的頭髮開始脫落時，她便把自己鎖進浴室，用電動理髮器剃光頭髮。後來她母親開車載她去波士頓的一家美髮沙龍訂製假髮，她的假髮看起來與她原本的栗色挑染長髮一模一樣。那天晚上她戴著假髮搭火車返回紐約，到布魯克林區的布希維克參加派對。「我向朋友們展示我的假髮，然後直接跳入位於後院的游泳池裡。」她笑嘻嘻地對我說。這就是梅莉莎：活潑、愛玩、動不動就哈哈大笑，而且即使在遭遇最無情的打擊時，臉上依然帶著微笑。在她面前，任何事都會變得明亮開闊。

這次是梅莉莎第二次接受治療。她第一次接受治療時共經歷十七輪的化療和多次手術，最後的掃描結果顯示她已經擺脫癌細胞。然而在她罹癌一年半之後，她的癌症復發了。她決定轉到斯隆凱特琳醫院，因為這裡有更多治療的選擇。當她得知自己癌症復發時，她幾乎崩潰了。她坐在她父母家的門廊前，打開她的素描簿。她以前都在大型畫布上畫油彩，但是生病之後油彩的氣味讓她不舒服，所以她開始嘗試水彩，並且創作出一系列令人難忘的作品，名為《戴口罩的自畫像》。「我喜歡水彩的不確定性以及令人開心的變化。我喜歡這種無法完全掌控的感覺，就像人生一樣。」她對我說。「也許妳可以找個時間讓我為妳畫張肖像。」

我熱切地點點頭。梅莉莎是我就算沒得癌症也會樂意找她一起出去玩的人，她和我一樣設法用創意來面對疾病，我很高興能交到這個新朋友。我們都在追求不太容易實現的夢想：梅莉莎在床上畫自畫像，我則在床上寫自己的故事。水彩和文字是我們用來治癒疼痛的藥物，而且我們明白，有時候忍受苦難的唯一方法就是將它轉變為藝術。

梅莉莎和我很快就成為密不可分的好友，我們在化療期間總是互相陪伴，並且利用下午到二手商店找相同款式的皮夾克或者適合我們枯瘦身材的新衣裳。晚上我們就在她位於布魯克林區的公寓裡聊天。她的公寓可以俯瞰麥戈里克公園，而且屋內擺滿各種令人不解的小型擺飾品：一隻雙頭小鴨的標本（她的某個仰慕者送她的）、一個很漂亮的玻璃大麻菸斗，以及一個裝著許多藥瓶和畫筆的條板箱。牆上掛著一塊大大的軟木板，軟木板上釘著她住醫時所戴的病人手鐲、朋友們的照片、使用過的機票，和她之前在工作上獲得的榮譽。為了避免噁心，梅莉莎不停地抽大麻。當她想吃零食時，我們就吃冰淇淋。因為我的眉毛和睫毛都已經掉光，她借我一頂假髮，還教我化妝，用鉛筆畫眉毛以及黏上厚厚的假睫毛。梅莉莎很喜歡跳舞，我們有體力的時候，就用喇叭

3 滑動收費式的醫療保健服務（sliding-scale health care）是美國一種根據個人所得高低而採行的醫療收費結構，收入較低的病患可以減少支付醫療費用。

大聲播放《顫慄》專輯[4]，然後在客廳裡扭來扭去，跟著節奏甩動假髮，直到我們累倒在沙發上。

在我們無止境的聊天過程中，最常聊到的話題就是愛情。在長期生病的情況下尋找愛情——更別說抓緊愛情——會讓人感覺氣餒，因為有時候根本是不可能的事。我是沒有在治療過程中失去另一半的少數成人患者之一。「好好抓緊威爾。」梅莉莎經常對我說。「妳不知道自己多麼幸運。」她被診斷出癌症之後的幾個月，與她交往多年的男友拋棄了她，獨自搬往西岸，並馬上與一位更年輕的女孩子發展戀情。「他是個超級大混蛋。」梅莉莎說。

不過，我們最喜歡討論的話題，是等我們身體康復之後要去哪些地方旅行。我們計畫要去遙遠的地方，梅莉莎夢想著棕櫚樹和香料市場、人力三輪車與大象，我則想像自己在遠方的新聞事件現場採訪實況，或駕駛一輛破爛的敞篷車沿著加州海岸飛馳。人們經常把癌症形容為一趟旅程，但我們並不想要這種鬼話連篇的「癌症之旅」——我們想去真正的旅行。我們想要拋開癌症病房的聲音、氣味及可悲的塑膠植物，盡情享受不必顧慮任何事的人生。

兩個瘦巴巴的女孩子，四肢瘦到手肘和膝蓋都外突，臉頰也深深凹陷，可是卻滿腦子夢想著未來——什麼樣的未來都好，只要能夠擁有未來。

那年冬天稍晚，在我們認識幾個月之後，梅莉莎發現她的癌症已經擴散到肺部，於是她買了一張前往印度的機票。「這不是死前的願望，而是表達『去他媽的』。」她坐在廚房的桌子旁一邊吸大麻一邊對我說。她上網時發現一個名為「全新章節」（A Fresh Chapter）的非盈利機構，該機構為癌症倖存者提供出國旅行和志願服務的機會，目的是幫助這些人在完成癌症療程後找到新的人生意義與方向。「我一直想去印度旅行——印度的色彩與文化讓我想要畫畫。」梅莉莎說。「癌症奪走我那麼多東西，我很需要這趟旅行，我想要再次充滿靈感。」

我一想到就算健康的人去這個國家也經常生病，不禁睜大眼睛。「可是，萬一妳因為嗜中性白血球低下症合併發燒而倒下該怎麼辦？」我問。「萬一妳在那裡的時候需要住院又該怎麼辦？」

「最壞的情況會如何？」她回答我。「蘇萊卡，我頭一次覺得自己快死掉了。我快要因為這個可惡的疾病死掉了。」

我們靜靜坐著，靜默使得我們周圍的空氣變得沉重。

由於我身體太虛弱，不可能離開醫院超過五十英里，更別說陪梅莉莎一起去印度旅行，因此梅莉莎在三月離開時，我只能躺在床上為她歡呼，並且透過她每隔幾天寄來的照片和簡訊與她作伴。在那輝煌的兩個星期中，梅莉莎不是癌症病患——她是藝術家梅莉莎，透過志願服務專案在印度德里的一所小學教素描與繪畫。她在新德里的蓮花寺[5]誠心祈禱，並且在某個戶外市集發現了漂亮的手繪牽線木偶。由於她買了很多個木偶，因此回國時需要第二個行李箱。她這趟旅行的亮點是參觀泰姬瑪哈陵，泰姬瑪哈陵是她這輩子見過最美麗的地方。到印度旅行讓她暫時不必面對

4 《顫慄》（*Thriller*）是美國歌手麥可・傑克森發行的第六張錄音室專輯，於一九八二年十一月三十日出版。

5 蓮花寺（Lotus Temple）是印度德里的主要名勝景點之一。

死亡的恐懼。有一天她傳簡訊到我的手機說：「我從來不曾如此活力充沛。」

與此同時，紐約這座城市被一場大風雪所覆蓋，雪花從天而降，把人行道、樹木和建築物掩埋在厚厚的白雪底下。雖然雪地很快就被行人踏出鞋印，但看起來還是很美。我拉上窗簾，然而街燈在雪地上折射，使我們的公寓沉浸在水藍色的光線中。威爾從朋友那裡接手了一臺舊電視，他把電視放在一張小桌子上，這樣我們就可以在床上看電影。那是某個星期天的晚上，我們並肩坐著休息，我在肚子上放了一個發熱墊，威爾則拿著一罐啤酒，並且大口大口地喝完。

威爾起身去拿另一罐啤酒時，我忍住勸他喝慢一點的衝動，因為我不想讓他覺得我很囉唆，也不希望自己成為情境喜劇中的那種喜歡嘮叨的女友。有些事情壓在他心裡，但我不敢問他，因為我很確定答案與我有關。最近他下班回來之後都顯得煩躁又沮喪，如果我拜託他幫忙遛狗或出去買東西，他就會嘆氣，並且責備地表示他希望有一些獨處或和朋友出去聚餐的機會。我討厭自己那麼依賴他，而且當你拜託別人幫忙但覺得對方不情願時，感覺會很丟臉。有時候在我睡著之後，我會聽到威爾偷偷摸摸出門的聲音。他可能只是出去散步或者到隔壁的體育酒吧觀賞運動賽事，但我會因此醒來，靜靜躺在床上等著他回來、等著太陽升起，也等著緊繃的氛圍像黴菌一樣慢慢滲進我們之間。

「我們需要多一些幫手。」威爾總是一遍又一遍地表示。威爾必須同時扮演多種角色：男朋友、照顧者，以及一個試著摸索自己是誰、此生想做什麼的二十幾歲年輕人。這麼多壓力和責任，已經將他擊倒。雖然他從來沒有直截了當地說出來，不過很顯然的，他早已厭倦我的健康問題對我們設下的限制與要求。

「幾個同事明天下班後要去德州參加音樂節。」威爾拿著啤酒從廚房回來時對我說。「我在考慮要不要把握最後機會也買一張機票跟他們去玩幾天。」雖然他的口吻很隨興，可是表情卻很緊張。

「我這個星期有化療，而且星期五要動手術。」我將更換一條被我從胸前扯落的導管。「我很需要你在這裡陪我。」我死命想留住他的語氣讓自己感到尷尬。

「我知道，我知道。我很抱歉。」威爾說。「可是我真的需要休息一下。或許我在德州時會有寫東西的靈感。」

我希望自己可以像個優雅的白血病甜心，對威爾說：你盡量休息，親愛的，那是你應得的，祝你玩得愉快。但是要保持這種裝模作樣的姿態很累人。病人都有一種不得不演戲的壓力，要裝出自己可以吃苦，而且有英雄氣概，隨時表現得堅忍不拔。不過那天晚上我沒有這種精神去傾聽威爾的苦——他非常需要離開這裡，休息幾天，我卻無法離開我的身體休息片刻。我沒有辦法逃離這個疾病，也沒有辦法逃離我們的生活。

「為什麼你偏偏要在我最需要你的時候出去玩？」我問威爾，儘管這並非真正需要回答的問題。

「妳總有各種狀況。」威爾說。「我什麼時候才有機會出去透氣？」

我覺得我的視力開始失焦，就像嚴重的偏頭痛即將爆發時的感覺。我無意識地拿起床邊窗臺上的白沙玻璃球，這顆玻璃球是威爾的母親上次來訪前在一家博物館的禮品店買的。玻璃球上有粉紅色、淺紫色和橘紅色的條紋，讓她聯想到聖塔芭芭拉的夕陽，因此她買這顆玻璃球送我，使我可以在身體變強壯並親自到聖塔芭芭拉欣賞日落美景前先用這顆玻璃球當替代品。我右手拿起玻璃球，瞥了彩虹般的渦流漂沙一眼，然後將它高舉過頭，用盡全力扔向房間另一端。我不擅長投擲東西，玻璃球飛過去的位置只距離威爾五英尺，差點打中他。而且雖然公寓很小，但玻璃球甚至沒有飛抵牆邊，而是直接摔在地板上炸開，碎玻璃和沙子四處噴飛，地板變得閃閃發亮，彷彿沾染了微小的發光物。我看著這片混亂，有種一閃而過的痛快讓我得到解放，心中的憤怒也隨之釋放。

「妳搞什麼鬼？」威爾氣急敗壞地大喊，嘴巴因為驚訝而張得大大的。

「我就是被困在這個地獄的病鬼！」我大聲吼回去。

我下了床，玻璃碎片在我的拖鞋底下嘎吱作響。我走進洗手間，砰地一聲將門甩上，在洗臉臺前彎下腰來用冷水潑臉。我看著鏡子，覺得自己的模樣很可怕——我想是因為我的行徑太過惡劣，讓我羞愧得想吐。醜陋的心隨著化療藥物一起進入了我的血管，導致我使用暴力。壓抑的怨恨、埋藏的屈辱、無法發洩的怒氣，還有深入骨髓的厭倦，已經讓我們無法繼續承受。這些問題使得我與威爾之間的距離日益擴大。我可以和梅莉莎談論這些問題，因為梅莉莎比任何人都了解生病時可能出現的性格分裂——疾病會強化性格的好與壞，揭露出你自己也不知道的那一面。疾病會把你帶向最野蠻的自我。

但我不可能試著向威爾解釋這一切，所以我走出浴室，兩人一句話都沒說就上床睡覺了。隔著薄薄的窗簾，我看到窗外的雪依然下著。我知道自己太過分，希望可以收回剛才所做的一切。我也希望向威爾說聲對不起，可是他已經睡著了。

第二天一早，威爾在最後一刻買了機票，然後就收拾行李飛往德州了。

20 各式各樣的一群人

梅莉莎是我近距離所見過的女人之中最美的一個，而且這樣認為的人不只我一個。她的銀色蛇皮便鞋、她的刺青、她的熟女智慧，很快就讓她成為兒童癌症病房裡最受矚目的迷人焦點，好幾個十幾歲的青少年對她產生迷戀，當他們推著點滴架走過梅莉莎的面前時，臉頰都會泛起紅暈。

其中一個是強尼。我準備接受移植手術時曾透過網路和強尼聊過天，他是一個纖瘦的男孩，長得很帥，來自密西根州。他擁有橄欖色的肌膚和巧克力般的雙眸，因為罹患白血病而提早結束大學新鮮人的生活，現在住在羅納德．麥克唐納之家，那裡是兒童癌症版的希望之家，讓從遠處而來的病童和他們的父母可以在別無選擇的情況下暫住。強尼的母親是一位虔誠的哥倫比亞女性，口音很重。無論強尼走到哪裡，她總是陪著他，可是每當強尼要與我和梅莉莎見面時，他就叫他母親待在候診室裡，並對她說：「媽，妳看不出來我想和我的朋友們獨處嗎？」強尼很快就迷戀上梅莉莎，急切地想讓我們覺得他很酷——他喜歡談論他曾經短暫加入的兄弟會、狂野不羈的啤酒派對，以及關於女孩子的事。我們沒有完全相信他分享的故事，因為大部分聽起來都誇張得難以信服，可是他很真誠也很貼心，因此我們像疼愛弟弟一樣地愛他。

梅莉莎的另一名粉絲是一個名叫麥克斯．瑞特佛的年輕人。他是一個詩人，就讀耶魯大學四年級。他有時候住在位於紐哈芬的宿舍，有時候則住在他家人為他租下的公寓。他的公寓位於一棟有大理石地板的豪華大樓，電梯裡有戴白手套的服務人員，地點在距離醫院北側幾個街區外。和斯隆凱特琳醫院大多數的病人一樣，麥克斯也沒有頭髮，而且缺乏血色，看起來像顆白煮蛋，可是他在人群中非常醒目，因為他穿著從二手店買來的日式和服、戴著玳瑁鏡框眼鏡，而且頭上有一個鳥圖刺青。麥克斯和梅莉莎一樣有尤文氏肉瘤，從十六歲開始就斷斷續續地接受治療。他才華橫溢、幽默風趣，經常突然說出奇怪又生動的格言和隱喻，讓我們在聊天時哈哈大笑。麥克斯將戒斷嗎啡形容為「一扇啜泣的窗玻璃，飽受鐵鎚捶打與酸性物質腐蝕的摧殘」。等待斷層掃描結果的焦慮則像「一邊吃披薩，一邊不確定披薩上的紅點是辣椒粉還是紅色的小蟲子」。至於他在醫院病床上擺脫童貞，感覺好比「在無菌的大海中，躺在凹凸不平的木筏上做愛」。他完美表達出我們特有的苦難，所以我常把他的話記在紙上，並收到牛仔褲的後口袋妥善保存。

隨著時間經過，我們在醫院裡形成一支奇特的癌症隊伍，成員包括凱琳，一個龐克搖滾風格的服裝設計師，她的兩隻手臂上都是刺青。凱琳也有尤文氏肉瘤，她因為找不到地方住，便搬進梅莉莎位於布魯克林區的公寓，兩人成了室友；克莉絲頓有淋巴瘤，她在西村開了一間小小的滑板店；艾莉卡是紐約大學食品研究所的研究生，罹患乳癌。她有一種古怪的幽默感，總會帶好吃的零食來參加我們的聚會；安嘉莉是來自印度的移民，和我一樣患有白血病。她的個性刻薄，一天到晚罵髒話，還因為曾把護士惹哭而惡名昭彰。我在骨髓門診的候診室認識安嘉莉，她年近四十，長得很漂亮，有黃褐色的肌膚，以及和我一樣的鷹勾鼻。她身上總是穿著病人常見的裝扮：光禿禿的頭上戴著針織滑雪帽，凹陷的臉頰上緊緊覆蓋著口罩。我們第一次碰面時，她對我點點頭，我也對她點點頭，我們都認為那是難得一見的景象：在一群滿臉皺紋的年長病患中發現與自己相仿的年輕女性。「我已經受夠了看那些老屁股。」她對我說，並朝著其他病患翻白眼。就這樣，我們變成了朋友。安嘉莉的弟弟是最適合她的骨髓捐贈者，可是他始終沒有回電話給她，因此她無法進行移植手術。

我們這群好友設計出一套非正式的友誼系統：我們陪彼此去化療，並且互相提醒治療過程中的注意事項。我們因為太疲倦而無法聊天時，就一起觀賞肥皂劇；我們因為失眠而無法入睡時，就一起玩桌遊。如果有人接獲壞消息，我們就帶著外賣食物和抗憂鬱藥物去陪伴那個人。當我們的衣物不再適合我們持續消瘦的身形時，我們就相約去購物；當我們的焦慮症在午夜時分發作時，我們就打電話給彼此，互相安慰。到了最後的時刻，我們也會在臨終前互相作伴，並協助安排追思活動，只是我們還沒走到那一步。

我們開始互動之後不久，我受邀前往拉斯維加斯，在一場年輕成人癌症會議上發表演說。我提議大家跟我一起去，來一趟閨蜜之旅。除了安嘉莉因為身體太虛弱無法參加之外，其他人——梅莉莎、凱琳、艾莉卡、克莉絲頓和我——都獲得醫生的許可，於是在某個星期五早晨，我們就戴著口罩和一盒大麻蛋糕登上飛機。

拉斯維加斯市中心的棕櫚度假村，大廳裡有華麗但俗氣的吊燈、人造皮沙發及數十臺吃角子老虎機，鋪滿全室的紅色地毯飄著菸臭味。我們在櫃臺辦理入住手續時，接待人員將我們的房間升等為頂樓的豪華套房，讓我們不敢相信自己的好運。我們搭電梯抵達頂樓，打開房門，發現裡面有兩間非常寬敞的房間，還有可以俯瞰全市的落地窗。拉斯維加斯的燈光都已點亮，到處是霓虹閃爍的大型看板。客廳裡有一間以玻璃牆隔出來的淋浴室，而且附有一根鋼管。我們輪流跳起鋼管舞，並且大笑到肋骨發痛。大家各自打開行李箱之後，咖啡桌上立刻擺滿了假髮。每個人都把自己的藥放到吧檯上，排成一列，一瓶一瓶的小藥罐看起來像是用來裝烈酒的小酒杯。我們只有五個人，可是帶了一百多瓶藥。

那天我們大部分的時間都待在游泳池，然後去一家叫做「珍貴蕩婦」的刺青店。梅莉莎自從確診以來已經在身上紋了幾十個圖案，現在的年輕癌症病患都喜歡這麼做，因為他們渴望主張對身體的所有權，想主掌自己的身體，將身體當成畫布，並且由自己設計畫布上的圖案。為了紀念我們在拉斯維加斯的這個週末，梅莉莎和凱琳在前臂上刺了相同的黑桃圖案，並希望我們加入她們。艾莉卡原本就已經有一個刺青，一個中文字，是她十幾歲的時候紋的，在她的下背部，但是她現在非常後悔。她說，隨著年紀漸長及地心引力的影響，那個刺青已經快垂墜到她屁股的位置。克莉絲頓不喜歡刺青，我雖有興趣，可是免疫功能太差。

那天稍晚，我們回到飯店房間，點了香檳和一些披薩，然後像貓一樣蜷縮在客廳的白色沙發上。我們一直聊到凌晨，話題無所不包，從化療後的髮型裝飾到對於癌症復發的擔憂，還有艾莉卡在交友網站上認識的紐西蘭籍帥廚師。「我希望在醫生拿掉我的乳房之前再做愛一次。」艾莉卡說。幾個星期之後，她就要進行乳房切除手術了。她和那個年輕廚師共度良宵時都戴著假髮，而且她沒有告訴對方她罹癌的事，不過她發現廚師有偷瞄她手腕上那個寫著「勇敢活著」的手環。過去一個星期，他們互傳簡訊，然而艾莉卡不知道要如何在不告訴對方真相的情況下繼續交往。她拿出手機，大聲讀出自己傳給對方的簡訊：「嗨，這可能是你這輩子所收到最糟糕的簡訊，可是我覺得必須坦白告訴你，因為我覺得你可能真的很喜歡我。我得了癌症，這個星期我無法與你見面的真正原因是因為我正在接受化療。我很抱歉。請不要覺得自己有義務回覆這則簡訊！」

我們聽完之後全部都傾身看著她，並且屏住呼吸。「他怎麼回答？」凱琳問。

「他沒有回簡訊。」艾莉卡告訴我們。「可是過了一個小時後，我聽見敲門聲。有人送一束花過來，那些包裝美麗的花朵是來自我家附近一間我很喜歡的花店。我打開卡片，上面寫著：『任何事都不會改變。親親。邁可。』」

「很好，妳顯然必須好好把握住這個傢伙。不過我們最想知道的，是你們之間的性事如何？」克莉絲頓問。

艾莉卡嘆了一口氣。「要我說實話嗎？那是我這輩子最棒的性愛。」

「真令人嫉妒。」我忍不住脫口而出。

「可是妳和威爾也很完美。」梅莉莎堅稱。「你們兩人是讓我依舊相信愛情的唯一原因。」

我和威爾之間關係緊綳、日漸疏遠、彼此怨懟——這些真相是我不願面對的問題。因此我只是聳聳肩，沒有多說什麼，雖然我與這些朋友幾乎無話不談。

性一直是我和威爾維繫感情的重要元素，即使在我確診之後。如果硬要說我生病後有什麼不同，大概就是這場病強化了我們的激情，讓我們對彼此充滿慾望。我們甚至研究出如何在醫院裡做愛而不被發現，只不過我們的戰略並非萬無一失——我在西奈山醫院住院期間，我們被護士逮到不只一次。後來護士們在進入我的病房之前都會先用力敲門，問：『你們有穿衣服嗎？』可是，最近這幾個月出現了變化。

移植手術完成之後，我和威爾第一次試著發生親密關係是我們還住在希望之家時的某個深夜。威爾去參加大學同學會，剛從市中心回來。他爬到我的床上親吻我，可是自從移植手術後，我就失去了各種慾望——吃東西、參加活動、觸摸別人或被人觸摸。我的皮膚變得脆弱敏感，而且治療移植物對抗宿主疾病的類固醇使我暴躁易怒。我時時刻刻都覺得不舒服和噁心，同時也因為自己無法配合威爾而內疚，因此當晚他趴在我身上時，我沒有拒絕他。我希望一切都能恢復正常——只可惜天不從人願，性交的疼痛讓我幾乎昏厥。我覺得身體被切割、撕裂與拉扯，因此痛到不停喊叫，可是威爾誤以為我是出於興奮。我沒有糾正他，我希望扮演好女朋友的角色，讓他得到滿足，因為我沒有辦法給他別的。完事之後我走進浴室，將門鎖上。我在浴室裡坐了很久，直到我大腿內側的血跡乾涸。

我不知道自己是怎麼了，也不知道為什麼皮膚會突然發燙，熱到像煮沸開水的水壺，導致我在半夜踢掉毯子，還必須用冷水沖臉來降溫。我不知道應該如何控制自己的情緒，我的情緒時常轉變，一會兒沮喪，一會兒狂喜。我不知道為什麼在雜貨店排隊等結帳或者在狗公園裡呆坐著的時候會突然淚流滿面。自從威爾和我搬進位於東村的公寓並再次同床共枕之後，我就變成了逃避專家──晚上我會故意背對著威爾睡覺，喃喃自語地表示自己很累，或者假裝睡著。在我們次數極少的親密行為過程中，我變成那種眼睛盯著天花板、靈魂離開身體、心裡盼著趕快結束的女人。

在我接受治療的過程中，醫療團隊從來沒有提過關於癌症與健康性生活的話題。沒有人警告我治療的副作用包括更年期提早報到，也沒有人告訴我舒緩潮熱和疼痛的方法。移植手術完成之後，我一直等待我的經期出現，可是它再也沒來過。我才二十四歲，甚至不懂「更年期」這個詞彙。我對於自己的變化沉默不語，深信是哪裡出了問題。我沒有告訴任何人這些事──我的醫療團隊、威爾、我母親都不知道──直到現在。

我們在拉斯維加斯的最後一晚，當我向這些朋友敞開心扉時，幾乎緊張得說不出話來。我告訴她們在希望之家那個晚上的痛楚，以及後來的沮喪和困惑。令我驚訝的是，梅莉莎和凱琳也有相同的遭遇。她們說性生活變痛苦了，不知道是不是骨盆放射治療的副作用。克莉絲頓表示，自從她完成化療之後，性行為就變得非常不舒服，甚至讓她沒有辦法忍受。艾莉卡則告訴我們，當她詢問腫瘤科醫生安全的避孕方式時，對方明顯表現出不自在。「我覺得就像在與我的叔叔談論那方面的話題。」她說。因此她開始與帥廚師約會之後，只能上網查詢癌症病患服用事後避孕藥的安全性。

那天晚上，我們是一群不清楚癌症會如何影響性生活的女性，試著一起釐清一切。後來我因為某些複雜的情緒而落淚：我因為我們共同的缺憾而傷心，也因為我們一起打破沉默並克服伴隨的羞恥而鬆一口氣——甚至感到開心。

21 沙漏

生病的時候，你的時間都得拿來照顧身體，時間會因此過得緩慢又難以掌控。雖然你希望自己可以有更多的時間，可是你也希望止痛藥趕快發揮作用、黑夜早點來臨，偏偏時間走得慢吞吞，不讓你如願。不過，在你找醫生複診、進行輸血和往返急診室的過程中，大量的時間——數個星期甚至數個月——又在一轉眼之間流逝。

這種矛盾現象在二〇一三年秋天變得更為明顯。自從我開始接受移植手術後的維持性化療，不知不覺已經過了整整一年。在某個星期五的早晨，我以為那天會是我最後一次接受化療，因此特別精心打扮了一番，選擇印著花卉圖案的棉質背心裙來表現我輕鬆、明亮且充滿盼望的心情。這件背心裙可以襯托出我最近和幾個朋友到長島海邊曬黑的膚色——那趟小旅行算是我提早慶祝這一天的到來——但也許太早了。在前往醫院途中，我獨自坐在M15快速公車的藍色塑膠座椅上，沉浸於自己的白日夢。我的臉頰貼著車窗的玻璃，眼睛望著第一大道上忙亂的交通。

當我抵達斯隆凱特琳醫院時，那是我第一次準時現身。我坐在檢查臺上晃動雙腳，並且拉下連身裙的肩帶，露出位於我右鎖骨和右胸之間皮膚下的移植輸液座，一個像冰上曲棍球圓盤的東西。護士往輸液座裡插針，為我接上化療藥劑的點滴袋，我不禁縮了一下。她沖洗導管時，我的喉嚨後方可以感覺到鹽水的沖激，有種帶點鹹味的熟悉感。接著她把點滴袋掛到架上，調整點滴管的調節器，直到點滴速度正常。

「妳今天感覺如何？」護士問我。她擦了粉紅色的亮光唇膏，金色的頭髮隨意紮成包狀。她的圓臉看起來像糖霜餅乾，蒼白但是甜美。

「真不敢相信今天是最後一天了。」我回答。「我可以搖鈴慶祝嗎？完成化療的人可以領到獎狀嗎？」

護士斜眼看著我，並且困惑地皺起眉頭。「卡斯特羅醫生沒有告訴妳嗎？」

「告訴我什麼？」

「噢。」她說。「根據新的治療方針和研究報告，他和移植團隊的其他成員討論之後，認為妳應該再接受九個月的化療——為了安全起見。」

「再做九個月？」

這種感覺不是頭一次。說完一句話的時間，就能夠摧毀我的安全感：妳有白血病。治療無效。妳需要進行移植手術。妳需要接受更多化療。自從我開始寫專欄之後，文字一直是我的救贖，讓我幾乎忘記它們也會傷人。它們可以輕易毀掉妳未來的計畫、毀掉妳對人生的計畫。我不自覺地流下眼淚，滾熱的淚水沿著我的臉頰滑落。「我可不可以和卡斯特羅醫生談一談？」

「他今天休假。」護士回答。她遞給我一盒紙巾，並再次為醫療團隊沒有告訴我而道歉。我告訴她沒關係，這不是她的錯，也不是任何人的錯——或者，就算真的是別人的錯也無所謂，我會繼續接受化療，絕對沒有問題——我都已經走到這一步了，任何能讓我活下去的必要療程，我都樂意接受。「三個星期後見。」注射結束後我對她說。

那天晚上稍晚時，我鼓起勇氣告訴威爾在醫院發生的事，並且從他的表情尋找他對這個消息的反應。未來九個月我要繼續找醫生複診、支付醫療費用、忍受讓人虛弱的疲憊感。他的人生又有九個月必須因為我的健康問題而脫離正軌。我們上床睡覺時，威爾喃喃地說了各種支持我的話語，告訴我他非常遺憾，並說我有權利生氣。他親吻我的臉，並在我再度落淚時用手掌輕輕擦拭我的臉頰。這些仁慈的舉動對我而言很重要，但我不知道他真實的感受。我很容易情緒激動，威爾卻是不透明的，他生氣或難過或失望的時候，我幾乎都看不出來，必須等到事後才會知道。威爾睡著之後我一直看著他，想知道那雙緊閉的藍色眼眸後面藏著什麼想法。

一個星期後，威爾要我到客廳坐下，然後告訴我他準備返回加州。他打算休假——這一次時間比較長，一來休息充電，二來陪伴父母，因為他已經有好長一段時間沒有見到他父母。接著他將在位於聖塔芭芭拉的父母家透過遠端工作，也許一個月，最多兩個月。除此之外，我可以去找他玩，他補充道。或許我們甚至可以進行一趟我一直夢想的加州公路旅行。「情侶經常會需要一點個人時間。」威爾說。「我認為這對我們的關係會有幫助。」

我目瞪口呆地看著他。他說這些話的時候，計畫聽起來簡單易懂——如果在某個平行時空裡，我和他只是一對普通情侶，這項計畫確實很容易。然而那不是現實中的我們，因為我們不僅是男女朋友，也是照顧者和病患。我痛恨他逼我說出這個事實——逼我列出我依賴他的所有事項。

其中包括我們公寓即將進行的廚房整修工程——突然間我必須在威爾缺席的情況下獨自處理這件事——還有我生病時需要的協助、遛狗、採購生活用品、料理三餐、到藥房領處方藥、三更半夜趕往急診室，諸如此類。我們居住的小公寓距離我父母家需要三個半小時的車程，而且沒有多餘的房間可以讓我父母住下，他們沒有辦法舒服地待好幾個晚上。威爾離開之後，我將被迫搬回我在薩拉托加的房間——我很不想這麼做——可是我也不想留在這裡獨自面對一切。

「你離開是因為我必須繼續接受化療嗎？」我問威爾。

「當然不是。」他急著回答。「妳怎麼可以說這種話？我已經為妳犧牲一切。」

我立刻感到內疚。當然，他說他為我犧牲，一點都沒錯，但我還是想知道：「你為什麼要離開？」

「我必須把關注焦點放在自己身上。我很不開心，我在工作方面沒有達到自己想要的目標。我每天上班，花時間編輯別人的作品、幫助他們實現夢想，然後下班回家，花時間照顧妳。」

「但你為什麼不待在這裡工作？」我說。「我可以幫你。」

「妳的癌症治療和專欄寫作也在這段關係中占去很大的空間。」

威爾的話說得沒錯。在過去一年中，由於我的專欄深受歡迎，有些雜誌和電視節目來採訪我，另外還有演講的邀約。在這種超現實的轉折下，我的專欄影片甚至贏得新聞與紀錄片艾美獎（News

& Documentary Emmy Award）。到林肯中心參加頒獎典禮時，我既興奮也覺得自己格格不入，因為類固醇讓我的臉頰浮腫，而且我頂著短短的小平頭。每次只要有機會上門，我都會一口答應，希望趁著這股氣勢還在的時候抓牢，也趁著我還有力氣的時候盡量去做。然而原始的意志力與雄心壯志只能帶你走一定的距離，沉重的工作量早已把我累壞，我身邊的每個人——家人、朋友、威爾和醫生——都擔心這會對我的健康造成影響。

從我開始寫專欄的第一天起，威爾就一直非常支持我，讓我滿心感激——回想起來，我也迫切地接受他的支持。他經常熬夜閱讀並修正我的草稿、幫我談判合約，並替我準備接受採訪的內容。我第一次受邀前往亞特蘭大的一場醫學會議發表演說時，他還特別請假陪我一起去，因為我身體太虛弱無法獨自旅行。他推著我的輪椅穿過機場的安檢線，還要負責提著我們的行李。當我在飛機上感染病毒時，他細心地照顧我。增加的收入讓我們可以過比較舒適的生活，我與他分享我賺來的錢，並堅持表示那是他應該得的報酬，因為如果沒有他，我自己一個人不可能做到。然而他一開始基於愛的付出，結果卻變成非常累人的工作。最近幾個星期我試著收斂一點、要求少一點，話也少一點，還鼓勵他專注於自己的創意寫作，可是似乎無法改變任何事。我不禁覺得自己把房間裡的氧氣都吸光了，但在此刻之前，我從來不曾聽威爾大聲抱怨過。

「你不快樂？你對工作感到失望？難道是我的錯嗎？」我問威爾。我的手開始顫抖。我從廚房的櫃子裡拿出抗焦慮藥，用臼齒嚼碎這種淺藍色的小藥丸——如果將藥丸嚼碎而非直接吞嚥，藥效會發作得比較快。我不希望玻璃球事件那種失控狀況再次發生，可惜為時已晚。「幹！」我低聲咒罵。「你讓我感覺自己像是個沉重的負擔，雖然我本來就是。」

身為一名病人，就得交出控制權——把控制權交給你的醫療團隊及他們的決定，也交給你的身體及可能突發的崩潰。雖然照顧你的人會間接遭遇類似的命運，可是病人與照顧者之間仍有極大的差異。我現在比以往任何時刻都更想掙脫這一切：離開不停變化的治療方式與時程表，也離開必須持續求助的疲憊與屈辱。然而我是病人，我注定要與我可憐的骨髓糾纏不清。威爾是照顧者，他參與這些事是出於愛情，更或許是出於責任。即便大家不斷讚美威爾「你是聖人，對她不離不棄——你是好男人，是模範伴侶」，依然無法減輕他必然承受的壓力。留在這裡並陪我忍受一切，對他而言只是一種選擇。事實上，他可以離開，而且他會離開。

那年秋天威爾回加州的時候，每個人都盡最大的努力支持我。我的朋友們再次伸出援手，三不五時就送些家常菜來給我，還有一位鄰居自願在我接受化療的那個星期幫我帶奧斯卡去散步，我父母也找人來幫我打掃公寓。人在遠方的威爾也盡力了，他每天打好幾次電話來關心我，在大多數的情況下，我們通電話時還是像平常一樣溫馨幽默，但有些時候，尤其是當我又到急診室報到或不得不在壓力下獨自面對所有問題的時候，我的語氣難免會充滿怨恨。然而最重要的是，我很想念他。我經常想起我確診後的第一個晚上，威爾在薩拉托加對我說的話：很多不好的事情即將發生，我們必須把我們的關係放進一個盒子裡，用盡全力保護它。一開始確實如此，疾病讓我們緊緊相繫，變得比以往更親密。然而一路走來，我們兩人都已經不再保護這段關係了——更糟糕的是，我們傷害這段關係，有時候甚至彼此傷害。如今這場病拆散了我們，彼此相隔三千英里。

威爾不在的時候，我開始花更多時間和其他癌症病友相處。我不必開口要求或多做解釋，他們都知道我正陷入低潮。艾莉卡訂做了上面印有「蘇蘇隊」字樣的運動衫；克莉絲頓陪我跑急診室或進行化療，讓我無須獨自面對一切；麥克斯帶著每片九十九美分的披薩和仔細捲好的大麻菸出現在我的公寓門前；梅莉莎則號召大家並舉辦遊戲之夜和舞會，偶爾還安排郊遊計畫。基因出問題讓我們這群人聚在一起——致命的惡性細胞與升高的死亡機率使我們緊緊相繫——在不知不覺中，我們已經不再是偶然相識的朋友，而是家人。

那年秋天的某個寒冷夜晚，梅莉莎和我出門前往第七十三街和第一大道的羅納德・麥克唐納之家找強尼。當時飄著小雪，我們抵達羅納德・麥克唐納之家大門的紅色遮陽篷並走進旋轉門時，兩人都冷得發抖。強尼在裡面等我們，他穿著寬鬆的黑色西裝和白色襯衫，還打了一條紅色的大領帶。最近幾次化療使得他的皮膚變成蠟黃色。幾個星期前我們為他慶祝了二十一歲生日，在那之後他就變得越來越虛弱。不過，儘管他病得很重，他看起來還是像個壯漢般神采奕奕——這是有原因的。

喜願基金會[1]讓生病的孩子及青少年實現一個他們想要的願望，我聽說有人因此前往西班牙，到令人熱血沸騰的鬥牛場欣賞身穿寶石背心的鬥牛士揮舞深紅色布旗；有人去了迪士尼樂園，與他們最喜歡的名人乘坐雲霄飛車；還有人要求與家人一起到夏威夷度假。相形之下，強尼的願望非常簡單：他想帶他的癌症病友享用一頓豐盛的晚餐並觀賞百老匯音樂劇。不過我知道自己只是陪客，因為如果強尼只邀請梅莉莎，會使得他暗戀梅莉莎這件事變得太過明顯。

強尼的母親一如往常地在場，他的父親也從密西根州飛過來待一個星期。他們在大廳裡為我們三人拍了幾十張照片，我和梅莉莎站在強尼的兩邊，同時伸出雙臂環抱他。我們三個人都對著鏡頭微笑，彷彿要去參加畢業舞會。一輛黑色的豪華禮車已經在路旁等我們，司機身上穿著黑色的毛背心，頭上戴著正式的司機帽，以花稍的動作打開車門。「妳們先請。」強尼退到一旁，讓我和梅莉莎先坐上車。「哇！你真有騎士風度。」我們故意逗強尼，讓他羞紅了臉。

豪華禮車穿梭過中城擁擠的街道，行經特藝七彩摩天大樓和一群群觀光客。我們在一棟掛著巨大招牌的建築物前停車，招牌上寫著：歡迎來到風味鎮（Flavortown）。我們來到了蓋伊・菲耶里[2]位於時代廣場的餐廳。餐廳經理帶我們穿過這個鑲著菸草色木板的迷宮，來到我們的座位。強尼打開大大的菜單，點餐時看起來非常興奮。他自從第一次讀到關於這家餐廳的資訊時就一直很想嘗嘗這裡的菜色，尤其是培根乳酪漢堡和一道叫做美味椒鹽雞柳的菜。「是不是很棒？我們可以點任何東西來吃，而且——完全免費！」

1 喜願基金會（Make-A-Wish Foundation）是起源於美國的非營利組織，服務宗旨是為罹患重病的兒童達成願望，希望透過「夢想成真」的體驗，讓他們的人生充滿希望與歡樂。

2 蓋伊・菲耶里（Guy Fieri, 1968.1.22-）是美國作家、美食節目主持人暨餐廳老闆。

看強尼精神這麼好，我真的很開心，因為他最近經歷太多事情。強尼是混血兒又是獨生子，一直找不到適合的捐贈者。像他這種病人，替代方案是接受臍帶血移植，可是在療程開始之前，他的症狀必須完全緩解。然而每當他的症狀就快消失時，又會突然出現一連串的感染和併發症。最近他的療程已經完全無法改善他的病況，因此目前的計畫是讓他轉到休士頓的安德森癌症中心[3]，一間大型的癌症醫院，希望他在那裡可以接受新的臨床試驗。幾天之後他就要出發了。

我們點了香檳，為祝福強尼即將開始的臨床試驗而乾杯，為我們大家而乾杯，為更好的明天而乾杯，為蓋伊．菲耶里糟糕的裝潢品味而乾杯……為所有的事而乾杯。六道菜上桌，占據整個桌面。強尼吃了幾口，可是大部分的食物幾乎碰都沒碰。在晚餐過程中，他變得越來越安靜。當甜點——油炸冰淇淋——送上來時，他看起來好像在發抖，而且臉色蒼白，額頭微微冒汗。

「你還好嗎？」我問強尼。

「我很好——不對，我比好還要好，這是我此生最棒的夜晚之一，而且今晚甚至還沒結束。我們要去百老匯看表演！」他強打起精神說。

我們抵達劇院時，大廳裡都是人。我們擠過人群，強尼幾乎無法站穩。我們再次問他是否無恙，他堅稱自己沒事，可是當我們沿著鋪地毯的樓梯往劇院主樓層走時，他卻頻頻停下腳步，倚著扶手喘氣。梅莉莎和我擔心地互看一眼，小心地走在他身後並伸出雙手，準備在他倒下時扶住他。

最後我們終於順利抵達座位區，可是當我們向引位員出示門票時，突然出現短暫的尷尬——

因為只有兩個座位相連。強尼有點不好意思，表示門票是趕在最後一刻才買的。

「你們要怎麼分配座位？」引位員多管閒事地問。

「梅莉莎。」強尼害羞地問。「妳要不要和我坐在一起？」

引位員將梅莉莎和強尼帶到他們的座位，他們坐在我前一排右側。不久後表演就開始了，燈光變暗，厚重的天鵝絨布幕隨著音樂響起往兩旁退去。我無法專心觀賞節目，反而一直傾身偷看強尼，以確定他安好無事。當我看到他驕傲又溫柔的笑容時，忍不住也跟著笑了。強尼坐在全場最酷也最美的女孩身旁，我相信他的狀態一定非常好。

看完表演之後，我和梅莉莎把強尼送回羅納德・麥克唐納之家。道別時，我們知道很可能再也沒有機會見到他，我想他也明白這一點。「我愛妳們。」他以一種異常認真的口吻說，然後用力地給我們一個大大的擁抱。

過了三個星期，強尼的母親從德州打電話給我。「肺炎，心跳停止。」她一面啜泣一面說出這幾個字。「我們在這裡不認識任何人。我想帶我的孩子回家。」我一下無法弄清楚到底發生了什麼事，然後她才說：「強尼已經和上帝在一起了。」

3 德州大學安德森癌症中心（University of Texas MD Anderson Cancer Center）位於美國德州休士頓，創建於一九四一年。

22 愛情的盡頭

耶誕假期一結束，威爾就從加州回來了，但我不確定是我還是奧斯卡因此感到安心，我想應該是奧斯卡，因為當威爾走進家門時，牠就興奮地在地毯上小便了。威爾不在的時候，我想通了一些事。其中一件事是我一直忙著工作和寫專欄，彷彿自己的時間所剩不多，然而在這樣的過程中，我消耗了自己的體力和我與威爾之間的關係。我也意識到自己不能想像沒有威爾的生活，我不願失去他。我還想到：如果我不盡快做出改變，我們的關係可能再也無法修補。

我迫切渴望與威爾共度一段優質生活，於是我建議我們到薩拉托加去，因為我父母出去旅行了，威爾和我可以使用整間房子。我們收拾行李之後，就帶著奧斯卡坐上火車。第二天早晨當我們醒來時，窗外已經積了一英尺深的初雪，放眼望去閃閃發亮、潔白無瑕。我們戴上帽子和圍巾，穿上厚重的外套與靴子，裹得像木乃伊一樣，然後走到室外。威爾開始鏟除車道上的積雪，奧斯卡則開心地在雪地裡跑來跑去。我在旁邊看了一會兒，然後用戴著手套的手捧起一小堆雪，將它壓成球狀，往威爾的身上丟去，結果引發一場刺激的雪球大戰。「我覺得自己好像《小鬼當家》[1]裡的凱文·麥卡利斯特！」我將雪球砸在威爾的頭上時大喊。

接下來的幾天我們都是這樣度過的：沉迷於彼此的陪伴，並享受這次小小的逃離現實。除夕當天我們開車到附近的米爾布魯克鎮參加一位朋友的派對，當威爾把廂型車開上結冰的高速公路時，我們開始聊起彼此的新年希望。那一年，出於一種想把事情做好的緊迫感，這種許下新年希望的儀式突然又變得重要。我們都同意我們需要協助，因此決定尋求伴侶治療。我們還談到在居住環境上做些變化，因為紐約已經成為醫院和心碎的代名詞。我們兩人都迫切地想要離開這個城市，幻想可以搬到哈德遜谷的某個小農舍，某個安靜的地方，有一個可以讓奧斯卡自由奔跑的寬敞後院，並且讓我們蒔花養卉——我們可以在那裡重新開始。或者我們可以買一輛車，花一段時間四處旅行、在國家公園裡露營，充分探索這個國家，直到覓得一個讓我們想安定下來的地方。「讓我們彼此承諾，在接下來的幾個月互相依靠。我們不能讓種種問題拆散我們。」威爾說。「處境越是困難，我們就應該更加親密。這是我們應該做的事，也是最重要的事。我很愛妳。」

這是我最想聽也最需要聽見的一句話，因此當我們抵達派對時，我整個人在發亮。在接下來的幾個小時，我們遵循固有傳統——吃吃喝喝，玩得開心。主人拿出一把吉他，大家都跟著哼唱披頭四的歌。我坐在威爾的腿上，身體隨著音樂搖擺。麗茲也參加了那場派對，她偷偷將我拉到一旁。「我很高興看到妳和威爾又相處得那麼愉快。」她說。「我好久沒看到妳這麼開心。」

1 《小鬼當家》（*Home Alone*）是一九九〇年的美國聖誕喜劇電影，由童星麥考利．克金（Macaulay Culkin）飾演主角凱文．麥卡利斯特（Kevin McCallister）。

接著她告訴我，她和我一些好友最近都收到威爾寄給他們的電子郵件。威爾在信中寫道，雖然他尊重我的隱私，可是他認為我的朋友們應該要知悉我的療程對我們造成什麼樣的傷害。他想知道他們能不能擔任後援，尤其是在我接受化療期間和化療完成後的幾個星期，因為那段時間的副作用最嚴重。威爾建議大家建立一個群組，如果他因為工作太忙或晚上有事無法回家，也許有人可以出面幫忙。他在結尾處樂觀地感謝大家的支持：最重要的是，我想告訴你們我愛你們，我可能已經有段時間沒有這樣對大家說。我很高興你們能幫忙照顧蘇萊卡，她不太願意告訴你們情況變得多糟……不過我們都知道她真的很堅強。威爾做這件事讓我既生氣——因為他沒有事先告知我——又滿懷希望——因為這表示威爾非常認真看待我們的問題，而且他早就已經設法改善現況。

接近午夜時，有人提議去溜冰，於是每個人都帶著香檳和溜冰鞋出發。我們費力地穿越雪地，往位於遠處的湖邊走去。威爾用他戴著手套的手牽起我戴著手套的手，一起溜到結冰的湖面上。所有的人一起倒數計時，迎接二〇一四年的到來，並對著月亮開心地大喊大叫。「願今年一切會更好。」我說，同時將威爾拉到我身旁。「願今年一切會更好。」威爾複誦我的話，然後我們接吻。

我們回到紐約市之後就履行了進行伴侶治療的新年希望。我們在電話簿上找到我們的第一位治療師，她的辦公室裡有一張破爛的沙發和老舊的波斯地毯，空氣中瀰漫著虎尾草香水味。她不太擅長引導久病狀況的伴侶關係，而且醫療保險無法給付她的診療費用，因此經過幾次沒有助益的療程之後，我們就決定換人。我們從斯隆凱特琳醫院腫瘤科的心理諮商計畫找到第二位治療師，費用含括在保險給付範圍內。蒂博士很親切，也是很好的傾聽者，可是每次我們離開她的辦公室時，都因為對方所說的話而憤怒，並因為對方揭露的事而心情沉重，感覺更為迷失。

有一天，蒂博士問我們願不願意讓住院醫師旁聽我們的療程，我立刻表示同意。斯隆凱特琳是教學醫院，我總是抱持開放的心態，樂於讓醫學生在旁邊見習。假如我們的不幸可以幫助別人，這麼做只不過是小小的犧牲，而且我覺得多聽不同的意見對我們兩人可能會有助益。但這次療程是一場大災難：威爾和我以及蒂博士坐在一間大會議室中央，讓一群陌生人站在牆邊觀察我們並在記事本上寫筆記。在旁觀者面前談論我們感情關係中最痛苦也最私密的細節，並且讓將這些細節變成教學內容，感覺實在非常丟臉。

「許多經歷癌症療程的年輕伴侶，最後都分手了。」一位住院醫師對我們說。「就目前這個階段，你們認為什麼事情會對你們有幫助？」

「我們要是知道的話，就不必來這裡了。」威爾回答。他罕見地展現怒氣，脖子上浮現青筋。我們離開時感覺有如烏雲罩頂。「我們不要再接受伴侶治療了。」威爾和我都同意這個決定，但我們迫切需要有人指引，因為我們都不知道應該如何繼續這段關係，無論各自的態度或兩人的相處。不過，我們得到的指引越多，挫折感就越重。

朋友和家人都很驚訝我們的關係變得這麼糟，因為威爾和我從來不曾在別人面前爭吵。事實上，我們總是在別人面前表現恩愛，大家都覺得威爾迷戀我而且我也迷戀威爾，我們幾乎一直觸摸彼此、並肩而坐或手牽著手。威爾很寵我——為我拍照、拿水給我喝、在我腿上蓋毛毯，或者在我因為身體不適而無法參加親友聚會時替我向大家解釋。我們經常無意識地接續對方所說的話，以外人無法理解的共享經歷緊密相繫。我們對彼此的忠誠是廣闊無垠的。

儘管如此，當我們在家裡相處時，總是夜以繼日地爭吵。你為什麼那麼有距離？我質問。我需要休息。他反駁。奧斯卡躲在沙發底下，直到我們的聲音恢復到正常的分貝。每次只要我知道我們又要開始吵架，我就會服用幾顆抗焦慮的藥丸，有時候我甚至一聽到他將鑰匙插入前門鎖孔的聲音，就會自動吞一顆藥。我的憤怒漸漸被沉默的順從取代，我們之間任何表達親密的暗示，無論性愛或其他舉動，都早已蕩然無存。到了睡覺時間，我們就關掉電燈，互不吭聲地背對背躺著，寧願用手機溝通也不肯當面交談。

威爾要回公司上班，我與他道別時，突然覺得有種不祥的預感襲來。我抱住他的時間比平常久，遲遲不肯鬆手，因為有一股恐懼慢慢生成。那是不願意失去深愛之人的恐懼，也是知道結局即將到來的恐懼。

那天我搭公車回家時，我在車上提醒自己：已經經過將近三年的療程，威爾依然待在我身邊。因此我試著說服自己，我們還有機會修復關係。我想要相信：只要更投入、更努力，並且尋求更好的幫助，就能夠解決我們的問題。癌症非常貪心。我心想。它不僅蹂躪我的身體、踐踏我的信心，如今還轉移到我和威爾的關係，破壞我們之間曾經美好又純潔的一切。

我多麼希望可以回到過去，我一定會更小心保護我們的愛情。我會在確診當天就開始接受伴侶治療，我會拒絕讓威爾夜以繼日睡在我的病床旁，我會更依賴我父母，我會更努力處理自己無法釋放且隨著時間增壓的憤怒。然而時間無法倒轉，前方的道路也看不清楚，解決問題的方法似乎遙不可及。我像一艘在霧中迷失方向的小船，隨著流水越漂越遠。

23｜最後一個美好的夜晚

警察可能覺得我們是兩個態度不佳的悍妞——我們穿著同樣款式的黑色皮夾克，我頂著剛剪的小平頭，畫了濃濃的眼線，脖子上有個巨蛇圖案的刺青，梅莉莎則披著及腰長髮，手上戴著十幾枚銀戒，因為這幾天每小時都吸食大麻而瞳孔放大。

警官不知道的是，我脖子上的刺青是假的，梅莉莎的長髮也是假的，而且她最近得知自己的尤文氏肉瘤已經來到末期。那個星期稍早時，醫生告訴梅莉莎他們已經束手無策。她已經嘗試過各種臨床試驗，希望能爭取到多一點時間，可是預後十分無情。為了讓梅莉莎打起精神，我提議到城裡玩一晚，因此我們參加了摩托車刺青節，然後去看變裝歌舞秀，在迪斯可彩球的燈光下站在椅子上跳舞。但我們現在在康尼島[1]的地鐵站月臺，與一名警察面對面。外頭的夜色已慢慢透進黎明的第一道曙光。

幾分鐘前，我們跳過地鐵站的旋轉門，雖然我們的錢包裡都有地鐵票卡。在面對死亡的時刻，「人只能活一次」這句話突然有了新的意義，但我們也因此觸犯法律。那個警察揚言要把我們帶到附近的派出所，梅莉莎便拿掉她的假髮，露出光禿禿的頭。她淚眼汪汪地說了一個無傷大雅但令人印象深刻的謊言，表示她急著回家服用癌症藥物，她的表演奏效了，那個警察立刻放過我們，可是開了一張兩百美元的罰單。他甚至為自己必須開立罰單而道歉，因為我們已經被攝影機拍到，他別無選擇。

「我們是犯罪搭檔了。」警察祝我們健康並且放我們走之後，梅莉莎小聲地對我說。

「我們壞到骨子裡了——簡直有病。」我自嘲地說。我們踏進地鐵車廂，等車門一關上，我們就笑倒在彼此身上。

那是我們在一起的最後一個美好夜晚，可是我們當時並不知道。沒有人知道。

八個星期後，在三月初的某個星期一早晨，我到斯隆凱特琳醫院進行倒數第二輪化療，可是我沒有因為即將完成化療而感到欣慰，因為我腦子裡一直想著梅莉莎。她的癌症正以可怕的速度在她體內擴散，而且腫瘤非常無情，不僅讓她的脊椎出現兩處骨折，還經由她的頭骨扭曲她原本美麗的容貌，她的一隻眼睛已經因為腫脹而無法睜開。梅莉莎說她覺得自己變得很醜，不願意讓別人探望她，除了我、麥克斯和幾位她最親近的好友之外，她拒絕所有的訪客。

每當人們想像死亡，似乎都會聯想某種故事情節，因此在悼詞和訃聞中使用時間終止、返回天家，或成為天使之類的形容。這些委婉的措辭讓死亡聽起來被動且平靜，宛如只是在午後小睡

1 康尼島（Coney Island）是位於美國紐約市布魯克林區的半島，其面向大西洋的海灘是美國知名的休閒娛樂區。

片刻。人們寧可相信：死亡之刻來臨時，當事人多少會有一點心理準備。然而梅莉莎的狀況並非如此。當死亡逐漸逼近，她只感到越來越憤怒。「我還沒有準備好。」她說。「我還有很多事情想做。」她同時也被嚇壞了，不停想著死亡那一刻會是什麼感覺，以及她的父母要如何面對一切。

那個星期的每一天，我做完化療之後都會搭電梯到十八樓去梅莉莎的病房看她。梅莉莎的病情似乎越來越嚴重，有一次我在病房走廊上遇到她的父母，她父親說：「醫生一直叫我們要做好準備，叫我們要有心理準備。」他用緊握的拳頭揉揉浮腫的眼睛，彷彿希望從這場惡夢中醒來。

還有一次我去探望梅莉莎時，她問我願不願意和她一起去印度旅行，而且她認為我們應該馬上出發。「我剩下的時間不多了。」她因為嗎啡變得口齒不清。我靜靜坐著，想找出適合的話來回答。過去幾年，我常看我的朋友和家人在我的病床旁噙著淚水強顏歡笑，如今我也努力做同樣的事。我眼睛盯著天花板，用力嚥嚥口水並咬住嘴唇，試著表現平靜。

「我們應該先去哪個地方？」我問。

梅莉莎已經無法搭飛機到任何地方，可是我們依然擬定了行程，想像一趟我們明知永遠無法實現的旅行：我們要坐人力車穿過德里市中心、買下市場裡所有的手繪木偶，並且在日出時參觀泰姬瑪哈陵。梅莉莎以跳躍式的方法建議參觀景點，我露出燦笑點點頭，並且小聲地給她鼓勵。印度已成為一種象徵，而不是一個目的地。

梅莉莎慢慢開始想睡，於是我起身離開。我捏捏她的手，並彎下腰給她一個擁抱。「我還沒準備好。」她流著眼淚表示。我替她蓋好醫院的白色毛毯，然後關上百葉窗。「好好休息。」我輕聲地說。「我明天再來看妳。」我在門口駐足片刻，看著她進入夢鄉。

隔天早上，梅莉莎被抬上救護車，轉往麻薩諸塞州的臨終安養中心，好讓她離家近一點。她在 Instagram 上發了一張她在救護車裡拍的照片，畫面是隔著毛玻璃看救護車外的繁忙街景。「紐約，再見。我愛你。我心已碎。」她在照片下方寫道。

她離開之前我沒能見到她，因為救護車駛離的那一刻，我還被點滴架綁著，等待最後一袋毒藥滴進我的血管中。

死亡這件事情，永遠沒有最恰當的時機。年紀輕輕就必須面對死亡，更是違反自然程序。生病的這幾年，梅莉莎和我都已經學會盡力與死亡威脅共存。但無論我們多努力，死亡的必然性是我們始終無法擺脫的惡夢。我們曾經詳細討論過這個問題，有時候甚至會拿這件事來開玩笑。梅莉莎說她希望大家在她的葬禮上盡情痛哭，我則希望在我的葬禮結束後有一場熱鬧非凡的派對。後來我們還提出附加條款，列出了賓客名單及現場應該提供哪種雞尾酒。

然而這一切還是無法讓我有失去她的心理準備。我們多次與死亡交手又恢復健康，讓我們萌生一種誤以為自己所向無敵的奇怪心態。不過，在梅莉莎離開紐約之後、在她停止回覆簡訊之後、在她的意識飄向生死間的流動空間之後，甚至在她父母寫信表示她已在家人和數十個小飾品及手繪木偶的陪伴下走完人生之後，那種所向無敵的錯覺卻無法提供我任何幫助，完全沒有幫助。

一位能讓我暢所欲言、分享一切的朋友離開了。她會去到哪裡呢？

她為什麼要離開呢？

悲傷是一隻無預警來襲的鬼魅，它會在夜裡出現，將你從睡夢中撕裂；它會在你的心中裝滿玻璃碎片，在你參加派對時打斷你的笑聲，在你暫時忘記朋友的時刻懲罰你。它會一直糾纏你，直到變成你的一部分，讓你憂鬱地只能為呼吸而呼吸。

24 結束

我接受化療的最後一天，朋友和家人祝賀我一切終於「結束」了。經過無數次的切片、注射抗生素和嘔吐，我原本應該要好好大肆慶祝，可是最痛苦的歷程，其實是在我結束癌症治療之後才真正開始。

接下來的那一個月，我因為免疫系統衰弱而導致腸道四度感染危及生命的艱難梭菌芽孢桿菌[1]。我將那個月戲稱為「恐怖狂歡節」，因為那四次住院盡是超乎現實的折磨，把我打成碎片，直到什麼都不留。

那個月我第一次入院的前一晚，梅莉莎過世了。

第二次住院期間，艾莉卡和帥廚師在科羅拉多州舉行了一場小型的結婚典禮，我未能依約擔任她的伴娘，只能被困在點滴架旁。

1 艱難梭狀芽孢桿菌（Clostridium difficile）屬厭氧性梭菌屬細菌，一般寄生在人的腸道內。如果過度服用某些抗生素，艱難梭菌的菌群就會加快生長，影響腸道中的其他細菌，導致發炎。

第三次住院的前幾天，威爾說他需要更進一步的休息，並表示考慮搬出我們的公寓自己獨居。這個想法的意思是我們分開來住但繼續交往。他說這只是暫時性的，可是我不相信他。

威爾的提議像是在我背上刺一刀。一部分的我對於這一刻早有心理準備，但我發現自己仍舊難以承受。我現在還沒從梅莉莎離世的傷痛中恢復過來，而且腸道感染正在蹂躪我的身體。威爾如此對待我，似乎令人無法諒解，我不禁好奇這是不是他準備走向永久分手的小步驟。即使如他所言，這只是暫時性的安排，他最後還是會搬回來，但我看不出這麼做對於解決我們的問題有什麼幫助。

我一直深信愛可以戰勝一切，也深信愛可以讓痛苦得到救贖，將生命的殘酷化為可承受的歷練，甚至化為美好。然而我已經失去信心，我不知道下一次我們之間又遇上問題時，他會不會再次選擇轉身離開。我對於我們的關係已經失去信任。

情急之下，我打出王牌——向威爾發出最後通牒。「要不就是你留下來，我們一起想辦法度過難關，要不就是你搬出去，我們分手。」我對他說。「我沒有辦法一直面對這種情況。」

二十四小時之後，威爾在布魯克林區找到一間公寓，兩個星期後即可入住。當他告訴我他考慮租下那間公寓時，我沒有阻止他。相反的，我將他一把推開。「你去啊！關我什麼事？」我說。但我真正想做的是放聲大叫、不讓他離開。在我能夠冷靜面對一切之前，威爾已經簽下租約，而我也再度回到急診室，對抗艱難梭菌芽孢桿菌的另一波攻擊。

那是我第四次也是最後一次住院。我被送到十八樓，住進我最後一次看見梅莉莎的那間病房的隔壁。這感覺就像一個殘忍的笑話，斯隆凱特琳醫院有數百間病房，我偏偏被安排在這裡。甚至照顧我的護士也和梅莉莎的護士是同一人，一個名叫莫琳的女人，她有一頭像消防栓一般的火紅色短髮，搭配相同顏色的口紅。我哀求醫院讓我轉到白血病病房或移植病房的樓層，可是當時醫院病房滿房，沒有辦法換房。被迫住進距離我向已逝好友道別處只有幾英尺遠的病房裡，讓我有很深刻的感受——這宛如一種懲罰，將我推向崩潰邊緣。

我出院那天，威爾搬走了。當我從醫院提著一個標示有「病患物品」的大塑膠袋回到家時，公寓裡非常安靜，沒有一點聲音。妳應該要大哭。我站在門口對自己說。可是我實在太累，根本哭不出來。我在公寓裡四處查看時，一臉困惑的奧斯卡跟在我身後。被清空的衣櫥和梳妝臺抽屜呈現一種井然有序但卻怪異的定局氛圍。我在其中一個抽屜裡發現一包舊香菸，雖然我知道自己不該抽菸，但還是點了一根。我坐在廚房地板上慢慢地抽，手腕上仍戴著醫院的病人手環。

我罹癌後一直支撐我的力量崩塌了。在接受治療的過程中，我被全世界最好的騎兵部隊保護著：我的男友、我的家人朋友，以及出色的醫療團隊。他們不辭辛勞地讓我活下來，幫助我擺脫癌症。我已經經歷過這場疾病的種種折磨，現在卻茫然地坐在殘破的瓦礫堆中，不知道該如何繼續前進。我很好奇其他人在我這種情況下會怎麼做。

直到這一刻，我才發現一件小事：你通過了別人認為你無法倖存的關卡之後，一定會有所收穫——你得到生命，你擁有了時間。但唯有在這個時刻，你才會意識到自己存活下來必須付出代價。

我花了很長一段時間才重新振作起來——算起來整整失落了一年。我感到憤怒、悲傷與掙扎，努力尋找往前走的道路。但那天我所能做的就是把菸抽完、拉上百葉窗，然後爬到床上。梅莉莎離開了。威爾離開了。我的癌症離開了。我對著自己複誦這些事實，希望讓一切慢慢沉澱並且變得真實。不過，相反的，我只感到麻木，宛如我的感知能力被麻醉了。我無法告訴你那天剩餘的時間或隔天或接下來的幾天我做了哪些事，我想我應該有去遛狗、買咖啡和牛奶，以及不時接聽我父母打來的電話，以便讓他們安心，讓他們不必特別跑來看我。可是我無法確定自己到底有沒有做。我想我可能有做這些事，只不過都處於失魂的狀態。

只有威爾的幽魂能刺穿我的麻木。雖然他已經離開，可是又沒有完全離開。我還能感覺到他的存在——或者更確切地說，我能感覺到他的不存在——就像所謂的幻肢。威爾一直照顧我，是我的知己、我的愛人、我的社交緩衝，也是我最好的朋友。有時候他也像我的拐杖，在我沒有力氣自理時協助我行走、用餐、洗澡。他兼具太多身分，任何人都無法取代，只可惜我當初沒有看清楚這一點——如今威爾已經不在我身旁，我才發現自己無法在這個世界單獨前進。

雖然我強迫自己不打電話給他，可是打電話給他的衝動從未遠離過我的腦子。在他搬出去一個星期之後，我終於屈服了。「你可不可以過來一趟？」某天晚上我再也受不了公寓裡的安靜，於是我打電話給他。一小時之後，我聽見他用鑰匙開門的聲音。他沒有敲門，直接自己開門進來，宛如我們還住在一起。前幾分鐘我們假裝一切都不曾改變，他先蹲在地板上和奧斯卡玩，然後才站起來給我一個擁抱。接著我們打電話到街角的披薩店叫外送，並試著在無法避免的爭吵再次發生之前隨意閒聊。

這後來變成我們的常態：威爾經常在深夜時分來訪，將我從靜默的日子裡解救出來。他的來訪總是以兩種方式收尾：我們要不是大吵誰做了什麼導致我們陷入此刻的混亂，要不就是威爾留下來過夜。我們沒有發生性關係——我們已經好幾個月沒有發生性關係了——可是我害怕自己一個人睡覺。知道他仍願意留下來過夜，讓我得到些許安慰。我一直盼望，如果我們像現在這樣相處、像從前那樣和小狗一起擁抱，威爾就會明白自己放棄了什麼。他會因此向我道歉，並且搬回來長住。然而我們每一次相聚，最後都只剩下空虛。每當早晨來臨、當他起身離開，我都只覺得自己被羞辱、被傷害。再也不要這麼做了。每一次我在威爾身後鎖上門時，都在心中暗暗發誓，要求自己不再打電話給他，不再邀請他過來。

可是當我再次獨自待在公寓裡，就會一下子狂烈又惡毒地憎恨威爾，一下子茫然地躺在廚房地板上放空。我的腦子把我們的生活改寫成一個過於簡化的劇本，故事是這樣發展的：我生病了，威爾厭倦了我的病痛，因此隨著時間慢慢變得疏離，直到他突然決定搬走，趁我住院的時候棄我不顧。對我來說，用這種方式來描述我們的關係並且將所有責任都推到威爾身上，比詳述故事裡的其他部分更容易一些，包括我讓他失望的表現、我害他疲憊不堪，以及我迫使他選擇離開。關於我們分手更深層的真相，隱藏在表面底下悶燒，但因為過於炙熱而難以探究。

威爾是我的摯愛——我相信這一點永遠不會改變。儘管我認為只要有足夠的時間與空間，我們終究會重修舊好，但我現在已經覺得這不可能發生。我們長期處於照顧者與病患的互動狀態，彼此心裡都累積許多怨恨，宛如被困在琥珀裡的蒼蠅。繼續等待威爾只可能招來更多悲傷、更多痛苦、更多憤怒，我不認為自己還能承受。在我的人生中，這是我第一次清楚感到自己身處絕境，而且我是已經站在懸崖邊緣搖搖欲墜，才驚覺自己走到這個田地。這已經是我所能忍受的極限。

我開始換一個角度來看待這件事。我有一個選擇：如果我打算在生活中找出自己的定位，就應該放掉這段已逝的戀情。我必須開始為自己而奮鬥。

Part Two

25 中間地帶

「每個人來到這世上都擁有雙重國籍，健康之國與疾病之國。」蘇珊．桑塔格[1]在《疾病的隱喻》[2]一書中寫道。「雖然我們都希望只使用健康之國的護照，可是每個人遲早都有義務成為疾病之國的公民，至少一段時間。」

我成年之後大部分的時間都活在生病之國，生病之國是沒有人想要定居的地方，一開始我還抱著只需短暫停留的希望，希望自己甚至連行李都不必打開。我抗拒被貼上「癌症病患」的標籤，相信可以繼續保有原本的自己。但隨著我病得越來越重，我發現原本的我已經慢慢消失。原來只寫著我名字的地方，多了一個病人編號，我還學到了豐富的醫學術語。就連我的身體分子也有了變化：當我弟弟的幹細胞嫁接到我的骨髓時，我的DNA產生了不可逆轉的變異。由於我失去頭髮、臉色蒼白、胸前插著導管，人們注意到我的第一件事便是我生病了。時間從幾個月變成幾年，我已經盡可能地適應這個新國度的各項習俗，並且與這裡的居民交朋友，甚至在這種受限的範圍內開創自己的事業。我在這個國度裡打造了一個家，不僅接受自己必須在這裡待一段時間的事實，甚至接受我將永遠無法離開的可能。這裡以外的世界——那個健康之國——對我而言已經變得陌生又可怕。

對我而言，終極目標就是離開生病之國，這是每一個病人的共同目標。不少癌症病房都設有一個小拉鐘，病人在完成治療那天會搖響那口鐘。這種搖鐘儀式意味著轉變，讓病人告別病房裡一成不變且讓人毛骨悚然的日光燈管，迎接溫暖的陽光。

這就是我目前的情況——卡在熟悉的舊狀態與陌生的新未來之間。我的血液裡已經不再有癌症，可是癌症仍以其他方式支配著我的身分、人際關係、工作與思想。雖然化療已經結束，我的胸前依然接著導管，因為醫生要等我「狀況更穩定」之後才會將導管移除。現在我的問題只剩下如何讓自己返回健康之國，以及我能不能永遠留在那裡。沒有療程規範或出院說明書能提供我指點，我必須靠自己摸索前方的道路。

我邁向復原的第一階段：獻祭。不理智的我想要燒光仍將我和威爾緊繫在一起的東西，我想要燒掉我的悲傷、燒毀我的過去，清除所有的一切。我認為這樣才能重新展開人生。

為了擺脫威爾留在公寓裡的殘影，我點燃一把鼠尾草，讓濃濃的煙霧在屋裡縈繞；我重新擺設家具，直到舊有空間煥然一新；我把我們的合照全部收進抽屜裡，還丟掉我們一起買的被單。

---

1 蘇珊・桑塔格（Susan Sontag, 1933.1.16-2004.12.28）是美國知名作家、評論家暨女權主義者。

2 《疾病的隱喻》（*Illness as Metaphor*）是蘇珊・桑塔格於一九七八年出版的批判理論著作。

他打電話來的時候，我故意不接聽，並且刪除他的號碼。

我非常想要成為正常的二十六歲女性，可是不知道該怎麼做才好，因此我需要健康的同儕給我提示。在威爾搬走之後大約一個月，我一位在諾麥德飯店當歌手的朋友史黛西邀請我去聽她唱歌。雖然我覺得自己還無法應付社交活動，但我強迫自己無論如何一定要去。我脫掉運動褲和圓領衫，換上時髦的黑色洋裝。這件洋裝的領口很高，可以遮蓋我胸前的導管。我將短髮撥亂，不讓自己看起來像是剛完成化療的病人，而是帶點龐克風的酷女孩。我在最後一刻找了一個老朋友陪我前往。他叫做喬恩，是一名爵士音樂家，我們已經認識很久。

我抵達飯店時，喬恩已經在大廳等我了。我們兩人是十幾歲的時候參加樂團營認識的。喬恩當時又高又瘦、舉止笨拙，而且戴牙齒矯正器、穿不合身的寬鬆衣物，個性非常內向，幾乎都不說話。後來他經歷了一些轉變，現在的他不僅琴藝精湛，穿著打扮也非常時尚，散發無比的魅力，讓房間裡的每個人都忍不住轉頭偷看他。高高瘦瘦的他穿著無可挑剔的西裝和皮靴，俊美得令人驚嘆。他深棕色的肌膚就像蜂蜜，看起來閃閃發亮；他的外型——迷人的嘴唇、鷹勾狀的鼻子以及寬闊的肩膀——宛如童話王子般英挺威風。喬恩在大廳另一頭與我四目相接，當我走向他時，他的注視讓我幾乎站不穩腳步。

我們搭電梯到二樓，走進一間夜總會風格的小型俱樂部。這間俱樂部的牆壁貼了華麗的壁紙，每張餐桌上都點著蠟燭。史黛西在不久後便穿著紅色禮服走上舞臺，在麥克風前開始低聲吟唱。她迷人的歌聲在這個幽暗的空間裡輕輕迴盪。喬恩和我坐在側邊的絨布沙發上，我們上次見面已經是一年多前，所以有很多事情可聊。喬恩一開口就關心我的健康狀況，然後問到了威爾。當我告訴他我和威爾已經分手時，喬恩顯得非常驚訝。「可是你們看起來感情很……穩定。」他說。

「這是最好的結果。」我故作輕鬆地說，忘了過去四個星期我是在廚房地板上度過的。

「發生了什麼事？」他似乎無法理解我為什麼會和威爾分開。

「這場病破壞了我們的感情。」我說。如果硬要挑個罪魁禍首，最簡單的方法就是全部推給這場病。

這是我第一次向別人說明這件事，我讓一切聽起來好像都過去了，宛如沒有任何情緒需要化解。因為我想要如此相信——只要從這段關係走出來，我就可以完全擺脫這場病。

「你呢？」我問喬恩，急著改變話題。「目前有交往對象嗎？」

「我也單身。」他回答。

其實我根本沒有想過自己已經「單身」了，雖然就事實而言千真萬確，但我覺得自己還在掙扎。單身。我無聲地說著這個詞，舌尖上有種奇怪的感覺。

從喬恩的表情看來，他也是第一次從「單身」的角度看我，我們之間出現了一些微妙的情愫，氛圍充滿著各種可能。我們又繼續聊其他的事，但主要還是關於彼此的話題。喬恩似乎又變回當年那個害羞又笨拙的男孩。「妳最喜歡哪一種運動？」他沒來由地問了這個問題，緊張得坐立難安。

「我最喜歡的運動？」我問。想了一會兒之後，我說出最先浮現在腦海中的答案。「我想大概是籃球吧？」

「哇，我也是！這是我們的另一個共同點！」喬恩一臉認真地說，讓我忍不住笑了出來。

雖然我已經認識喬恩很久了，但我們卻像是在進行一次盲目約會。這實在很尷尬，非常尷尬。我向服務生招招手，點了一杯雞尾酒。當酒送上來之後，我馬上喝了一大口。隨著時間慢慢過去，我開始變得放鬆，喬恩也似乎不再那麼羞怯。音樂已經從爵士變成重擊的低音鼓，在場的每個人都在談天說笑或在舞池裡跳舞。史黛西和其他幾位女性朋友過來和我們一起坐，並趁著喬恩不注意的時候一直用手肘推我，慫恿我應該開始認識新對象。自從出院之來，我第一次覺得自己像個「人」，也第一次覺得自己還有一點吸引力。

時間過了午夜，這是我很長一段時間以來玩到最晚的一次，可是我還不希望這個晚上到此結束。我希望這種美好的感覺跟著我回家——我需要這種感覺跟著我。喬恩和我在人行道上駐足，當他親吻我的臉頰道晚安時，我心中感到一陣悸動。在我的內心深處，一部分的我知道自己這沒有什麼好期待的，我只能和喬恩當朋友。這種短暫認知讓我看清事態：我的私人生活是一團糟、我的身體狀況也是一團糟、我整個人就是一團糟，因為我的癌症在結束之後留下許多附帶損害。承認這種慘況就必須與之對抗，可是我覺得自己還不夠強壯——我還沒有辦法對抗各種問題，起碼現在沒有辦法。但這種短暫認知一閃而過，我因此選擇了另一種想法：也許事情沒那麼糟，也許與別人交往是繼續前進的方法之一。我的腦袋不惜一切代價避免深思——我的種種思緒混雜又自相矛盾，讓我再也無法分辨什麼是真什麼是假，並且一再說服自己：我一切都很好。但事實上，我一點也不好。

過了不久，喬恩和我已經幾乎每天晚上都通電話，而且一聊就是幾個小時。當時他和他的樂團正在外地巡迴表演，但幾個星期後當他回到紐約，他便邀我與他正式約會，一起去觀賞喜劇表演並享用晚餐。約會結束時，他還陪我走路回家，並且親吻了我——這一次是吻在我的唇上。展開一段有人陪伴的新生活似乎並沒有那麼可怕。

我喜歡喬恩的一切。我喜歡他腦子裡有千百萬種想法，以及他的手指在鋼琴琴鍵上飛舞的模樣。我喜歡他有浩瀚無垠的雄心壯志，因為這讓我也想拓寬自己的領域。我喜歡他不需要靠咖啡因就能保持無限的活力、不需要靠酒精就能擁有平靜的心情、不需要靠藥物就能具備清醒的神智。但最重要的是，我喜歡自己待在他身邊的感覺。喬恩對待我的方式，像對待一個健康、正常、有能力的人一樣——就像我們初見時那個頭髮亂七八糟而且喜歡調皮搗蛋的十三歲女孩。他對待我的方式就像我從來不曾生病，雖然這不見得符合我看待自己的眼光以及我真實的感受，但我很想扮演好這個角色。有一段時間我確實做到了，我把這個角色扮演得很好，甚至幾乎騙倒自己，以為這就是事實。

雖然我無法向自己坦承，但我確實被「發展新戀情有助於加速恢復健康」的想法深深吸引，就如同我被喬恩吸引一樣。在接下來的幾個星期，我經常與喬恩見面，甚至跟著他去巡迴表演幾天。我們在陌生的城市手牽手四處散步，閒聊好幾個小時，並在公園長椅上害羞地互相告白。我們和喬恩的朋友在外面玩一整夜，從這家爵士樂俱樂部玩到另一家，直到天亮。我沒有告訴他們我非常疲倦，我從不拒絕任何邀約，只為證明我可以像其他人一樣撐下去。

不過，回到紐約之後，當我們在我的公寓裡第一次共度良宵時，我像一隻焦慮的羔羊，心裡充滿不確定感。與威爾發生親密關係是一回事，因為他目睹了我經歷疾病所發生的身體變化，但是與喬恩這個局外人發生親密關係又是另一回事。當我們脫掉衣服時，我覺得自己失去遮蔽，毫無安全感可言。我的身體揭示了一個與我外表截然不同的故事：我最近又感染艱難梭狀芽孢桿菌，體重掉了將近九公斤；我的肋骨在單薄的肉身下突起；我的手臂上布滿靜脈注射與抽血留下的痕跡和針孔；我的脖子及胸口有好幾道中央靜脈導管造成的疤痕，而且導管還在我身上。

結痂的疤痕下有一個圓形的塑膠物體，明顯突出於我的右乳房上方，摸起來硬硬的。我不知道該不該向喬恩解釋我為什麼還留著這個東西，或者希望喬恩在黑漆漆的房間裡不會發現它的存在。他不知道的事情太多了，如果我們的關係變得更為認真，我就必須告訴他我不孕以及化療引起更年期提早報到等深入話題。光想到要我和喬恩談論這些事，就足以讓我考慮維持獨身。吸氣，呼氣。我不知道應該怎麼做才好。

喬恩的手指從我的嘴唇滑到脖子然後一路來到我胸口上的疤痕。他貼近我，用嘴唇輕觸我的導管，說：「妳是我見過的最美麗的女人。」

這年夏天的感覺就像墜入情網，不僅與喬恩，也與對於擁有不同人生的期盼。唯一的問題是，這個「新我」是建立在粉碎的「舊我」之上。八月下旬，威爾和我決定見個面，在此之前我們已經好幾個星期沒有碰面。我們先去對街那家我們最喜歡的早餐店買冰咖啡，然後到我住的公寓頂樓說話。「我有一件事要告訴你。」我對威爾說。我們在野餐桌旁坐下。

「我也有一件事要告訴妳，但妳先說。」他回答。他總是那麼有紳士風度。

我打算告訴威爾關於喬恩的事。我並非突發奇想，因為這個夏天稍早的時候，我已經告訴過他我考慮和其他人約會。威爾並不笨——他知道所謂的「其他人」是指喬恩，畢竟我提過我和喬恩經常出去。我記得威爾當時對我說：「等妳厭倦他的時候，請告訴我一聲。」他似乎深信我和喬恩只是玩玩而已。然而他那句話激怒了我，一部分的原因是因為威爾似乎並不像我希望的那麼介意，另一部分的原因是因為他的諸多假設都是正確的——關於我對他的憤怒以及我無法獨自生活。不過，在那以後，我和喬恩的交往變成一段有意義的關係，因此我覺得自己應該告訴威爾。

我整個上午都在腦子裡排練該怎麼對威爾說。我告訴自己，如果我選擇正確的措詞與表達方式，威爾就能明白我的感覺，我們也能因而原諒彼此，為這段關係畫下句點，甚至為將來恆久的友誼建立基礎。然而當我與威爾面對面坐著時，我很難對於我背棄他這件事自圓其說。我先看看他，然後看看地面，接著又再看看他。我應該說實話嗎？威爾和我之間的情況比我想像中的還要複雜，我很希望我們之間已經結束，但實際上我們依舊深深糾纏：威爾仍是我所有醫療表格上的「緊急聯絡人」，也仍是我身體不適或傷心難過或恐懼害怕時第一個想找的人。我即將告訴他的事會導致我們的分裂再也無法彌合，我突然不確定這是不是我想要的結果。

為了鼓起勇氣開口，我先在腦中倒數三、二、一，然而當我終於說出口時，原本溫和謹慎且細心排練的解釋方式都不見了。「我想你應該知道，我已經和別人交往了，而且我們是認真的。」我直白地說。

威爾的藍色眼眸碎裂了。當我看見他臉上震驚的表情時，我感到非常害怕。否認一切讓你活在自己的世界裡，不去思考你的行徑對自己的人生或對其他人有什麼影響。威爾受傷的表情讓我覺得噁心，而且我自私的一面也同時感到滿足。在扭曲的潛意識中，我猜我一直希望威爾也能體會當初他搬走時我所感到的痛楚，我也希望證明自己不是那個需要別人幫助且軟弱無能的生病女孩，因為我在他面前總有這種感覺。我想讓威爾知道還有別人會喜歡我。更重要的是，我希望他臉上的痛苦可以證明我渴望確認的事：他依然在乎我。

威爾沉默了很久，但他在恢復平靜之後眼神變得堅定。最後他終於開口，表示自己做了那麼多犧牲，我卻那麼快就放棄我們的感情，我是叛徒、是懦夫。他還說，再也沒有人會像他那麼愛我並且照顧我。但無論怎樣說，他不相信我這段新戀情能夠長久。他並且警告我，等我清醒的時候，一定會後悔自己的所作所為。「妳知道最好笑的事是什麼嗎？」威爾說。「今天我本來想告訴妳，我打算搬回來住——我打算給我們的感情一個機會。可是妳已經讓一切變得無法實現。」

「你怎麼好意思這麼做！」我不滿地表示。「我生病的時候，你說走就走；現在我康復了，你又突然說要回到我身邊。」

「很好。我想我們的談話就到此結束。祝妳和妳的新男友好運。」威爾回答，並且將雙臂高舉過頭，誇張地打了一個哈欠。

我們都做了具有毀滅性的假設：當初我向他發出最後通牒時，我不相信他真的會搬走；威爾也從來沒有料到，在他搬走之後我有辦法繼續前進。不過，已經發生的事情無法改變，現在我們兩人眼中都只有對方的背叛。其實我們都受了傷，可是硬要假裝自己沒事。我們都太過驕傲，不願意請求對方原諒，也不願意原諒對方。

威爾離開後，我在屋頂上待了很久。我感到迷惘，對一切充滿不確定：天空、鴿子、遠處傳來的警笛聲。更重要的是，我不確定自己做得對不對。儘管如此，我很肯定把話說清楚是對的：雖然我無法想像沒有威爾的生活，但我也無法想像與他繼續共度未來的人生。我們都必須掙脫照顧者和病人這種彼此依存的舊身分，可是我不認為我們有辦法一起實現這個目標，至少短期之內無法。為了擁有新的身分，我們必須各走各的路。

即便如此，我還是很驚訝我們會從一對彼此深愛的情侶變成兩個悲傷又憤怒的陌生人。當我們拆解剩下的部分時，與其說是分手的最後階段，不如說是令人難過且拖拖拉拉的離婚開端——威爾把公寓的鑰匙還給我，我們關掉銀行的聯合帳戶，並取消手機的家庭優惠方案。我們整理了共同擁有的東西，我們各自的朋友和家人也開始選邊站，儘管我們沒有提出要求。

至於奧斯卡，我們同意共同監護：平日由我照顧牠，週末由威爾照顧牠。最初幾次我們交接的方法是：威爾按門鈴，然後進屋來帶走奧斯卡。然而某天威爾在門口看見一雙尺寸十三號的男性運動鞋，從此之後我們就改約在外面進行交接。過了不久，威爾漸漸放棄他在週末陪伴奧斯卡的機會，最後並坦承共同監護對他來說實在很困難，因為他也需要繼續前進。

繼續前進。這是一個我百思不解的詞彙：它到底代表什麼意思，以及不包含哪些意思？在現實生活中應該如何做到？一開始似乎很簡單，太簡單，然而我漸漸明白所謂的繼續前進就像神話一樣——當你的人生讓你無法忍受時，你會對自己說謊，告訴自己要繼續前進；你會產生錯覺，以為自己能夠在此刻和過去之間設下路障——好讓你無視你的痛楚、用一段新感情埋葬你的最愛，並告訴自己你是少數幸運兒之一，得以跨越悲傷、癒合與重建的辛苦過程——有了這種路障，你在繼續前進時就不會太辛苦。

當季節漸漸從夏天變成秋天，我開始對身上的導管感到不耐煩，因為它是我摸得到也看得見的癌症殘遺物。我的醫療團隊堅持留著導管，直到他們確定我不再需要它的時候，才會將它從我身上移除。可是我希望能穿上我喜歡的任何衣物，不必擔心別人盯著我鎖骨下方凸起的怪異圓盤。我覺得這個東西是擋在我和正常人之間的最後障礙。因此當我再次到斯隆凱特琳醫院複診時，便向醫療團隊提出移除導管的要求，畢竟我做完化療都已經超過五個月了。自從完成化療之後，我經歷幾次輕微的驚嚇——並因此做了三次結腸鏡檢查、三次內視鏡檢查、多次臨時性的X光檢查以及一次骨髓切片檢查（因為我的血球數不知什麼原因突然下降）——然而大部分的時候，我的健康狀況相對穩定。醫療團隊在討論之後同意我的要求，並且安排下星期移除我的導管。這表示他們相信我已經恢復健康，而且可以繼續保持下去，所以我非常開心。

十月下旬的某個星期五，喬恩陪我前往斯隆凱特琳醫院移除導管。由於親眼見證過疾病如何毀掉一段親密關係，所以我一直希望喬恩遠離與醫院有關的事，我甚至會在他來我家時把藥盒藏起來，等他不在的時候我才服藥。我不期望也不要求喬恩給我任何幫助——畢竟我就是因為要求太多才會毀掉上一段感情——可是根據醫院的規定，我在導管拿掉之後必須有人陪我回家。

「這是口罩和手套。」我在候診室裡向喬恩說明。「對，你必須戴上——為了保護免疫系統受損的病患。」向他解釋這些我早已非常熟悉的規定，感覺有點奇怪。我一直偷偷看著喬恩，試著分析他的肢體語言並尋找癌症嚇壞他的跡象，可是他似乎完全不受影響。

一位護士帶我到手術室之前，先問了我一些基本問題，包括目前服用哪些藥物？有沒有出現新的症狀？有沒有哪裡疼痛？發問過程中她還丟出幾個曲線球。「我在筆記中看到，妳最後一次住院是因為感染艱難梭狀芽孢桿菌以及和可能性的腸道移植物對抗宿主疾病。」她問。「妳有頻繁的噁心症狀嗎？妳一天排便幾次？妳的糞便黏稠度如何？依然很稀嗎？」

當時我覺得很丟臉，丟臉到想要一死了之——但如果喬恩因此對我產生反感，他也完全沒有表現出來。當我坐在輪椅上被推走時，他隔著口罩親吻了我，告訴我他會等我醒來。

在螢光燈照射下，我穿著後空病人袍躺在手術臺上。「恭喜妳！」外科醫生走進手術室時對我說。「聽說妳今天可以解脫了。」他指的當然是我可以拿掉導管這件事。自從我確診以來，幾十次的化療、抗生素、幹細胞、免疫球蛋白和輸血，都是從這根導管進入我的身體，如今我終於可以擺脫它。這句話醫生顯然已經說過幾十次，是他逗病人發笑的慣例。雖然這句俏皮話聽起來有點問題，不過此刻真的很像一種正式的解脫，是讓我返回健康之國的最後程序。

醫護人員在我臉上罩了一個氧氣面罩，要我從十開始倒數。「在另一頭見。」外科醫生在我進入深沉的化學睡眠之前對我說。

四十五分鐘之後，我在恢復室裡醒來。當我在暮色中甦醒時，我的神經末梢微微刺痛。我睜開眼睛，瞳孔像彈珠一樣環顧房間四周，一時搞不清楚自己身在何方，也不明白為什麼坐在我病床旁邊的人是喬恩而不是威爾。然後我看見自己胸口上的繃帶，才想起發生了什麼事。我並沒有鬆一口氣，反而因為導管被移除而感到失落——因為我想到日後回來斯隆凱特琳醫院複診的機會將越來越少，我將無法經常見到我最喜歡的護士和醫生。這種悲傷的感覺是複雜且令人不安的事件開端，只不過我那個時候還不明白，只把它歸因為麻醉的副作用。

那天晚上，喬恩提議我們出去慶祝一番。我還很不舒服，可是努力打起精神。盛裝打扮之後，我們前往阿波羅劇院參加一場晚宴。喬恩已經成為哈林文化菁英群的名人，不斷被想找他聊天或與他合照的人拉走，因此整晚大部分的時間，我都獨自坐著喝酒。我胸口的繃帶突然脫落，滑過我的肚臍和衣服下襬，然後掉落到地板上。我偷偷將它踢到桌巾下方，並且看看四周，希望有沒有人發現。裸露的傷口縫合處還很細嫩，被我的衣服輕輕摩擦。我望著情侶們在黑白格交織的舞池中共舞，試著不去理會那種疼痛感，可是沒有辦法。看那些穿禮服的女人和穿燕尾服的男人在柔和的燈光下閃閃發亮，讓坐在舞池外陰暗處的我更顯孤單。我伸手擦擦臉，結果嚇了一跳，因為我的臉是濕的。眼淚和睫毛膏混合成大大的墨水滴，正不斷從我臉頰滑落。

「妳怎麼了？」喬恩回來時驚慌地問。接下來的幾個月，他經常問我這個問題。他很訝異自己愛上的那個快樂、自信又有趣的女人會獨自流淚。

我回答說：「我沒事。」

我想告訴他但又不知如何表達的是：雖然我的導管已經移除，可是它沒有消失。它的缺席是一種新的存在，是我仍在對抗各種不適的體現：療程蹂躪了我的大腦、身體與精神，我的朋友們一個接一個死去，我心中的悲傷不斷累積，可是我從未正視這些傷痛。另外還有失去威爾的心碎，以及我對於自己沒有爭取與他復合可能是個錯誤的擔憂。我對於未來的日子充滿恐懼和困惑。

經過三年半的時間，我與癌症正式告別了——如果從身體發癢那時開始計算，時間總共超過四年。我原以為自己在這一刻會有勝利的感覺——我以為自己會想要大肆慶祝，但此刻比較像是又要重新開始算日子。在過去一千五百天裡，我不屈不撓，為了拚命活下來而努力，如今我戰勝癌症了，卻發現日子不知道該如何過下去。

英雄打怪獸的旅程，是文學中最古老的故事類型之一。疾病的倖存者就和英雄一樣，面對過致命的危機、經歷過困難的考驗。儘管勝算無多，他們仍堅持不懈，並因為戰鬥留下的傷疤而變得更優秀、更勇敢。獲得勝利之後，他們會帶著累積的智慧以及對生命的激賞返回平凡的世界。過去幾年裡，我不斷被這一類的敘述轟炸，這類敘述來自電影、書籍、募款活動和問候卡片。當這種陳腔濫調在文化層面變得根深蒂固時，你很難不接受、不將其內化，並且認為自己必須不辜負這樣的使命。

整個秋天，我努力去過勝利者的生活。我每星期都強迫自己到我家公寓地下室的健身房報到，這對我而言非常了不起，因為我生病之前也沒有這麼常運動；我買了一臺果汁機，逼自己飲用讓人想吐的綜合蔬菜湯，並持續喝了一小段時間；我每天早上都到我家附近的咖啡廳寫作，試著寫出一點新文章。我和朋友們出去跳舞時會很開心，可是那種開心十分短暫——往往一出現就立刻消失。

*可是我應該要過得更好一點。*我不斷對自己說。就白紙黑字來看，我已經不再是病人了。複診、驗血、家人朋友打電話來關心的洪流，都早已經減緩為涓滴。如今我的身體狀況已經非常健康，可以拋開各種限制。倘若我能再保持幾年的無癌狀態，甚至有資格加入「已被治癒」的癌症倖存者陣容。只不過，我覺得自己距離我所盼望的健康快樂依然相當遙遠。

我每天早晨還是得吞下一大把藥——免疫抑制劑可防止我的身體排斥我弟弟的骨髓，一日兩次的抗病毒藥與抗細菌藥可保護我脆弱的免疫系統，利他能[3]可對抗我自從移植手術以來始終未能緩解的慢性疲勞和嗜睡症狀，左旋甲狀腺素[4]可治療我被化療破壞的甲狀腺，賀爾蒙則用來取代我已經枯萎的卵巢。

比較糟糕的是心理層面對疾病的印記，因為外人根本看不見，而且沒有簡單的治療方法。抑鬱症宛如惡魔，每次發作就是好幾天的時間，有時候甚至長達幾個星期。我在等待血液定期檢查的結果時，焦慮的情緒就會爆發。每當我接到醫生辦公室打來的電話，或者發現小腿後側出現神祕的瘀青，整個人就會被恐慌所淹沒。悲傷也像幽魂一樣糾纏著我，在我睡覺的時候，梅莉莎那雙有如尼羅河般的綠色眼眸就會在我的夢裡漂浮，一晚又一晚。

我越想要在健康之國找到自己的定位、越努力不辜負自己對於倖存的期望，就越感受到想像與現實之間的差距。

我無法向任何人傾訴這種分裂的感覺，因為我的病已經折磨我父母太久，我不想再讓他們操心我此刻面對的問題；我的醫療團隊負責治療癌症，而不是癌症結束後的餘波。而且，一想到許多病患甚至沒有機會康復，就讓我相當愧疚，深怕自己的抱怨太不知感恩，忘了很多人還在與未知對抗。

這些矛盾讓我陷入泥沼，苦思著無法得到答案的問題：我的癌症會復發嗎？由於我中午必須休息四個小時，而且如果我的免疫系統出狀況，我可能免不了要回急診室報到，在這種情況下，什麼樣的工作是我能做的？我專欄編輯正在對我施壓，希望我繼續發表文章。她說讀者很想知道我現在過得如何，也想了解我戰勝癌症之後的生活。然而每當我坐下來寫稿時，我寫出來的都是謊言。我想要與讀者分享這些年來他們和我共同期盼的結果——威爾和我依然長相廝守、我們正

3 利他能（Ritalin）是一種中樞神經系統興奮劑，其結構和藥理與安非他命、古柯鹼相似，能改善使用者的情緒和專注力，被應用於注意力不足過動症、嗜睡症、躁鬱症和憂鬱症的治療。

4 左旋甲狀腺素（Levothyroxine）是甲狀腺激素的合成形式，用於甲狀腺疾患者的激素替代治療。

在籌辦延宕已久的婚禮、我準備參加馬拉松比賽、我在撰寫偏遠國家的深度報導，以及我和威爾打算生孩子——可是這些內容都只能虛構。

因為我的現實人生根本不是我想像中的模樣，所以我永久停掉我的專欄，只靠一些演講活動及在一間房地產投資公司兼職（我可以從遠端在床上完成工作）來維生。然而這樣的工作並非長久之計，也無法展現我的抱負。我已經幾乎不與朋友聯絡，因為每次和他們碰面都必須回答三個可怕的問題：我的健康狀況如何？我和威爾之間到底發生什麼問題？我接下來要做些什麼？所以到了後來，我就完全不參加朋友的聚會了。

與此同時，喬恩的事業一飛沖天。他是我認識的人之中最勤奮的一個，我為他的成功感到驕傲。然而與必須四處巡迴表演的音樂家交往很辛苦，因為他在外地的時間比待在家裡的時間長，假如沒有人持續陪伴我或照顧我，我會沒有安全感。每當我獨自一人時，就會開始崩潰，但每當喬恩在我身邊時，我又想與他保持距離。這些錯亂的訊息讓喬恩感到困惑，不久之後他向我提出許多問題——他想知道我們的關係將如何發展，也想知道我對婚姻和生孩子的看法，並希望我對他敞開心扉。然而他要求的事情越多，我們之間的距離就會變得越遠。

喬恩出城表演時，我就倒在床上，因為佯裝自己沒事而感到疲倦。我用被子蓋住頭，身體蜷縮成胎兒之姿，並且放聲大哭——我哭得很醜，哭到不停發抖。我就這樣在床上躺了好幾天，緊閉著窗簾，無視電子郵件和電話，只有在奧斯卡抱怨時，我才走出公寓遛狗。每天晚上入睡前，我都告訴自己明天就要打起精神，然而早上當我醒來時，卻又感到悲傷失落，讓我幾乎喘不過氣。

在我最低潮的時候，我會幻想自己再次生病。我懷念接受治療時那種清楚自己目標的感覺——面對死亡可以讓事情變得簡單許多，可以將注意力聚焦於真正重要的事。我想念醫院裡的生態，那裡的每個人都和我一樣殘破不堪。在這裡，在這些充滿活力的人群中，我覺得自己彷彿一個冒名頂替者，因為不知所措而導致任何事都做不了。

那年冬天的某個清晨，我帶奧斯卡去散步。我憔悴的模樣有如喪屍，看起來像是半人半鬼。當我走在A大道上時，遇到一個我在附近咖啡店看過幾次的男人——我猜他可能是作家。他穿著一件肘部有皮革補丁的時髦花呢外套，手裡提著公事包，我則穿著睡衣，一邊抽著我在路邊攤花五十美分買的香菸。

「醒醒吧，公主。」他說，並且上下打量我。「妳等死亡來救贖妳嗎？」

我站在那裡，在他的定睛注視與冬日陽光下，我感覺萬分羞愧。我這幾年大部分的時間都在為生存而奮鬥，結果卻變得如此狼狽，甚至在人行道上引來陌生人的多管閒事。在接受治療期間，我有一個簡單的信念：如果讓我活下來，我一定要有目標。我不只要擁有人生——還要擁有美好的人生、充滿冒險的人生、具有意義的人生，否則何必要活下來？然而我現在的狀況正好相反。我已經有機會享受美好的人生，可是我卻沒有——更糟的是，我白白浪費了這樣的機會。罪惡感加深我的羞愧，因為我知道自己活著有多麼幸運，許多我所愛的朋友都沒能像我一樣。我在治療期間認識的年輕癌症患者之中，十個人裡面只有三位活下來。

當我走路回家時，我的心裡非常清楚：我不能夠再這樣繼續下去。我必須做出一些改變——或者完完全全改變。

26｜重要儀式

當你躺在地板上希望自己做些改變時，會突然萌生一套完整的行動計畫——例如展開一趟長途旅行。那是一種追尋不朽的衝動決定，宛如聖靈顯現、靈光一閃。

我從來沒有過這種體驗。

我展開一趟長途旅行的決定，是分階段慢慢形成的，而且一切要從我為別人旅行開始說起。

在梅莉莎逝世一週年暨我完成化療的那一天，我來到甘迺迪國際機場的安檢線前，希望運輸安全官不要開槍射穿我的行李箱。雖然蘇萊卡・曹華這種名字在出入境的機場安檢處經常引起注意，但這一次我確實在行李箱裡偷藏了一個東西。我把一小瓶灰白色的粉末塞在一雙襪子裡，只不過那不是你想像的典型違禁品，而是我準備把梅莉莎的部分骨灰帶上飛機。我將在飛行十五個小時之後抵達印度。

梅莉莎去世之後，她父母以她的名義設立了一筆獎學金，用來贊助罹患癌症的年輕人出國旅行。我是第一位獲贈者——當梅莉莎的父母問我願不願意帶著梅莉莎的部分骨灰前往印度時，我毫不猶豫就答應了。梅莉莎到印度旅行之後，這個國家變成一個對她具有特殊意義的地方，原本我們兩人還希望某一天能一同造訪。這次我答應帶梅莉莎的骨灰前往印度，除了紀念她並且完成一趟未竟的旅程，同時也是為了正視自己心中的傷懷。

由於我的免疫系統還很虛弱，要說服我的醫療團隊讓我到印度旅行其實並不容易。「嚴重感染的風險太高了。」醫生在我第一次提出這個想法時如此表示，但他後來讓步了，並且停掉我的免疫抑制劑，好讓我的身體自己抵禦細菌。我還必須接種一輪疫苗、接受一系列的血液檢查，並請醫療團隊中每個人簽名確認我的身體狀況良好。

我搭印度航空的班機時戴著口罩，並且用抗菌濕紙巾消毒我的座位、餐盤與扶手。儘管有這些防護措施，我在抵達德里之後幾天內還是感染了病毒。在印度的那兩個星期，我大部分時間都很虛弱，而且發燒，最後不得不到當地醫院求診，以確認我的病情是否嚴重。我開始覺得：無論經過多長的時間，我的身體可能永遠都無法完全恢復成原本的樣子，因此我不能等到身體「夠好」之後才重新開始人生。承認這一點是痛苦的，但卻也是必要的。雖然我可能永遠無法擺脫這種病，但我可以試著在與它共存的情況下繼續前進。

儘管我的身體不適，我依然每天強迫自己下床，走到外面去探索新環境。我把裝有梅莉莎骨灰的小玻璃瓶放在外套的口袋裡，讓她陪著我四處遊走。我踏出的每一步都感覺到她的存在，我們一起在德里塵土飛揚的街道上探險，包括氣味辛辣的香料市場、現代化的藝術畫廊，以及斷垣殘壁中的花園；我們搭乘人力車穿越過公車與腳踏車交錯的混亂車陣，偶爾還在路上看到大象。

我們在各處閒晃時，我承接了梅莉莎的藝術眼光，沉浸於鮮豔色彩的活力中——寶石色調的莎麗服飾、擺滿金盞花的鮮花攤位，還有霍利節[1]期間歡慶群眾向空中投擲的彩色粉末。我獲得這筆獎學金的條件之一，是每天下午必須到德蕾莎修女之家[2]擔任志工。這個機構是窮人臨終前的收容所，我在那裡負責晾衣服以及發餐盤給臥床的病患。

我把泰姬瑪哈陵的行程留在最後。梅莉莎的骨灰已經放在我身邊兩個星期，現在到了說再見的時候。那天早上，我在太陽升起之前就抵達泰姬瑪哈陵，當時只有十幾名遊客在排隊等待大門開啟，街道上還很陰暗。有一隻流浪狗睡在路中央，牠的孩子們圍在牠旁邊取暖。我告訴導遊，我帶了一小瓶骨灰，等我們進去泰姬瑪哈陵之後，我要把骨灰撒在裡頭。導遊告誡我這種行為違反規定，加上警衛森嚴，我絕對不能這麼做。於是我把梅莉莎的故事告訴他，還有梅莉莎多麼想再回到這裡。我說完之後，導遊不僅同意我這樣做，還幫我把裝著骨灰的玻璃瓶帶進泰姬瑪哈陵。

泰姬瑪哈陵宛如在破曉時分流動的詩句，也像是在大理石柱和宣禮塔之間的白色夢境。這裡就是梅莉莎在走完人生之前念念不忘的地方，我在研究過它的歷史之後，完全可以理解原因。泰

1 霍利節（Holi）是印度人和印度教徒的重要節日，傳統上定於每年印度教曆十二月（Phalguna）的月圓日。

2 德蕾莎修女之家（Mother Teresa's Kalighat Home for the Dying Destitutes）是由德蕾莎修女為病人、赤貧者和垂死者設立的臨終關懷中心，位於印度加爾各答。

姬瑪哈陵是蒙兀兒王朝的皇帝沙加罕為了紀念妻子而興建的，他的妻子於一六三一年生下他們第十四個孩子的時候過世。據說沙加罕皇帝非常傷心，因而一夜白頭，於是立誓打造一座全世界最美麗的陵墓來紀念他與妻子的愛情。雖然耗費超過二十年才興建完成，但落成之後皇帝得到了安慰。我在景觀花園散步時，想到泰姬瑪哈陵不僅體現了沙加罕的深情和悲痛，也象徵著我與梅莉莎的友誼。我明白在現實生活中有得也會有失。

我走上臺階，大理石上的書法以及珊瑚、翠玉和縞瑪瑙等寶石讓我目眩神迷。我繞了一圈，走到後方可以俯瞰亞穆納河[3]的露臺。亞穆納河是一條聖河，兩側有印度人為亡者舉行最後儀式的火葬場。我凝視著那條河，想起梅莉莎在Instagram上最後一篇發文。那是她在印度拍攝的照片，標題是：*gate gate paragate parasangate bodhi svaha*。走了，走了，走向彼岸。噢，多麼清醒，雀躍歡呼。我環顧露臺，確認附近沒有警衛，然後就跨越以繩索拉出的警戒線，走到露臺的邊緣，對著河流攤開手掌。在那一秒，小玻璃瓶被陽光照得閃閃發亮，接著它就滾向河面，被流水帶走。

把梅莉莎的骨灰帶到她最愛的地方，也無法減少我失去她的痛苦，但這麼做卻指引我一個方向，讓我可以開始面對我的悲傷，也開始明白哀悼儀式的作用——幫助我們承擔複雜的情緒，並且勇敢地面對失去，以接受「過去是通往未來之道」的矛盾說法。這讓我想到各種跨越門檻的紀念方式：生日、婚禮、產前派對、洗禮、猶太戒律，還有慶祝少女十五歲生日的儀式[4]。這些儀式讓我們從人生的一個階段進入到另一個階段，並幫助我們在途中不會迷路。這些儀式向我們展示了一種向「過去」與「未來」中間地帶致敬的方法。可是我沒有特定的儀式可採行，所以我要自己創造一套儀式。

遠渡重洋幫助我更清楚地檢視自己的人生。這些年來，我就像一隻被困在窗子裡的蜜蜂，絕望地衝撞玻璃，一心只想逃走，可是徒勞無功。過去兩個星期雖然給我暫時喘息的機會，但我擔心等我返回紐約的家，我又會回到從前那種悲傷且停滯不前的狀態。我覺得我必須做一點激烈的事，以確保自己不會變成那樣。

在回家的長途飛行中，我幻想自己一個人去旅行，可是我不知道要採取什麼樣的形式。我想要動起來——我想要找一種方式釋放自己，將自己推向更遼闊的世界。不是因為我渴望探索世界，而是因為我越來越害怕這個世界，也害怕我失去獨自前進的能力。我什麼都不期待、什麼都不要求，而且什麼人都不依靠。我要找出中間地帶的另一端有什麼。我想要重新展開人生。

我沒有足夠的遠見、力量或資源讓我踏上史詩般的浩瀚旅程，所以先從一系列初階的短程小旅行開始。回家幾個星期之後，我搭上了駛往佛蒙特州的火車。我父母在綠山附近有一間小木屋，我之前因為身體健康的緣故無法獨自前往。但接下來無論我做什麼事，學習獨立將是我必須踏出

3 亞穆納河（Yamuna River）是印度北部主要的河流之一。
4 慶祝少女十五歲生日的儀式（quinceañeras）主要流行於拉丁美洲。

的第一步。我必須相信我可以依靠自己，我必須好好照顧我自己。我花了一點時間才接受自己罹癌的事實，而且有很長一段時間，我除了癌症病患的身分之外什麼都不是，現在我應該想辦法弄清楚自己是誰。

那間小屋位於樹林裡，接收不到手機訊號，而且到最近的小鎮必須沿著荒涼的高速公路開車十五英里，途中行駛過淡黃色的玉米田、茂密的樹林與偶爾出現的農場。除已經退休的鄰人珍茵之外，我在那裡不認識任何人。珍茵和她的丈夫住在一英里外，因為我沒有駕照，珍茵便主動表示可以到火車站接我。她先載我去超市，讓我購買日用品，然後再把我送到小屋。我將在小屋裡待到食物吃完為止。「親愛的，妳確定妳自己一個人在這裡不會有問題嗎？」珍茵問我的時候露出擔心的表情。除了奧斯卡之外，這裡就只有我一個人，還有在蘋果樹下吃草的鹿，以及遠處斜斜的山脊。

「我喜歡獨處。」我帶著虛偽的自信回答珍茵，但其實我心裡非常害怕，深怕我獨自一人時會發生什麼事。

珍茵開車走了。我把行李打開，然後坐在石頭壁爐旁的扶手椅試著閱讀。不過我很焦慮，沒有辦法集中注意力。安靜和孤立具有放大效應，以致我比任何時刻都清楚看出自己多麼害怕、多麼脆弱。樹林裡傳出的貓頭鷹叫聲和動物吼叫聲都讓我嚇得跳起來，我甚至在半夜醒來，三度檢查前門是否已經上鎖，並確認放在門廊上的木柴堆後方沒有躲著殺人魔。在我得到癌症之前——我非常獨立自主，而且以自己的勇氣為榮，無論在埃及留學的時候、到加薩走廊邊境採訪的時候，或者搭便車穿越約旦沙漠的時候。我原本做事經常不顧後果，但長期患有危及性命的疾病改變了我與恐懼之間的關係。這場病把我訓練得很好，讓我保持高度警惕，隨時留意潛伏在我身體裡或外界的無數危機。

第一次自己到佛蒙特州，我幾乎每一分鐘都感到緊張不安且不適，可是我強迫自己遵守一條規定：絕對不能因為害怕就離開。每當我想要逃回城市時，我就要求自己多住一個晚上，於是我住了兩晚，然後變成三晚。我相信未知與可怕的事，很快就會變得熟悉且充滿安全感。我告訴自己：只要經過足夠的時間，我就會厭倦檢查門鎖三遍或因為假想的壞人而失眠。我甚至可能會把我對珍茵說的謊言變成真的——我可能會真的愛上獨處。雖然我在第四天返回紐約時還沒能真正愛上獨處，但已經越來越接近了。

接下來的幾個月，我盡可能地經常回到佛蒙特州。隨著我每一次獨自前往小屋，我就變得更沉著一些、更勇敢一些，也對窗外的景物更好奇一些。我和奧斯卡散步的路線越來越長，奧斯卡在前方奔跑，帶領我沿著蜿蜒的鄉間小路而行，經過搖搖欲墜的穀倉、汩汩流動的溪水，還有長滿翠綠色青苔的河岸。我學會了生火，並且冒險深入樹林裡撿拾引火的木柴。有一天，一隻黑熊拖著笨重的腳步走到小屋附近，奧斯卡在門廊上跳起來，像一頭兇猛的獅子般對著那隻黑熊吠叫，把黑熊嚇了一大跳，因而跌跌撞撞地跑開，最後消失在樹叢間。「孩童和野獸的勇氣是一種純真的表現。」安妮·迪拉德曾寫道。「我們都被自身的恐懼所左右。」[5]

我一整天都看不到任何人。我常打電話給喬恩，可是他又出門巡迴表演了，所以非常忙碌。他似乎也能明白——我甚至不需要解釋——我正經歷一些重大而令人生畏的轉變，需要獨處的時間。然而我的隱居生活因為一個名叫布萊恩的年輕人偶爾來訪而中斷，他來幫我剷除車道上的積雪，並且在天氣轉暖之後協助整理花園。有一天我們開始閒聊，當他得知我不會開車時，便主動表示要教我，交換條件是我聆聽他訴苦。他告訴我在佛蒙特州的鄉下地區出櫃有多麼困難，還有他在同志交友軟體上的各種冒險事蹟。我們一起為他交友檔案集思廣益。「身材微胖，蓄鬍，二百三十磅，長相一般。心地善良，無可救藥的浪漫主義者。最喜歡的花，石蒜。」布萊恩說。

我補充：「樂於付出的雙子座。」

他哈哈大笑。「其實我是獅子座。」

在這個地方，布萊恩就像是我的朋友，即使不為了學開車，我也喜歡有他作伴。

對我大多數的朋友來說，學開車是高中時期的重要里程碑，他們在十六歲生日當天的早晨，就會趕著到車輛管理處考駕照。對他們和大多數的美國青少年而言，考取駕照是邁向成年的儀式，意味著他們可以在深夜時分於汽車後座親熱、載朋友到購物中心，還有參加汽車派對。這些都代表著可以獨立自主。然而對我而言，開車聽起來像是一種可怕且讓人不知所措的責任，因為我開我父母的廂型車練習道路駕駛時，曾發生過好幾次大災難，並證實了我心中的想法：如果我不學開車，對於行人、腳踏車騎士及汽車駕駛人都是最棒的事。所以我選擇在不需要開車的小城讀大學，並且在畢業之後搬到以地鐵為主要交通工具的大都市。這些安排並非出於巧合。

然而在佛蒙特州沒有駕照非常不方便。我很不喜歡拜託別人載我，因為這麼做會讓我想起自己對別人的依賴。當牛奶用光時，我希望自己能以二十英里的時速開車到農夫市場購買。與其說我已不再害怕開車，不如說我的恐懼正慢慢被對自由的渴望取代。

布萊恩整個夏天都在教我開車，我學會了在小路上駕駛，並且在松樹林裡練習路邊停車。當我可以自在地坐上駕駛座之後，我心裡有一個朦朧的念頭開始具體化，變成一項偉大的計畫。在印度的那段時間，我體驗到旅行可以讓人擺脫舊有的生活、開創嶄新的生活，因此我越來越清楚自己必須離開熟悉的環境，可是我又不想完全獨自一人——我想去拜訪能為我的困境提供意見之人、去求教於可以指導我如何經歷這一切的人。因此當我通過考試拿到駕照時，我的下一個目標已經顯而易見：我將進行一趟公路之旅，順便探望那些在我生病期間給我鼓勵的人。

時間快到午夜了，壁爐裡的木柴都已經燒成灰燼。我重新點燃木柴上的餘燼，並且煮了一壺咖啡。我坐在小屋的地板上，打開一個手工雕刻的大木盒。這個木盒是我多年前從一家骨董店買來的，裡面擺著我祖母送我的生日卡片、照片、票根，以及令人毛骨悚然的醫院紀念品，例如病人手環和我的導管。大木盒裡還有數百封信——有從遠處寄來且信封已經破爛的信、寫在酒吧餐巾紙上的情書、厚厚一疊信紙與邀請函，和幾十封列印出來但已經褪色的電子郵件。其中有一些

5 原文為 The courage of children and beasts is a function of innocence. We let our bodies go the way of our fears.

是我認識的人寄來的，例如威爾的父親。他寄給我兩百多張明信片——我確診後的第一個漫長夏季，他每天寄一張明信片給我；在我進行移植手術之後，他也每天寄一張明信片給我，一直到我痊癒。不過大部分的信件，都是來自我未曾謀面之人。

有人說，在你遭遇困難的時候，才能看出誰是你真正的朋友。不過大多數的時候，是我看出我想要和誰交朋友。有一些人我以為可以指望，結果對方消失了；有一些人我幾乎不認識，可是他們所做的比我預期的更多。這些陌生人——專欄的讀者、網路上的匿名評論者、在醫院候診室裡遇到的人，以及我幾乎沒見過的朋友的朋友，都寄給我充滿關懷的包裹和幽默風趣的電子郵件，或透過臉書捎給我自白的訊息及長長的手寫信，令我非常意外。比起我在現實生活中認識的許多人，這些人更加真誠且脆弱。他們分享自己的故事、講述人生被打亂的心情，無論是確診的消息或者其他類型的創傷與心碎。他們教會我一件事：當生活把你打倒在地時，你有一個選擇：你可以讓已經發生在你身上最糟糕的事情劫持你剩餘的日子，或者你也可以努力重返正常的人生。我完成治療之後，就經常翻閱這個木盒裡的信件。其中有一封信我特別喜歡，那是二十五歲的奈德寄來給我的電子郵件，我列印出來存檔。他在二〇一二年我還住在希望之家時寫信給我，談到返回「正常人的世界」非常困難。我第一次讀到這樣的內容時感到相當憤怒，因為我收到這封電子郵件的時候，是我得知自己在完成移植手術之後仍必須接受化療。*回到「正常人的世界」怎麼會很難？*我當時心想。*我就是想過正常人的生活。*可是當我從療程的迷霧中走出來時，我明白奈德說得沒錯。在我試著通過自己困難重重的儀式時，經常回頭閱讀這封信，並且從字裡行間得到安慰。在現實生活中，我認識的人很少明白被困在兩個世界之間是什麼感覺。

另外還有很多人寫信給我，或許他們也可以針對在大難之後重新生活這件事給我意見。住在俄亥俄州的退休藝術史學家霍華德，一生中大部分的時間都在與健康問題作戰，儘管如此，他依然過著活力充沛的生活。一個名叫布瑞特的年輕人，我第一次獨自去接受化療時與他短暫相識，他目前正在芝加哥的家中休養，並試著重新展開他的人生。薩爾莎是牧場的廚師，她說如果我到蒙大拿州去找她，一定會把我餵得飽飽的。加州的高中老師凱薩琳，她在她兒子自殺之後想要繼續往前走。另外當然還有德州的死刑犯 Lil'GQ，他費心寫下的草書字體——那些用藍色墨水在老舊筆記紙上所寫的草寫字——依然深深印在我的腦海中：我知道我們的情況不同，可是死亡的威脅都潛伏在暗處等著我們。

我篩選木盒裡的內容物，列出一份二十四人的名單，這些人的話語和故事一直在我腦海中縈繞。我寫信給他們每一個人，告訴他們我即將展開一趟公路之旅，並詢問他們是否願意與我見面。當我按下送出鍵時，不確定自己應該期待什麼結果。他們大多數人第一次與我聯繫時都已是好幾年前的事，當時我因為身體狀況不佳，經常沒有辦法回信。我不知道他們是不是還記得我——也不知道他們是不是還活著。然而在幾天之內，我的收件匣裡就收到幾乎一致的回答：他們都樂意讓我前往拜訪，讓我感到非常興奮。

我買了一整套地圖，把地圖攤在廚房的桌上。我用手指滑過代表州際公路的紫色曲線、代表河流的藍色曲線以及代表國家公園的綠色區塊，確定了我的行程。我將以逆時鐘的方向開車繞行整個美國，從東北部到中西部，經過落磯山脈，再沿著西岸駛往西南部和南部，最後返回東岸。我將行駛大約一萬五千英里，開車穿越三十三州，沿途拜訪超過二十個人。奧斯卡和我將前往康乃狄克州的一所寄宿學校、底特律的藝術村、蒙大拿州鄉下的牧場、奧勒岡州海邊的漁夫小屋、位於加利福尼亞州奧哈伊谷的小屋，以及德克薩斯州利文斯頓市一座惡名昭彰的監獄。我們將前往那些信件要帶我們去的地方，看看可以發現什麼。

接下來的幾個星期，我回到紐約，把我所有的東西都打包裝箱，再把箱子放進倉庫，然後將我的公寓轉租出去。我買不起車子，我的朋友吉迪恩慷慨地把他的舊速霸陸借給我開。出租公寓的額外收入加上我已存的四千美元，我的生活應該不成問題。我打算盡可能地露營或者借宿，偶爾才住汽車旅館。我在網路上搜尋二手露營裝備，買了一個攜帶式的丙烷瓦斯爐、一個適用於零度以下的睡袋、一個泡棉軟墊和一個帳篷。我把這些東西連同一箱書、一袋狗糧、急救用品包和照相機都放進車子後座。出發之前，我到腫瘤科醫生那裡做了最後一次身體檢查。

我這趟旅行將持續一百天，這是醫療團隊允許的最長時間，因為我接下來還要回診。我把這次的公路之旅當成另一項百日計畫——在完成骨髓移植後的一百天內，病患每天做一件新鮮事，以延伸自我的可能性。百日計畫代表著康復過程的重要轉折，這趟旅行也是我邁向復原的重要儀式，而且這個儀式由我自己決定。

27 回歸

在曼哈頓中城熙熙攘攘的早晨，我把各項裝備放進車裡，然後坐上駕駛座，繫好安全帶。奧斯卡坐在後座，發出焦慮的喘息。牠小小的身體顫抖得非常厲害，我甚至可以聽見牠的狗牌發出的叮噹聲響。我盡量不去在意奧斯卡的恐慌，畢竟牠不常搭車——不過，公平地說，我自己也不常。測試方向燈、檢查鏡子、注意盲點。我背誦出布萊恩的指示，宛如這是一組我深怕自己忘記的電話號碼。接著我轉動鑰匙、發動引擎，並且在引擎啟動後便開車上路。我能聽到血液在我耳朵裡奔騰的聲音。右轉到第九大道之後，我經過一個滿溢的垃圾箱、幾輛被鍊在路燈燈柱上的廢棄腳踏車，還有一個身材肥胖且衣衫襤褸的男人。那個男人怒氣騰騰地站在腳踏車道中央，似乎正對著我揮手——這個景象雖然怪異，但在紐約市裡不算什麼特別引人注意的舉動。當我把車子緩緩開過去時，那個人的手越揮越激動，還把雙臂高舉過頭瘋狂拍手，彷彿想警告我什麼。在我還沒來得及思考之前，就已經聽見汽車喇叭聲不斷響起。這時我才驚覺那些車輛是對著我鳴喇叭，而且那些車子正朝著我迎面駛來。

現在只不過是我一萬五千英里公路之旅的第五分鐘，我卻已經逆向行駛在單行道上。我趕緊把方向盤轉向左邊，同時用力踩下油門，在柏油路上做了一個大迴轉，有驚無險地免於與來車迎面相撞。接著我把車子停到路旁，腎上腺素在我的身體裡不斷噴發。公路旅行是個糟糕的主意。我心想，並看著車流從我旁邊飛馳而過。我根本還沒有準備好。我缺乏經驗，而且太過脆弱，無法在這種環境下生存。比較負責任的做法，是立刻停止這項計畫。但即使我這樣告訴自己，我知道我不可能放棄——我絕對不能就此放棄，因為留在紐約只會讓我繼續破碎下去，只有離開才有機會創造新的自我。說真的，我根本別無選擇。

我過去的殘骸散落在曼哈頓的街道上。這是我出生的城市，也是我差點死去的城市；這是我墜入愛河的地方，也是我在過去一年裡分崩離析的地方。當紐約在後視鏡裡消失時，我完全不後悔要離開這座城市。

我第一天晚上的目的地，只在北方一百英里遠，可是我直到黃昏才抵達，因為我開錯方向，把車子開上了花園州公園大道，朝著南方而去。而且我對於「盲點」的概念還很不熟，因此在切換車道時出了不少差錯，引來更多的喇叭聲和至少一位駕駛對著我做出挑釁的中指手勢。我被嚇壞了，決定繼續往南行駛，到澤西海岸的一個小鎮休息，臨時約一位朋友共進午餐，然後再駛回高速公路，這一次確定是往北走。我在交通顛峰時間緩緩行駛過大範圍的紐約市，最後才抵達康乃狄克州肥沃的綠地。雖然開車並不是一種運動項目，感覺起來卻像運動——我的手腕因為久握方向盤而疼痛，我的脖子上肌腱不停地跳動。直立坐著並專注於交通變化，需要耗費我身體仍然缺乏的耐力，讓我不禁擔心自己要如何撐過接下來的九十九天。

當我接近康乃狄克州的利奇菲爾德鎮時，最後一道微溫的日光正從松樹林間透出來。我輕輕拍打臉頰，好讓自己保持清醒。當我抵達預備入住的破舊農場時，天色已經幾乎全黑。我把車子停在一棵老柳樹下，踉蹌地走進秋天涼爽的空氣中，然後從後車廂找出手電筒、睡袋和晚餐，步履艱難地沿著一條小路走到一排俯瞰草地的小農舍。我的房間是一間沒有裝潢但通風良好的多功能室，裡面只擺著花色不協調的扶手椅、一張覆蓋羊毛毯的小床和一張桌子。這個地方是我朋友的朋友的，主人出城去了，讓我免費住一晚。他在桌上留了一瓶酒和一張紙條，歡迎我把這裡當成自己家。

我考慮替自己倒一杯酒，然後煮一頓真正的晚餐，可是我太累了，因此只狼吞虎嚥地吃下一份花生醬和果醬三明治，然後就鑽進睡袋裡睡覺。這個房間有一面落地玻璃門，可以俯瞰漸漸變暗的草地。我就這樣看著夜色逐漸籠罩一切，由於視力的調節，我可以看到之前沒有留意過的小細節。模糊的樹影在風中搖曳，星星一顆接一顆點亮夜空。我數著星星，試著讓不平靜的思緒沉澱下來，可是怎樣也無法入睡，因為那張床墊硬邦邦且凹凸不平，就像岩床一樣。我翻來覆去地想念自己的床，不禁懷疑自己究竟在這裡做什麼——或者，我到底為什麼要進行這趟旅行。隨著時間的流逝，黑暗在我耳邊呢喃著各種讓我害怕的事，讓我想到接下來的幾個月可能會遭遇哪些可怕問題。農舍外傳來一聲巨響，把我嚇得坐起身來，讓我的心在胸中狂跳。但結果發現只是紗門被風吹開，於是我又躺回睡袋裡，覺得自己非常可悲——二十七歲的成年女子竟然怕黑。

然而奧斯卡一直睡得很熟，牠蜷縮在一張飽滿的扶手椅上，睡覺時發出輕柔的鼾聲。我羨慕牠那麼放鬆，在變換環境時充滿信任，似乎沒有意識到可能會有潛藏的危機。我低聲輕喊奧斯卡的名字，在聽見牠醒來並跳到地板上的聲音時鬆了一口氣。奧斯卡繞過房間，牠的趾甲快速敲擊冰冷的地磚，鼻子倚到我的手上。「上來吧！」我說，並且拍拍小床。我向來不允許奧斯卡睡在床上，因此牠一臉困惑地看著我。我又拍了拍床，牠才把肥胖的臀部蹲低，往上一躍，帶著不優雅的重擊聲跳到床墊上。我輕撫牠耳後柔軟的毛皮，手指沿著牠粗粗的脖子一路滑到牠肚子上有著粉紅色斑點的皮膚。牠開心地吐息，然後窩進我的懷中。我摟著牠，在這個黑漆漆的臨時營地，我們是最要好的朋友。奧斯卡的體溫穿透我的薄棉上衣，讓我放鬆地閉上眼睛。等到我再次睜開雙眼時，已經有一抹淺橘色的陽光從草地上升起。第二天開始了。

黎明時分，我留下一封感謝信，將門鎖好，然後睡眼惺忪且面容憔悴地走到山上去取車。一個半小時之後，我從鄉間的雙線道小路來到名單上的第一個地址：一間名為波特小姐寄宿學校的女校。鋪著白色護牆板的維多利亞式宿舍矗立於修剪整齊的草坪上，看起來清新又高尚，整個環境就像伊迪絲．華頓[1]的小說場景。我的目光轉向人行道，在一群背著沉重書包趕著上課的女孩中尋尋覓覓，最後才找到一張隱約熟悉的臉孔。

看見奈德本人的感覺十分震撼。我試著將眼前的男人與我三年前收到的照片互相比對，照片中那個光頭癌症病患裸著上身坐在病床旁，但現在的奈德有一頭濃密的棕色頭髮，臉上戴著眼鏡，身上穿著藍色襯衫與皺皺的寬鬆長褲，讓他看起來比實際上的二十九歲更為成熟也更有書卷氣。

我很難相信這個人曾經罹癌。他走過來向我打招呼，就在他這麼做的時候，我對他的親近感馬上煙消雲散，因為我突然意識到：離開了電腦螢幕，我們只是在人行道上初次見面的陌生人。

奈德與我尷尬地擁抱彼此。「很高興見到妳！」他露出靦腆的笑容。「我的學生們也很期待！」他在波特小姐寄宿學校教十年級的英語課，當我們安排我的來訪時，他問我要不要和他的學生見見面，與她們分享我的旅程。「請往這邊走。」他說，然後帶我穿過校園，來到一棟有木板屋頂的校舍。奧斯卡一路上興奮地蹦蹦跳跳。

大約十來個女孩子在一間小教室的大木桌旁圍坐成半圓形，她們看起來都教養良好、身體健康且聰明活潑，而且每個人都把充滿光澤的長髮紮成馬尾，身上穿著羊毛夾克。我覺得自己臉頰發燙、胸口發癢，就像每次聚光燈打在我身上的時候那樣。我環顧教室四周，開始認為沒有比一位網路筆友和一群十幾歲少女更令我害怕的聽眾。

「早安，各位同學。」奈德大聲地說。「我要介紹一位非常特別的來賓。」「嗨，我是蘇萊卡．曹華。」我說。「這是我的狗，奧斯卡。」

一聽到牠的名字，奧斯卡馬上興奮地汪汪叫，毛茸茸的屁股也對著地板搖啊搖。那些女孩子紛紛從座位上起身，跑到前面來撫摸奧斯卡，並且發出憐愛的讚嘆聲。我默默感謝奧斯卡打破僵

1 伊迪絲．華頓（Edith Wharton, 1862.1.24-1937.8.11）是美國女作家，代表作《純真年代》（*The Age of Innocence*）。

局，等那些女孩子逐漸冷靜下來，奈德便叫她們回到各自的座位，將注意力轉回到我身上。我有點緊張，告訴她們我正在進行一趟跨越全美的長途旅行，為期一百天，昨天才剛離開家，這裡是我的第一站。

教室裡似乎有點悶熱，而且空間狹窄，讓我渴望外面庭院裡的清新空氣。我用力嚥嚥口水，覺得自己無所遁形。我繼續訴說自己的故事，告訴她們我如何在大學畢業後被診斷出白血病。「我正在康復中。」我說。「我想藉著這趟公路之旅讓自己完全復原，並思考我下一步該怎麼走。在這幾個月的旅途中，我將會拜訪一些在我生病期間曾寫信給我的人。妳們的老師就是其中一位。」

接著奈德告訴那些女孩，他在年紀二十出頭時也有與我類似的經歷，並且在讀了我的專欄之後覺得應該寫信給我。「我記得自己被關在病房裡，對於什麼事都做不了而感到孤單沮喪。」奈德說，然後轉身看我。「信不信由妳，我很多時間都幻想著自己走出病房，踏上一段屬於我的公路之旅。不過妳真的做到了，而且妳現在來到這裡，感覺有點超現實。」

那些女孩子瞠目結舌地看著我們，似乎感到非常驚訝，同時態度也比較軟化，彷彿奈德不再那麼像個老師，而是突然間變成一個只比她們大幾歲的年輕人，讓她們能夠認同——他在下課後也有自己的人生，也會生病與心碎，而且也有很多祕密，就像她們一樣。

在接下來的一個小時，那些女孩子一個接一個舉手，問了幾十個關於我公路之旅和寫作方面的問題。她們在聆聽我分享時熱情點頭，讓我不再那麼緊張。然後她們也開始分享自己的故事。一位沒有住校的孟加拉共和國學生談到自己在家庭和學校之間轉換文化的困難，另一位學生談到自己的父親如何意外身亡，以及她多麼思念他。還有一個臉上有蜂蜜色雀斑的運動選手後來把我拉到一旁，告訴我她一年前確診癌症。「在那之前，如果妳問我我是誰，我會告訴妳我是一名運動員。」她輕聲地說。「但現在我已經不太確定，因為癌症對我做了奇怪的事，它奪走了我的身分及我對自己的認同，把一切都丟進垃圾桶裡。」

下課的鐘聲響起時還有幾個人想繼續聊。「帶我走吧！」其中一人說。「我也要去！」另一個學生接話。我非常感激奈德和他的學生，他們看我因為緊張而害羞、發抖，並聽我坦承自己不清楚未來應該何去何從，可是他們似乎願意相信我正在進行的事，把我的公路之旅當成一種令人興奮又有價值的行為。我不像他們那麼有信心，不過他們給了我極大的鼓勵。他們開放的胸懷讓我學到一件事：棄絕裝模作樣的廢話、勇敢承認各種不確定性，反而會對自己更有幫助。

下課後，奈德和我先把奧斯卡帶到奈德的公寓，然後再步行到學校的自助餐廳吃飯。我們經過一面掛滿油畫像的牆壁，畫中的人物大概是歷任校長，她們清一色全是表情嚴肅的白人女性，宛如直接從五月花號[2]走進那些畫像中。新英格蘭地區的菁英寄宿學校受到傳統規矩的束縛，我這種小時候在公立學校念書的人無法完全理解那些規矩和傳統。奈德和我不一樣，他就是在這種環境下長大的小孩。我們吃飯的時候，他告訴我他在麻薩諸塞州寄宿學校成長的經歷。由於他的父母親都是那間寄宿學校的老師，因此他從小就想當老師。他從大學休學並接受癌症治療之後，波

2 五月花號（Mayflower）是一六二〇年從英格蘭載著清教徒前往美洲殖民地的客船。

特小姐寄宿學校的教職是他的第一份工作。我問他是否滿意這份工作，他卻露出洩氣的表情。「目前還算順利。」他回答。「校方覺得我不錯，可是我覺得自己不符合以前那個奈德的標準。我覺得自己像個騙子。」

「你希望變回以前的奈德嗎？」我問。

「如果我能變回以前的奈德，雖然會很棒，但不切實際。」他搖搖頭說。

我原本想說點什麼，可是什麼都沒說。我能說什麼？奈德這句話總結了我花費將近一年的時間才解開的結。像我們這種人沒有辦法回到過去，沒有辦法回到我們身體毫髮無傷的日子，也沒有辦法回到我們原本天真無邪的狀態。復原並非一種溫柔的自我護理，讓自己恢復成生病之前的狀態。復原這個詞可能有很多種意思，但絕對不是把以前的自己找回來。復原是要你永遠屏棄熟悉的自己、支持全新的自己。這是一種殘忍又可怕的過程。

吃過午飯之後，奈德帶我走過一片庭院隔著圍籬的住宅區，並且經過玉米田，來到一條小河邊。我認識奈德才不過幾個小時，但我對他說的話比我去年對任何人說的話都還要坦率。當我們散步時，我把所有的事情都告訴奈德——關於威爾、梅莉莎、喬恩，以及挾持我的抑鬱症。我甚至告訴他我抽菸以及我那些故態復萌的想像。這段時間以來，我似乎一直被一種從癌症倖存的靜默條款所束縛，我因為太羞愧而不敢向任何人傾吐心聲。能夠和奈德談論這些事情，讓我大大鬆一口氣，因為我知道奈德可以理解我的感受，也相信他一定經歷過這些挑戰。

「呃，我一直很想問妳：妳為什麼要來拜訪我？」奈德說。

「因為你在寫給我的信中提到，治療之後要回到正常狀態非常困難——現在我已經懂了。」我回答。我們靜靜地走了一會兒，然後我又說：「我知道你無法變回罹患癌症之前的那個奈德，但我希望你已經找到通往恢復正常的道路。」

奈德在聽我說話時放慢了腳步。我提到蘇珊・桑塔格所說的健康之國，並問他重新進入健康的國度是什麼感覺。奈德抬起頭，表情看起來似乎有點驚訝。「我希望自己能告訴妳我已經爬過鐵絲網返回健康之國。」他說。「但說實話，我不知道我有沒有辦法回得去。」

他的回答令我困惑。我們繼續往前走，我慢慢意識到自己深感失望。恢復正常是一個持續且困難的過程，人們在談到戰爭老兵或曾被監禁者的時候都會提及這個觀點，但在談論疾病倖存者的時候不會。在過去一年裡，我一直想像奈德已經回到健康之國，我以為他早已拋開他在信中所提到的憂慮，我以為他現在可以指點我，但沒想到他也還在摸索自己的道路，並且因為疾病的附帶傷害而苦苦掙扎。這讓我突然驚覺：我們可能會永遠這樣下去。

「妳有沒有發現我走路的樣子有點奇怪？」奈德問，並指出自己的腳步有點跛。

我們開始走路的時候，我就已經注意到他的跛行，但提出這件事似乎很失禮，所以我什麼都沒說。

奈德告訴我，他的化療副作用是關節遭到侵蝕，因此他最近換了兩邊的髖關節。他患有神經病變與慢性疼痛，導致他無法跑步或運動。和曾經生病的許多人一樣，他在日常生活中總是保持警覺，隨時留意各種壞消息，並注意疾病可能復發的蛛絲馬跡。

我懂這種感覺，因為我自己也是如此。在我出發之前，我與斯隆凱特琳醫院的一位醫生見面，那位醫生說我正經歷創傷後壓力症候群。我一直以為這種病只會發生在無法以言語表達的殘酷暴行受害者身上，但如今我知道有些創傷會拒絕留在過去，它們會透過外來刺激、回憶閃現、惡夢連連及情緒失控等形式造成你的嚴重混亂，除非得到處理並加以安置。他的說明幫助我理解為什麼我對癌症的恐懼沒有在治療結束後消失，反而變得越來越嚴重。創傷後壓力症候群導致我一直擔心恐怖的事情可能會隨時再次發生。我經常因為做惡夢而在夜裡驚醒，也經常因為驚慌而喘不過氣或抓破膝蓋。我抗拒與別人建立真正的親密關係，我心裡始終背負著私密方面的羞愧以及對周圍親友造成影響的內疚。我腦子裡一直有個聲音反覆地說：別太放鬆，有一天我會再回來的。

認識自己的創傷後壓力症候群是一種啟示，但心理學家所謂的「創傷後成長」可能也是一種啟發。我的病讓我變謙卑、害羞，並且讓我學到很多事。在確診之前，二十二歲的我只在乎自己的想法，如果不是因為生病，我可能要經過幾十年才能得到這樣的成長。海明威說：「這世界會打擊每一個人，但在經歷打擊之後，很多人會因此變得更為強大。」[3]這句話千真萬確，但前提是你得透過新學到的知識活出其可能性。奈德和我都還沒有完全參透要如何做到這一點，然而那天下午我們散步結束並暫時道別時，我感到萬分欣慰，因為我知道自己並不孤單。

那天傍晚我開車去接奈德吃晚餐。車子在高速公路上搖搖晃晃地前進時，天色變得越來越暗。我沒有晚上在高速公路開車的經驗，但副駕駛座上有個奧斯卡以外的人坐著，讓我感覺安心得多。

奈德負責指引前往餐廳的方向，並且在我切換車道時提供駕駛方面的建議。當我們抵達目的地時，我變得比較自信。我把車子停進停車格，然後下車準備往餐廳走，但奈德依舊站在路旁不動。「我想我有必要提醒妳：妳把車子停在兩個停車格中間。」他在我身後說，並強忍著不笑出來。「這裡剛好是一間賣酒的商店，我們最好在別人報警來抓酒醉駕駛前趕緊把車重新停好。」

於是我把車子重新停進停車格。我們走到一家掛著紅色霓虹招牌的韓式烤肉壽司店，在等待服務生把開胃菜端來之前，奈德從背包裡拿出一個淺黃色的資料夾，隔著桌子推到我面前。我打開那個資料夾，發現裡面有一疊詩，而且每一首詩都以鉛筆寫著註釋。「我在這段過程中學到一件事：我可以從詩句中獲得養分。」奈德說。「我可以在詩句裡讀到自己的經歷，也可以用文字把我的經歷書寫出來。我收集了一些我最愛的詩，或許這些詩也能反映出妳目前的心路歷程——我們目前的心路歷程。」

奈德閉上眼睛，開始背誦史坦利・庫尼茨[4]一首名為〈層〉（The Layers）的詩。

我看過許多人生，

3 原文為 The world breaks every one and afterward many are strong at the broken places.

4 史坦利・庫尼茨（Stanley Kunitz, 1905.7.29-2006.5.14）是美國詩人，曾兩度被任命為國會圖書館詩歌桂冠詩人顧問，第一次是一九七四年，第二次是二〇〇〇年。

其中包括我自己的，
現在的我已非從前的我，
雖然一些生命的本質還在。
我藉此努力掙扎，
才不致迷失。[5]

和奈德一樣，我也是從小就喜愛閱讀和寫作。確診之後，即使在我身體狀況極差時——即使在我已經無法認出鏡子裡的自己時——寫作能讓我保有自我意識。當我不得不多方依賴我的照顧者時，寫作給我一種握有主控權的錯覺。試著透過文字表達我的體驗，讓我不僅變得更善於傾聽及觀察別人，也更用心留意自己身體的微妙變化。寫作教我直言不諱、為自己說話。（我的醫療團隊曾開玩笑地表示，如果他們不小心犯了什麼錯，就會被我寫進《紐約時報》的專欄裡。）寫下個人經歷是一種讓我將痛苦轉化為文字的管道，還促使我建立起一個社群——並且把我送到這裡來探望奈德。

我覺得，如果說寫作救了我一命，這種說法絕不誇張。不管我遇上什麼樣的困境，我都可以將之訴諸文字，即便寫出來之後只有隻字片語。

除了去年。

回到汽車旅館的房間之後，我一直想著奈德背誦的那首詩——那首詩談到「生命的本質」，這個概念貫穿了過去、現在和未來。與奈德聊天的時候，我發現他會無意識地將自己分割成三個自我：確診前的奈德、生病時的奈德，以及康復中的奈德。當我談論自己的人生時，我知道自己也會這麼做。或許最大的挑戰是找出一條可以將這些自我串在一起的線，而且我突然覺得，這項挑戰最好透過文字來完成。

好幾個月以來，這是我第一次打開日記並開始寫作。我決定每天寫寫東西，看能夠將這條線串往何處。

在我的訪問名單上，奈德與下一個人中間隔著七百英里長的高速公路。如果是一位更有經驗的駕駛，或者一個體力更充沛的人，也許可以一口氣連續十二個小時開完這段路，但我需要將近兩個星期的時間才能完成。第三天早上我在康乃狄克州的法明頓醒來，喉嚨出現可疑的搔癢感。我一直很想要露營，可是我好像感冒了，而且天氣預報說將有一場暴風雨來襲。

當我把車子駛進麻薩諸塞州米德伯洛的露營區時，天空已經布滿不祥的紫黑色烏雲。我下車後感覺到雨水開始一滴一滴落下，一想到必須在生病的情況下與一隻狗在大雨中睡在帳篷裡，我就覺得自己悲慘無比。於是我到露營區辦公室租了一間小屋，露營區的小屋在樹林另一頭圍成半

5 原文為 I have walked through many lives, some of them my own, and I am not who I was, though some principle of being abides, from which I struggle not to stray.

圓形，那邊的枯黃草地上已經停了二十多輛休旅車。這根本不是我想像中的野營畫面。

我在小屋外打開我的裝備，然後坐在野餐桌旁。這天是入秋以來第一個真正寒冷的日子，我穿著牛仔褲、運動衫、黑色羽絨夾克，並戴著羊毛帽。我研究地圖的時候，奧斯卡在我的腿上睡著了，讓我的大腿變得相當溫暖。當我全神貫注地計畫下星期的路線時，奧斯卡突然從我的腿上跳開，對著一輛剛駛到隔壁小屋的車子大聲狂吠。兩隻戴著同款粉紅色蝴蝶結的小狗從那輛車子裡跳出來，牠們的主人也跟著下車。那是一對年約三十多歲的男女，他們朝我走來。

「我是凱文，這是凱蒂。」那個男人說。他的頭髮抹了厚厚的髮膠，脖子上戴著一條銀項鍊。

「我是蘇萊卡。」我說。「很高興認識你們。」

「蘇什麼？」

「蘇─萊─卡。」我清晰地發音。

「這是什麼鬼名字？」凱文說，同時發出刺耳的笑聲。「妳不是美國人吧？」

我不清楚這是玩笑話還是認真問我，抑或是帶有種族歧視的譏諷。我不知道該說什麼，所以也跟著笑了笑，但我有點痛恨自己這麼做。

「妳自己一個人嗎？」凱蒂問我。

我沒有多想，直接回答她：「是的。」但我立即後悔沒有騙他們我是和我的男友巴克一起來的，巴克正出去獵野牛，隨時會帶著槍回來。然而我隨後又有另一種想法：我不需要靠男人才能夠在旅途中得到安全感，我只需要分辨自己與什麼樣的人互動，以及如何與他們互動。在目前這種情況下，我應該禮貌性地祝他們有愉快的一天，並趕緊回到我的小屋裡。我隔著紗窗看見凱蒂和凱文回到他們的車上，然後把車開走，讓我鬆了一口氣。

他們離開之後，我又回到外面，把木柴放進火坑裡。由於木柴很潮濕，我點了好幾次才把火點著。成功後我滿意地看著火焰在冷空氣中燃燒，因為雨已經停了，我便解開奧斯卡的鍊子，好讓牠自由奔跑。我躺在露濕的草地上伸出雙臂，用指尖輕撫綠草，木頭燃燒的煙味飄進我的鼻子裡。

我睡了一會兒，醒來的時候已經天黑了，一彎新月高掛夜空，讓我聯想到剪下來的乳白色的指甲。我因為太累而無法使用野營爐，所以再次以花生醬和果醬三明治裹腹，然後坐在野餐桌旁準備閱讀奈德送我的詩。就在我開始閱讀之際，刺藤叢間突然傳來嘎吱聲響，分散了我的注意力。我瞇起眼睛望向樹林，看見一隻大狗和一個穿著法蘭絨襯衫的胖男人出現，他的大肚腩將襯衫繃得緊緊的。他拖著一條大大的藍色帆布，不知道裡面裹著什麼？也許是露營用品，我心想。或者，也可能是屍體。他把那條帆布拖到右邊小屋的門廊上，沒有和我打招呼，然後坐在臺階，拉開啤酒罐，以驚人的速度喝掉好幾罐啤酒，讓我開始感到不安。我在營火旁享受寧靜夜晚的希望破滅，只能帶著詩和剩下的三明治走進我的小屋。

我寧可在小屋裡待到早上，可是小屋裡沒有馬桶，公用衛浴在大約七十碼遠的地方。睡覺前，我帶著手電筒和衛生紙準備迅速奔向廁所，可是當我一打開門，奧斯卡就從我的雙腳間往外衝，消失在黑夜之中。「奧斯卡！」我輕輕喊了一聲，然後提高音量再喊一遍。「奧斯卡，該死，快點回來！」我在樹林外圍晃動手電筒，並在長長的草叢間來回走動，一邊喊牠的名字，一邊感到越來越沮喪。

「妳的狗跑掉了嗎？」那個拖著帆布且一直喝啤酒的鄰居突然出現在我身後，他的聲音讓我嚇了一大跳。

「對，但是牠等一下會自己回來。」

「妳需要幫忙嗎？」他問，彷彿完全沒聽到我剛才的回答。

「不用，謝謝。」我以更堅定的語氣重複一遍，然後走開。

我在受疾病限制的世界裡活了很久，以致我不相信自己的身體也不相信這個世界。我很難分辨什麼才算合理的恐懼——你能夠相信什麼、不能夠相信什麼。雖然我很愛奧斯卡，但我並不打算和一個看起來不太穩定的陌生人一起走進樹林裡找牠，於是我轉身回到我的小屋。我才一回去，就聽見狗尾巴在門廊上拍打的砰砰聲，果然就是奧斯卡。牠髒髒的臉上露著笑容。「我應該把你送回收容所。」我不滿地對牠說，然後抱著牠走進小屋，將門鎖上。

第二天早上我的感冒變嚴重了。我全身疼痛，我的頭彷彿被濕掉的沙子擠壓。在這種狀況下，我很難不產生氣餒的想法，認為這趟旅行大部分的時間可能都會像這個樣子——焦慮難眠的夜晚、斷續發生的病痛、緊跟我跨越州界的疲憊。我拖著病體走到外面的野餐桌，坐在那裡笨拙地修理野營爐，最後好不容易才修好，讓藍色的火焰在一鍋沸騰的燕麥片底下閃爍。我開始吃早餐時，我的鄰居和他的狗又出現了。「妳好。」那個人對我說，並且用手輕觸他頭上那頂將油膩捲髮壓扁的卡車司機帽帽緣。「我還沒有機會自我介紹，我是傑夫，這是迪賽爾。」他指著身旁的黑色拉布拉多犬說。「我想為昨晚的事情道歉——我耳朵重聽，所以聽不到妳說話。但我今天裝了助聽器。很高興妳和妳的狗都沒事。」

在白天的光線下，我可以看清楚這個人的樣貌——他的指甲又長又髒，臉上的鬍子至少一個星期沒刮，可是他的眼睛看起來很善良。我感到一絲內疚，因為在過去幾年裡，我也一直被人誤解。有一次，在曼哈頓某個下雪的冬日，一個男人在公車上對我大吼大叫，說我沒有讓位給一位年長的女性。先生，我知道我可能看起來很年輕，可是我生病了，我正在去化療的路上。我想向他解釋，但是我什麼都沒說。相反的，在幾雙責備的眼睛下，我羞愧地紅了臉，將我的座位讓出來。

「你露營多久了？」我問傑夫，試著表達友善。

「過去幾個星期我都睡在帳篷裡，可是最近雨勢真的很大，所以我昨晚搬進一間小屋。」

「哇！在帳篷裡睡了幾個星期？」我佩服地說。「我也正在進行一次長途冒險。」

「我想妳確實可以把這種生活稱為冒險……我是不得不賣掉房子，現在找不到地方住，所以這裡是我目前的家。露營區裡有很多人和我一樣。雖然時局艱困，但我沒有什麼好抱怨的。」

傑夫和我聊了一會兒，並告訴我有個位於海邊的小城普利茅斯。「那邊的海灘非常漂亮。」他說。「妳應該去看一看。」今天的天氣比較溫暖，而且我沒有其他計畫，所以我就去了。當我沿著布滿鵝卵石的海岸線散步時，突然想到傑夫和迪賽爾——沒有家的他們要如何度過冬天呢？我想起奈德和他的學生，也想起我還沒見到面的那些人，以及還有好長好長的高速公路要行駛。

奧斯卡在海邊追逐浪潮，太陽慢慢下沉至地平線，在海面上映出粉紅色與橘色的線條。

過了幾天，天氣和我的感冒都好轉了，我決定在離開麻薩諸塞州之前體驗一次真正的露營，找個地方試試我的帳篷。我沿著海岸線前進，抵達索爾茲伯里並發現松樹露營區。我把車子停在入口處的金字塔型小屋前，有一個燙了捲髮、身上接著攜帶式氧氣瓶的白髮老太太出現在櫃臺後方，桌上有一包紅色的萬寶路香菸。「有什麼事嗎？」她以粗啞的聲音問我。

我問她當晚還有沒有可用的露營地時，她遞給我一張露營區的地圖。「妳隨便挑吧。」她說。「妳是唯一的客人。」

我駛過空盪盪的露營車停車場，往露營區的邊緣處開去，高大的松樹林陰森地覆蓋天空，我在天色逐漸變暗之前趕緊打開帳篷，準備開始搭建。我把塑膠布和帳篷的骨架全部攤放在地面，雙手交疊於胸前並往後退一步，眼睛盯著這些裝備。搭個帳篷會有多難？

我與一堆金屬支架搏鬥，很快就發現我的二手帳篷沒有附說明書。經過幾次失敗，我把「在森林裡露營是暫別文明生活的契機」這種浪漫想法擱置一旁，拿出手機尋找 YouTube 上的教學影片。一個穿迷彩服的獵人在美國某座森林裡教大家組裝與我款式相同的帳篷，我看著影片並且不斷倒帶重播，手忙腳亂地把塑膠布夾到兩根骨架上。

自從我在一星期前離家之後，雖然就地圖的位置而言我走得並不遠，而且旅途中諸事不順，但隨著每一次面對壓力，我就鍛鍊出新的肌肉。我必須相信：只要我不斷努力成為我想變成的人

——能夠照顧自己且獨立自主的人、能夠在森林裡露營且無畏無懼的人——最後我一定能達成目標。我好不容易搭起帳篷，然後懷著滿滿的成就感爬進去。我把頭燈綁在額頭上，翻開筆記本且打開筆蓋。我在露營！我寫道。我在帳篷裡！而且我獨自一人！

28 倖存者

獨自進行公路旅行會發生奇怪的事——單調的駕駛讓你開始沉思，腦中的難題也因此慢慢解開；平時的焦慮和擔憂全都消失了，白日夢輕快地飛進腦子裡。偶爾會有一些不知從何而來的念頭，但隨後又變得模糊，宛如沙漠中一閃而過的海市蜃樓。有時候會因為收音機裡傳來的某首老歌或某個似曾相識的風景，讓你的回憶如雪崩般湧現。地理環境與腦中記憶交織成一段對話，彼此激勵鼓舞。有時候這些影響會促使我臨時決定去拜訪原本不在名單上的人。

我駛入新罕布夏州時，看見一面寫著「不自由，毋寧死」的大型藍色看板，突然好奇該州的格言源自何處。在加油站短暫休息時，我從網路上查到這句話是獨立戰爭[1]名將約翰．史塔克將軍[2]於一八〇九年所說的。當時他因風濕病而身體孱弱，不得不婉拒出席本寧頓戰役[3]的週年紀念活動。他寄了一封信回覆邀約，上面寫道：「不自由，毋寧死——死亡不是最可怕的事。」當人們試著掙脫不自由的人生時，就會對這段話的前半段特別有共鳴。然而死亡確實是最令人恐懼的惡魔，尤其對倖存者而言。倖存者可能永遠無法終結他們的悲傷。

我突然想到梅莉莎的父母就住在附近，距離我計畫的路線只要繞路一小段，如果我開車經過這附近卻不去打招呼，實在說不過去。於是我傳簡訊聯絡梅莉莎的母親西西莉亞，讓她知道我已經來到這一區。要不要一起吃早餐？她問我。我知道從九十三號公路下來後在溫德罕姆有一家不錯的餐廳，那裡環境宜人，而且有室外座位區，我們可以帶著狗坐在外頭。

沒問題！我回覆她。我可以在一個小時內抵達。

我回到車上，望著高速公路宛如白色絲帶的車流長龍，想起我和西西莉亞最後一次見面的場景。那是一年半前的四月，紐約布魯克林區一個溫暖而熱鬧的夜晚，我們參加了梅莉莎的告別式——那場告別式充滿梅莉莎的風格，她堅持我們把告別式稱為「派對」。出席告別式之前，我先到一家墨西哥餐館與我在兒科病房認識的詩人朋友麥克斯碰面。我們分別喝了啤酒和龍舌蘭酒，希望酒精能給我們一點勇氣。告別式的地點在幾個街區外一個宛如洞穴的場所，那裡經常舉辦藝術展的開幕式、供人拍攝音樂錄影帶或舉行服裝秀。我還記得麥克斯牽著我的手穿過人群，走到癌友們的聚集處。房間裡因為擠滿人而相當悶熱，用薄麻布裝飾的吊燈照射出猩紅色的光線，牆上掛滿梅莉莎的畫作。依照她的指示，現場備有威士忌、瓶裝啤酒和上好的紅酒。在酒精的催化

1 美國獨立戰爭（American War of Independence）或稱美國革命戰爭（American Revolutionary War），發生於一七七五年至一七八三年間，為大英帝國與十三殖民地（美利堅）所進行的戰爭。

2 約翰・史塔克（John Stark, 1728.8.28-1822.5.8）是新罕布夏州的民兵軍官，於美國獨立戰爭時期擔任陸軍將領。新罕布夏州的格言「不自由，毋寧死」（Live free or die）即出自他手。

3 本寧頓戰役（Battle of Bennington）是美國獨立戰爭中的一場戰役。

下，大家的笑聲漸漸變得狂放。當大家就座並分享我們齊聚一堂的原因時，突然有一種壓抑的驚恐感，因為在這一刻之前，大家彷彿都把這場告別式當成了驚喜生日派對，直到此時才發現最重要的主角不會出席。

那天晚上，梅莉莎永遠缺席的事實比任何時刻都還要真實，而且我們也看見她的死對家人朋友造成毀滅性的傷害。麥克斯坐在我身旁，眼睛睜得大大的，看起來似乎要暈倒了。我不禁好奇他出席這場告別式的感覺，因為他和梅莉莎的病症完全一樣，雖然他現在沒事，可是尤文氏肉瘤非常可怕，經常一次又一次回頭攻擊患者的身體，麥克斯彷彿洞悉我心裡在想什麼，伸出手摟著我的肩膀，我也順勢把頭倚在他的肩上。「我開始想像自己的告別式會是什麼樣子。」他低聲說。

告別式正式開始，內容包括表演、朗讀和敬酒，中間穿插著低聲啜泣。梅莉莎的父親保羅率先發言。「身為父母，最心痛的就是失去孩子。」他以明顯的愛爾蘭口音說。「可是我們非常安慰梅莉莎的精神能透過她的藝術作品以及她的好友們繼續活在世上。過去三年裡，我花了很多時間陪伴梅莉莎，看她與可怕的疾病奮戰。我覺得自己是全世界最幸運的父親。」他接著分享他此生最美好的日子之一：那是某個美麗的夏日午後，梅莉莎雖然正在接受另一輪化療，可是她那天身體狀況很好，所以就表示要帶他去逛博物館，接著到布魯克林區吃午餐，還拜訪了她的朋友查克，一個刺青藝術家。「今天我要你刺青。」保羅回憶梅莉莎當時這麼對他說。他們選了傳統的愛爾蘭圖案：兩隻手緊握著一顆加冕的心，象徵愛、榮譽和友情——這三者梅莉莎全都豐富擁有。接著她又帶他到對街的酒吧，她幾個朋友在那裡演奏鄉村音樂。「其中一人遞了一把吉他給我，然後我們就開始一起彈奏。」保羅笑著表示。「後來梅莉莎抓著我的手臂說：『爸，你真的好酷喔！而且我告訴你，二十幾歲的年輕人絕對不會對自己的父親說這種話。』」接著保羅拿出一把吉他，開始自彈自唱一首名為〈暗淡之日〉[4]（Dimming of the Day）的民謠。最後他說：「我會永遠想念她。」

大家一個接一個站起來分享與梅莉莎有關的回憶或難忘的故事時，我的目光一直望向梅莉莎的母親。她站在一旁，看起來有點呆滯。她穿著一件顏色鮮豔的外套，並且為了紀念她女兒最喜歡的消遣，特別戴著一個大麻葉造型的金色胸針。她的表情深深觸動了我：面無表情，雙唇緊閉，眼神堅定。她始終沒有掉淚，直到拿起麥克風的那一刻。「梅莉莎很棒……」她突然哽咽，哭到無法自拔。「我有很多話想說，可是我……我沒有辦法。」

我們將失去配偶的人稱為「鰥夫或寡婦」，把失去父母的孩子稱為「孤兒」，但英語中沒有詞彙可以形容失去孩子的父母。你的孩子應該要比你多活幾十年，應該要因為你的離世而面對死亡的重擔。目睹自己孩子死去在語言結構上太過沉重，沒有文字能夠形容。

在生命中最後幾個星期，梅莉莎最擔心她走了之後她的父母會有什麼反應。每當她提起這個

4 〈暗淡之日〉（Dimming of the Day）是理查・湯普森（Richard Thompson）創作的歌曲，由他當時的妻子琳達・湯普森（Linda Thompson）演唱，收錄於她一九七五年推出的專輯《Pour Down Like Silver》。

話題時，我都不知道該說什麼。我也不知道在這個紀念她的晚上應該對她父母說些什麼，除了快速的擁抱與匆忙的慰問，我一直保持距離，深怕自己說錯話或在他們面前崩潰。我無法提供任何可以減輕他們痛苦的幫助。

此刻，當我開車去和梅莉莎的母親共進早餐之際，我依然不知道應該說什麼話，因為我們從來不曾在梅莉莎缺席的情況下獨處。在今天之前，我們大部分碰面的場合都是在醫院的候診室和走廊。我從三號出口駛離高速公路之後，經過了一座乳牛牧場、一棟白色尖塔教堂和一個堆滿馬鈴薯的農場攤販。當我抵達溫德罕姆鄉村餐廳時，西西莉亞已經在停車場等我了。她穿著牛仔夾克和黑色的高筒鞋。西西莉亞和梅莉莎長得很像，但西西莉亞戴眼鏡，而且及肩的黑色長髮夾雜著白髮。我一看到她，胸口就變得緊繃。

我們點了咖啡，然後坐到室外的座位。餐廳旁的灌木叢顏色非常豔麗。「現在正好是樹葉轉紅的高峰期。」西西莉亞在我們欣賞風景的時候說。她帶了最近從收容所領養的德國剛毛幼犬——她告訴我，在看見奧斯卡讓我得到多少幫助之後，她決定也要領養一隻小狗。「小狗可以讓一切變得稍微好過一些，對不對？」我在兩隻狗開始玩耍時說。

「確實如此。」西西莉亞回答。「但我不想騙妳，我們這一年過得非常悲慘，保羅和我一直考慮搬家，因為我們需要一個全新的開始。我們考慮搬到加州或亞利桑那州，可是誰也不確定我們最後到底會不會真的搬走。」

一想到他們搬到某個有棕櫚樹且四季陽光明媚的地方，我的臉就發亮了。「有何不可呢？」

我問。

「自從梅莉莎過世後，我們一直沒有辦法清理房子。」她坦承。「屋子裡一團亂——幾乎囤滿了各種東西——感覺很丟臉，所以我提議來這裡碰面。我們很想搬家，可是東西太多了，我們不知道如何取捨。我應該怎麼處理她小時候的搖搖木馬？她的畫作？她的衣服？」

我無法假裝自己有辦法解決西西莉亞的困境，因為光決定自己的東西什麼該留或什麼該丟就已經非常困難，更不用說替已過世的孩子做決定。這項任務似乎融入了悲傷的本質、融入了堅持與放手的對峙，也融入了留住過去與讓往事隨風而逝的苦戰。但我確信梅莉莎不希望他們住在她舊東西的陵墓裡。在我們最後一次聊天時，我曾問梅莉莎是否害怕死亡，她回答說：「我最大的恐懼，是我父母的人生被永遠摧毀。」

「梅莉莎希望妳和保羅找到繼續向前的方式。她希望你們快樂。」我說。

「我不知道我們有沒有辦法快樂起來。」西西莉亞說。「每一天，每個小時，我們都無法承受她不在這裡。更糟糕的是，其他的父母對待我們的方式，就好比我們遭受詛咒，某種會傳染的詛咒。我猜悲傷讓人感到不自在，所以他們希望你表現出積極的一面，不要一直談論你死去的女兒。他們希望你停止悲傷，可是我們永遠沒有辦法不悲傷。我們該怎麼辦？」

吃完早餐後，西西莉亞陪我走到車子旁，問我下一站要去哪裡。我告訴她我正準備前往俄亥俄州，但可能會在離開之前先去探望我父母。「嗯，我有個小東西要送給妳。」她說，然後遞給我一個給奧斯卡使用的小背包，裡面裝有狗零食、狗玩具和小狗用的攜帶式水瓶。她接著又從夾克口袋裡拿出一把銀製的骨董鑰匙，告訴我這是梅莉莎收藏的小擺飾。我被她的心意感動，一時說不出話來。我不想掉眼淚，所以強忍著淚水，從口袋掏出我的車鑰匙，將這把骨董鑰匙套進我的鑰匙圈。「這麼一來，當我開著車跑遍全國時，梅莉莎就可以和我一起到處走了。」我說。

我開車駛離溫德罕姆，西西莉亞揮手的身影在後方慢慢消失。她一離開我的視線，我的眼淚就立刻奪眶而出。我在大約一個小時後駛入佛蒙特州，因為哭得太厲害而看不清楚前方道路。我發現路旁有一小塊空地，所以乾脆把車子停下來，關掉引擎。自從我得知梅莉莎去世那天起，我就不曾為她掉過眼淚。現在我哭了，而且似乎停不下來。我以為我早已接受她離世的事實——至少我盡了最大努力——然而此時此刻，我感覺自己悲傷又脆弱。有人說時間可以治癒所有的創傷，但梅莉莎的缺席是永遠無法癒合的傷口。我會隨著時間漸漸老去，她已死的事實卻永不改變。

永遠無法改變的事實最讓人難過。我知道自己再也無法和梅莉莎一起在兒科病房吃星星狀的花生醬和果醬三明治，也無法和她在她家客廳裡翩翩起舞、頭戴假髮隨著節奏舞動。我再也無法看到她畫出最新的傑作。我明白人們為什麼要相信來生、為什麼安慰自己去相信離世者永遠活在沒有痛苦的天國，但我只知道我在地球上再也找不到梅莉莎這個好朋友。

我用顫抖的手將毛衣拉到臉上擦乾眼淚，然後繼續開車。佛蒙特州蜿蜒的小路上到處是落葉，我駛過玉米田和被落葉覆蓋的小橋，直到抵達我在夏天時構思這趟荒謬之旅的小木屋。我花了幾天的時間睡覺、休息以及在樹林裡散步，並且又哭了幾回，然後才又繼續上路。

如果要說時間在梅莉莎死後帶來什麼改變，那就是這段日子以來，記憶也把歡樂時光帶回來給我，而不是只有悲傷。當車子行駛在塵土飛揚的道路上時，我想像著梅莉莎就坐在副駕駛座，隨著收音機播放的音樂搖頭晃腦，她綠色的眼眸也在秋日陽光下閃閃發亮。我會請教她關於人生難題的看法——關於我的失落以及我的感情生活、關於如何把過去帶到未來，還有關於我在化療之後的難看髮型。在我腦子裡，只要她露出笑容或者搖頭說不，所有問題的答案就變得不再那麼隱約模糊。

我和梅莉莎的母親聊天時，有個想法不斷出現在我腦海裡：如果我和梅莉莎的故事結局不同，今天可能變成西西莉亞拜訪我悲痛欲絕的父母。這種想法讓我非常難過——不僅因為我還活著而梅莉莎已經不在，也因為我為了重返世界耗費太多心思，完全忽略了我父母的感受。我想像我母親和西西莉亞一樣，坐在我小時候的房間地板上，身旁堆滿我的東西——我最愛的玩具狗、裝滿成績單和舊畫作的紙箱、放在角落且積滿灰塵的低音大提琴，還有我親手編織的嬰兒服。那些嬰兒服小心翼翼地疊放在棉紙裡，是我為將來的孩子所準備的。當然，我父母很幸運，他們沒有失去孩子，但是活在這種可能性中，加上在我生病時費心照顧我，這些經歷本身就是一種創傷。

薩拉托加距離紐約州與佛蒙特州交界處只有一個小時的車程，因此我在最後一刻決定到我父母家過夜。我已經不記得自己上次回去探望我父母是什麼時候的事。當我把車子駛進我父母家的車道時，我母親跑出來迎接我。我摟住她纖瘦的肩膀，聞到她臉上的面霜香味。我想告訴她我愛她、我很想念她，不過我們家的人比較習慣在餐桌上爭論不休，而非傾訴感情。然而這只是原因之一。過去一年中，我們不再像從前那樣頻繁交流或無話不談。事實上，我們已經有一段時間沒有說話。

我一向認為我們母女的親密關係不會改變，尤其在我們經歷那麼多事情之後。然而在我的療程結束之後，我們之間卻出現了一種奇怪的距離感。雖然我父母知道我和威爾的關係緊繃，但沒有人曉得我們多麼不快樂，因此威爾搬走的消息令大家震驚。在我接受移植手術之前，威爾在我父母家住了將近一年，他和我的家人一起度假，也和我父母在醫院裡一起坐著等待過無數小時。威爾和我搬進小公寓之後，他每天都與我父母聯絡，透過簡訊向他們更新我的健康狀況，並經常與他們分享照片。他們都把威爾當成家人，是他們的榮譽女婿。

比起我和威爾分手的消息，我父母更驚訝我再次墜入情網。他們極力反對，說我現在就找新對象約會實在操之過急，並一再追問我是否確定已無法與威爾重修舊好。經過六個多月，他們才同意與喬恩共進晚餐。慢慢地，他們不再經常提起威爾，努力給我更多支持，但我能感覺到他們揮之不去的擔憂。我看見的是全新開始的機會，但我父母看見的是危險——與一個不清楚我健康狀況依然不佳的男人交往，很可能會讓我心碎。

這就是我們每次談話的結論——他們擔心我的健康。如果我和我父母通電話時碰巧咳嗽或表示疲倦，他們就會急著問我：「妳生病了嗎？要不要去醫院檢查妳的血球數？妳為什麼不回家休息？」他們的牽掛已經到了無法自拔的地步。雖然他們只是想保護我，可是他們的焦慮讓我受不了。

漸漸地，我不再經常打電話給他們或回家探望他們，每隔幾天才回覆電子郵件和簡訊，有時候甚至不回。這並非有意識的決定，我曉得自己這麼做會讓他們難過，尤其我的母親，因為她習慣每天與我聯絡，但我不知道自己還能怎麼做。為了平撫自身的恐懼，我必須與他們的恐懼保持距離。

我跟著我母親走進廚房，泡了兩杯薑黃茶，然後端著茶走到她在樓上的工作室。古典音樂從放在角落的喇叭音箱流瀉而出，那個音箱上油彩斑斑。窗臺擺滿了貝殼、樹枝、羽毛和動物的骨骸，全是她和我父親每天到樹林散步時帶回來的。牆上掛著她最新的作品：幾幀大型的黑白畫，畫中是像被遺棄的鳥巢。

我們坐在靠窗的繪圖桌旁，桌上放著筆記本、畫筆罐和幾十管油彩。我母親整理桌面以方便我們放下茶杯時，我注意到她的手。多年的繪畫與園藝使得她的手指風化，指節像是薑根，手掌宛如樹皮般粗糙。這雙手是自從我出生後一直抱著我的手，也是我在臨床試驗期間注射化療藥物時怒目瞪視的手。當我因為身體不適而尿床時，這雙手為我更換床單。這雙手曾與我共度許多掙扎的時光。

「媽媽。」我說。「謝謝。」

「為什麼突然說謝謝？」

「因為妳總是這麼照顧我。」

「妳不必感謝我，為人父母就是這樣。」她停了一會兒，然後補充道：「妳知道有件事情很奇怪嗎？就我的生活而言，當妳病重的時候，我覺得我的人生表現比較好。當時情況危急，我只有一個目標：把妳照顧好。我不敢承認自己多麼害怕失去妳，現在妳好多了，我才敢讓自己去感受當時的恐懼——讓自己去理解整件事對我的意義。」

這是我母親頭一次與我分享這些心情——也是我第一次瞥見那四年對她而言是什麼樣子。自從我確診那天起，她和我父親都一直陪在我身旁，我的痛苦就是他們的痛苦，我的失望、心碎和不確定也是他們的失望、心碎和不確定。我想，還要經過很長一段時間，他們才能擺脫這些狀況會再次發生的擔憂。我不是家裡唯一想要繼續向前邁進的人。

「人生變得混亂，就沒有辦法繼續向前走、繼續做以前做的事。」我母親說。「我還沒有像妳一樣找到能幫我重新聚焦的方法。」

第二天早上，我和我父母到某位家族友人的蘋果園共進早餐。用餐時雖然氣氛愉快，但我可以感覺到一種隱隱的擔憂——只不過這一次我父母不是擔心我的血球數，而是我的駕駛能力。回家之後，我把行李放到車上。雖然我希望自己可以待久一點，可是我必須繼續我的行程。「我的百日計畫是每天打電話給妳。」我母親在我坐進車裡時沉著臉說。她站在我父親旁邊，我父親將雙手緊握於身後。我將車子開出車道時，我看見他走到車子後方，在後擋風玻璃上潑了一杯水。這是突尼西亞的古老傳統，他之前已經做過無數次：親人準備進行冒險的長途旅行時，就在他們身後潑水，以祝福他們平安歸來。

29 漫長的嘗試

如果不是全球定位系統騙人，就是我開車的速度太不規律，因為我總需要耗費將近兩倍的時間才能行駛到它預測我即將抵達的位置。「接下來右轉——時間重新估算中……」系統的機器人聲在我錯過交流道出口時高傲地說。我的下一個目的地是俄亥俄州的首府哥倫布市，這是我目前為止最長的車程。全球定位系統預估，如果我能完全依照它的指示，將可以在九個小時又二十一分鐘後抵達。但看起來似乎不太可能。

這段日子我完全依照自己的時間表生活。

兩個星期前當我第一次離開家的時候，我因為非常緊張而必須時常提醒自己記得呼吸。駕駛座上隨時都有令我不安的問題出現：我有先行權嗎？閃紅燈是什麼意思？那個交通號誌是埃及的象形文字嗎？變換車道和行駛高速公路尤其讓我備感壓力——就像某種攸關生死的猜謎遊戲。但隨著時間一天一天過去，我開車時已經越來越有自信，其他駕駛人因為憤怒或困惑而朝著我按喇叭已是至少七十二個小時之前的事了。今天早上我離開薩拉托加之前，我父親還特別教我：如果在駕駛座上傾身向前，同時瞥看側視鏡，鏡面的曲度就能讓我看見位於盲點的車輛。此刻我正沿著州際公路行駛，心情格外輕鬆自在，就連坐在後座啃骨頭的奧斯卡似乎也顯得非常放鬆。

大約三個小時後，我開始感到疲倦，從窗戶照進車內的溫暖陽光讓我昏昏欲睡，於是我把車子開到休息站，脫掉鞋子，盡可能地傾斜椅背，把腳伸到儀表板上。我的疲憊持續加深，但我沒有抵抗，也沒有因為自己動作慢吞吞而自責，反而在麥當勞的金色拱門下閉目養神。我不僅接受自己體能上的限制，還開始享受因為體力不佳而必須暫停行程的休息時間。這些休憩時光到後來變成我在旅途中最喜歡的時刻——讓我可以暫停混亂的心思，把思緒轉向當下，鎖定我奇妙的新身體，以及我可能永遠沒機會造訪的新地點。

我睡半小時就恢復元氣了，讓我因此能夠在結束一天行程前再行駛一百五十英里。我在水牛城的郊區找到一家便宜的汽車旅館，在等候櫃臺人員準備房間鑰匙時，我翻閱了尼加拉大瀑布遊船的廣告手冊。這天的天色灰暗，奧斯卡需要運動一下，可是眼前唯一的綠地是汽車旅館周圍的一小片乾枯草坪，於是我帶奧斯卡一邊繞著停車場慢跑，一邊聆聽車輛行駛過附近高速公路的水坑時發出的轟隆聲。不知不覺中，有冰雹開始落在我們身上，奧斯卡因此抬起頭對著天空咆哮。

這家汽車旅館的房間出乎意料地舒適，而且燈光溫暖迷人。我替奧斯卡準備了一碗水和一碗狗糧，然後思考自己要做什麼。鬆軟的床墊在向我招手，我可以想像自己蜷著身子躺在床上看書的模樣，然而全新的我渴望探索新的環境，即使我已經在雨中駕駛了三百英里路。我心裡惦著那本廣告手冊，因為我沒有去過尼加拉大瀑布，而且瀑布距離這裡只有半小時車程。於是我搔搔奧斯卡的耳朵，然後就走去開車。

在我開車前往尼加拉大瀑布的路上，沿途看見許多俗不可耐的旅館和霓虹閃爍的賭場，讓我的期望越來越低。入口兩側的停車場已經停滿車輛，等我好不容易找到車位時，我懷疑自己是不是還想待在這裡。不過我終究還是下了車，排隊購買「霧中少女號」的船票。「霧中少女號」遊船會往上游行駛，穿越美國這一側的瀑布底端，進入加拿大那一側的U形盆地。我穿上塑膠雨衣，與數百名遊客一同登上巨大的雙層渡輪。我這輩子從來沒有同時見過那麼多根自拍棒。

我擠過人群，來到下層甲板某個還不錯的觀景點，然後將身子倚在右舷的欄杆上。環顧四周時，我發現自己似乎是唯一一個沒有家人或另一半同遊的乘客。獨自一人觀光，尤其在如此擁擠的環境中，讓我感到有點不自在。「我發誓我真的有朋友。」我很想對身旁那對情侶說，不過他們忙著欣賞美景，根本沒注意也不在乎我是不是自己一個人，不過我仍覺得自己很引人矚目，而且有點孤單。

這種孤單感只出現幾分鐘，因為遊船劃破冰冷的水面時，寒風讓我的臉變麻木，我的不自在也於奔流的景致中蒸發。而且我的孤單開始變成一種奢侈：自己一個人可以想做什麼就做什麼，如果與別人同行，就沒辦法這麼隨心所欲。成群的海鷗從我們頭頂上俯衝而過，當轟隆隆的瀑布進入眼簾，遊船的船身也隨之開始震動。我眼前所見的景象比想像中更加雄偉——無盡的水流沖激著石崖，水花碎裂後與河面揉合成猛烈噴發的泡沫。當我們接近瀑布時，冰冷的水滴飛濺到甲板上，塑膠雨衣像保鮮膜般緊緊貼在我身上。雖然我全身濕透且不停發抖，可是我沒有退縮。我的感官完全清醒了，我身處的世界實在太壯麗了。

面對氣勢如此恢宏的景觀，不可能不萌生敬畏之心。我被診斷出癌症時也有類似的反思，懷疑自己之前為什麼不曾注意過身邊的美景，或者相信人生可能無足輕重。我第一次到西奈山醫院接受化療時，知道自己在幾個星期內都無法走出病房，那時我才注意到許多微小的事物，包括天空的光影，以及在我脖子旁吹拂的微風。我以為這種新的鑑賞能力會永遠陪著我，而且只要我明白所有事物都會瞬間改變，就再也不會把一切視為理所當然。然而隨著時間推移，我的視野縮小至病房的大小，接著又縮小至病床的大小。四面牆將我與外面的世界隔絕，讓我別無選擇，只能將目光往室內看。等到我終於可以出院且終於可以拋開死亡威脅時，我卻進一步地局限自我，不再注意身邊的一切。如今我來到尼加拉大瀑布下方，才決定再次將目光往外探索。

第二天早上，秋天柔美的陽光映照在汽車儀表板上，我行駛於九十號州際公路，這條位於北邊的交通幹道可以從波士頓一路通往西雅圖。我在駛過沿途的懸崖峭壁時瞥見遼闊的伊利湖與其美麗的皇家藍湖面。接近中午的時候，我穿越過賓夕法尼亞州的西北端，這時奧斯卡開始躁動，牠想要散步。於是我把車子開下高速公路，沿著路標來到派斯克小島州立公園[1]，這個公園位於一個延伸至湖中的弧狀半島上。奧斯卡和我在安靜的沙灘上漫步，一望無際的湖面簡直像是大海，岸邊點綴著三角葉楊、柳樹和橡樹，金色樹葉的倒影在湖面上像墜落的星星閃閃發亮。

雖然我很享受孤獨，但我也希望喬恩可以在這裡與我分享眼前的美景。我們已經好幾天沒說話了，距離讓我覺得自己與他斷了聯繫。我從夾克裡拿出手機，撥打了他的手機號碼。

「妳在哪裡？」喬恩說。這是他通常的開場白。我聽見他背後傳來喇叭的吹奏聲與低音號的低鳴，我猜他可能正在與樂團進行排練。

「我很好。」我說，同時驚訝地發現自己真的很好。「我在前往哥倫布市的路上，準備去拜訪一個名叫霍華德．克萊恩的人。」

電話另一頭陷入沉默，感覺喬恩有許多話想說但沒有說出口。當我第一次告訴喬恩我這個跨越美國的旅行計畫時，他毫不掩飾地表達反對。雖然他知道我需要徹底改變，可是他不喜歡我獨自旅行的點子。在得知我打算拜訪超過二十位我在網路上認識的陌生人時，他顯得更加擔憂。正如喬恩所說的，無論別人在字裡行間表現得多麼良善，你永遠無法確知對方心裡在想什麼。

「自己要多小心。」他提醒我。

我哼了一聲，翻翻白眼。「你最近好嗎？」

「我很好。馬不停蹄地工作。沒有妳在這裡陪我，讓我很難過。」他說，口氣聽起來有點沮喪。就在我出發之前，喬恩接到一份新工作：某個深夜脫口秀節目的樂團領班。他每個星期工作五晚，讓他得以暫停巡迴表演並待在紐約，結果我卻離開，展開一趟勉強可稱為我個人巡迴表演的旅程。喬恩那邊的樂器聲越來越大聲，我很難聽清楚他在說些什麼。「聽著，我真的很想找時間和你好好談一談，我可不可以晚一點再打電話給你——」我還沒說完，他的手機就斷了訊。

1 派斯克小島州立公園（Presque Isle State Park）是賓夕法尼亞州的州立公園，位於伊利湖的一個含沙半島。

「你還在嗎？」我問，雖然我明知他已經掛斷了。

我洩氣地回到車上，不僅因為我們一直失聯，也因為我們的關係陷入一種停滯狀態。喬恩在等我，他希望我可以更認真地投入這段關係，然而整整一年來，我在感情方面就像一袋石頭。雖然我希望與喬恩再更進一步發展，但不知道應該如何讓他走進我的心。

我小時候一直以為只要遇上「真命天子」，某個神祕的開關就自動打開——你會知道對方是最合適你的人，毫無疑問。我上一段戀情有過這種感覺，至少在戀情開始的時候是如此，然而這樣的確信卻隨著時間經過而崩壞。「如果感情會結束，那是因為對方不適合妳。」一位朋友這樣安慰我，但這種假設依然困擾著我。如果對方是我的「真命天子」，而我搞砸了我們的關係呢？

在過去一年中，喬恩和我偶爾會聊到我們的未來，我把這些話題當成是有趣的意見實驗，例如我們的孩子會長什麼模樣？但如果要認真討論這類深遠的承諾，我整個人就會感到恐慌。也許喬恩和我並不適合彼此，也許我沒有能力與任何人交往，也許我在癌症可能復發的情況下還考慮婚姻或孩子這種長久誓約是不負責任的行為。

但最根本的問題是一種更深層的不確定性：**也許我還是會死。**

我的下一位受訪者霍華德·克萊恩很清楚這種不確定性。當我往南穿越俄亥俄州的艾美許社區朝霍華德居住的城市駛去時，沿途的景致開始變得更具有田園風，也更為奇特。我經過一個身穿吊帶褲且頭戴草帽的男人，他駕駛著一輛四輪馬車。接著我又看到第二個、第三個這樣的人。

如果路上沒有駕馬車的人，整條道路就是空盪盪的，而且左右兩側的農田會一路延伸至超過我眼睛所能看見的範圍。於是我加快車速，讓塵土在我的車輪後揚起。

當我接近哥倫布市時，想起了霍華德在三年前寄來的信。霍華德是《紐約時報》的忠實讀者，他寫了長長的留言回覆我的第一篇專欄文章〈在二十幾歲時遇上癌症〉，並且提到就許多方面而言年齡並非不生病的保證。我想妳正在醫院接受骨髓移植手術，並期盼自己恢復至大多數年輕人認為理所當然的健康狀態。他寫道。我留言給妳是因為我想與妳分享我自身的經驗，雖然我們的情況在很多面向上並不相同，但是都充滿不確定性和閾限性，因此我和妳的處境有些類似。

我的文章激起霍華德幾十年前的回憶。當時他是個三十幾歲的研究生，在阿富汗西南部的西斯坦盆地從事考古工作。我和所有的年輕人一樣，以為自己年輕就不會生病，可是兩年後我突然生病了。他寫道。起初我以為自己染上某種瘧疾，然而到了第三天，醫生說我的病可能與西斯坦盆地無關，但他們沒有多做解釋。我接受了一連串我無法理解的檢查，然後返回六百英里外的喀布爾，最後在德國的一家醫院住了好幾個星期，再轉往波士頓就醫。當我終於出院時，我覺得自己像個八十歲的老人。

霍華德出現各式各樣可怕的症狀——黑色的尿液、暫時性的失明，以及骨髓的長期受損——然而當時醫生無法給出明確的診斷，大家只以為他死定了。我病得很嚴重，但是死亡這件事並沒有嚇到我（也許是因為這一切太不真實）。現在回想起來，我那時候確實經常想到死亡。他寫道。我知道人們都說應該要「活在當下」，但那可能是最難做到的事，因為我們總會預先思考、安排計畫、懷抱希望。只不過，只不過……

他的最後一行字讓我哭了。如果我相信禱告的功效，我一定會為妳祈禱。他寫道。雖然我並非教徒，我仍希望妳知道人生常有奇蹟發生，而且人的身體有能力應付那些看似難以克服的問題。

陽光照在一列灰泥粉刷的米黃色房屋上，屋旁有一片修剪整齊的草坪。從那個裝飾著兩隻鶴的信箱看來，我已經抵達目的地。我沒有馬上下車，因為我需要幾分鐘的時間替自己打氣。我向喬恩保證，在進行每一趟拜訪之前，我會盡責地做好調查，可是除了霍華德在來信中分享的內容之外，我幾乎查不到與他有關的任何資訊。我找到他在期刊上發表的學術文章，以及他在俄亥俄州州立大學的教師簡介，但他對我而言依然完全陌生。我鼓起勇氣走到那列房屋前，然後按了門鈴。

霍華德的身材高瘦，臉上有雪白的鬍子。他歡迎我的時候有點口吃，讓我意識到他也很緊張，如此一來讓我變得更緊張。「非常謝謝你願意接待我。」我跟著他走進門廳時說。

「我收到妳的信時非常驚訝。」他說。「我從來沒有想過妳會來信，所以當妳說妳想來拜訪我時，對我而言意義非凡。」霍華德穿著黑色的喀什米爾羊毛衣並戴著圍巾，但是牛仔褲的褲頭垂在髖部，腳上穿著人字拖鞋。如果說他的上半身看起來像尊貴的知識分子，他的下半身就宛如六〇年代的人。

「我太太梅芮兒等一下就會過來。」霍華德說，並解釋她正在家裡的辦公室與一位病人談話。「我們等她的時候先去看看妳的房間。」

他帶我沿著一座搖搖晃晃的陡峭階梯下樓，當我們走到最底下時，我快速環顧整間地下室。這個地下室非常寬敞，可是擺滿了東西，包括抗議伊拉克戰爭的手繪牌示，以及一疊堆得高高的《紐約時報雜誌》，看起來似乎一期都沒少。鑲了木板的牆壁上有數十張剪報和裱框照片。這裡還有六張椅子和一張拉開的沙發床，上面擺放著以蠟染布包覆的抱枕。奧斯卡和我將會睡在這張床上。

「我們喜歡囤積雜物。」霍華德指指周圍的物品。「但我真心希望妳喜歡這個房間。」他還告訴我梅芮兒都在這間地下室舉行病人的互助小組。一談起梅芮兒，霍華德的言行舉止就變得不同——他的口吃消失了，濕黏的眼眶裡充滿驕傲。「她是這個國家最優秀的變性人治療師之一。」霍華德說。「她是四〇年代和五〇年代在土耳其長大的孩子，比起我們所熟悉的美國，那裡的環境非常匱乏。她讀小學的時候只能用鉛筆寫字，寫完作業後還要把字擦掉，再次使用同一張紙，因為土耳其非常缺乏紙張。如今我們生活在資源過剩的環境，但她還是不習慣丟掉任何東西，我顯然也是如此！」

我們聊天的時候，一個穿著一身黑並圍著豹紋圍巾的女人從樓梯走下來，這個引人矚目的女人就是梅芮兒，她比霍華德更有自信也更外向，立刻伸出雙臂擁抱我，還責怪霍華德忘記替我倒杯茶。「我的霍華德期盼妳來訪已經盼了好幾個星期。」她說話有些微的土耳其口音。「我們都很期待。現在要不要去吃飯？妳一定很餓，可憐的孩子。這附近有一家非常棒的土耳其餐廳，霍華德會開車載我們去。」

開胃菜端上桌時，我們已經聊得非常愉快。梅芮兒和霍華德都很親切及好奇，問了我很多問題。他們很驚訝我曾在中東待過一段時間，我還告訴他們我在埃及留學的經歷、我針對北非後殖民時代婦女權的研究，以及我在突尼西亞的親人。人們很少問及我生病前的喜好，因此當我說起這些早被遺忘的興趣時，感覺好像在參觀別人的人生。

有一句古老的突尼西亞諺語說：你完整的人生就刻在你的額頭上。然而我在罹癌前的一切彷彿都已經從我額頭上消失了，我不知道為什麼會這樣，也不知道能不能阻止這種事情發生，可是在過去幾年中，我的存在、我的身分，甚至我的事業，都只能與發生在我身上最糟糕的事情緊密相連。我的興趣範圍變小了，就如同我的世界。即使在治療結束一年之後，這場病依然繼續主導我的一切，彷彿已經把其他可能性都排擠一空。

第二天早上，我和梅芮兒及霍華德一起待在客廳，坐在沙發上休息並收看電視新聞。他們的貓咪，一隻年邁的虎斑貓，蜷縮在霍華德的腿上。當政治名嘴討論歐巴馬政府在阿富汗繼續駐軍的決策時，霍華德皺起眉頭，抱怨這個世界將走向地獄。「我應該再投稿一篇報紙專欄。」他說。

「你很常寫信嗎？」我問他。

「我想妳可以說寫信是我的嗜好。」他回答。他告訴我，他是遇到梅芮兒之後才第一次寫信。他們交往的最初兩年必須分隔兩地——她剛剛高中畢業，住在加州柏克萊，而他在三千英里外的英國劍橋上大學。「打電話太貴了，我們沒有錢做那種事，但一封信的郵資只要三美分，我們還負擔得起。」

「我們每天寫一封信給對方。」梅芮兒插話。「有時候一天寫兩封。」

「我不知道我們是如何寫滿那些信紙的。」霍華德覺得不可思議地搖搖頭說。「有一次我收到她寄來的一封信，內容長達二十七頁！二十四小時之內會發生什麼事，讓她寫滿二十七頁信紙？」

這麼多年來，霍華德和梅芮兒只要一分開就會寫信給彼此，包括霍華德在阿富汗服役的那段期間。當年輕的霍華德躺在喀布爾的病床上時，他以口述方式寫出他以為的最後一封信給梅芮兒，因為他認為自己再也見不到她，不過後來他以驚人的速度恢復健康。然而，那並不是他最後一次對抗死亡。醫生診斷出他罹患常見變異型免疫缺陷病[2]，他和我一樣免疫系統受損，在過去幾十年間經歷過一連串感染，其中有幾次甚至因而性命垂危。但霍華德和我不同，他不允許任何疾病阻擋他去愛與被愛，他不僅接受命運的不確定性，還將自己的人生建構在這樣的命運上，在必要時盡可能地創造與重建。儘管他的健康狀況不佳，他還是結了婚且生下兩個孩子，並努力追求他認為迷人的職涯。

當然，這麼做並不容易。他告訴我，他獲聘為俄亥俄州州立大學藝術史學系的系主任，但五

---

2 常見變異型免疫缺陷病（common variable immunodeficiency）是一種以反覆感染和低抗體為特徵的免疫疾病。

年後因身體不適而不得不辭職。不過霍華德堅持在其能力範圍內繼續工作。「冬天對我來說是最糟糕的季節。」霍華德表示，因為他經常在冬天的時候染上肺炎。「我被迫冬眠，只在溫暖的月份教書。」

如今霍華德已經退休，他每天閱讀並且在自家附近的公園散步，偶爾寫寫報紙專欄。他和梅芮兒已經成為祖父母，他們最近才慶祝結婚五十週年，而且每個星期上一次社交舞課。

當我問他可不可以給我一些指點時，他沒有直接回答，反而叫我去問擔任治療師的梅芮兒。「她很會指導別人。」霍華德說。「她不相信人們會突然神奇地找到屬於自己的道路，因為這通常不可能。他們只會浪費好幾年的時間——請原諒我使用不雅的字眼——只會浪費他媽的好幾年時間搞不清楚狀況。」他咯咯地笑說。

「請快指導我吧！我不會輕易放過你的。」我催促霍華德。

過了一會兒，霍華德才終於鬆口。「慢慢來，只要妳有足夠的耐心和毅力，就可以再次享受人生。讓我們面對現實：人生可以很美好，但我認為最重要的是找到一個願意支持妳的人。我的一切都得感謝我太太——」他說。「我虧欠她的，已經多到無法以言語表達。」

「聽起來我應該替自己找一個梅芮兒。」我說。

看他們在一起的幸福模樣，讓我想要對未來敞開心扉。儘管我非常努力，我仍無法想像自己會變老，無論是孤單一人或者有人相伴。學會在未知的汪洋中游泳，將是我不變的功課。我不知道自己的骨髓裡還有沒有藏著頑皮的癌細胞，我無法預測我的身體會不會破壞我對自己或對他人的承諾，我甚至不確定自己想不想以一種穩定且傳統的方式安定下來，但是我已經開始明白：我們永遠都不會知道，因為生命本身就是進入神祕之境的一種嘗試。

30 寫在皮膚上

這天我在底特律工業區的東方市場，時間是一大清早。我借住在妮塔莎家，妮塔莎是一個年紀三十出頭的年輕女子，有長長的黑色捲髮及縹緲空靈的氣質。她白天在藥廠擔任數位行銷人員，晚上是藝術家，宛如是業餘的芙烈達．卡蘿。她接待我住進一間開放式的大閣樓，天花板高二十英尺，磚牆上掛滿她的畫作。我前一晚抵達這裡時，她正在爐子上燉煮自製的哈里薩辣醬，以向我的突尼西亞血統致意。我們撕著大塊麵包沾哈里薩辣醬吃的時候，她告訴我幾年前她因為在網路上關注梅莉莎才頭一次得知我的事。「我看見她為妳畫的一幅肖像，被妳們的友誼感動。」妮塔莎說。她正在進行一項計畫，準備將她的大閣樓變成被她命名為「康復博物館」的展覽空間，這個計畫有一部分是因為她看到我們與病魔對抗而得到啟發。「康復博物館」將展示當地藝術家以疾病、醫學和康復為主題的作品。

這天早上我們的第一站是農夫市場，就在幾個街區外。妮塔莎帶著我走過販賣罐裝泡菜、新鮮萵苣和手工羊奶香皂的露天攤位，我們一邊散步，她一邊告訴我她從八歲開始就罹患一種蕁麻疹，因此她深知搔癢造成的困擾：「癢又癢，除了癢之外只有更癢。」她說。「癢到我希望能切開自己的皮膚！」即使只是輕輕刮一下她的皮膚，也會變成持續半小時的癢痕。

不過妮塔莎和芙烈達．卡蘿一樣，已經把她的困境化為藝術。她用指甲在自己的前臂畫出幾條弧線，我看著那些線條變成紅色的突起。她說，她用這種方式在皮膚上作畫——有時候是精緻的幾何圖形，有時候則書寫資訊——然後再從中蒐集靈感。在一件名為「皮膚套裝」的裝置藝術品中，她把生鏽的物件放在布料上，然後用一層又一層的汙漬創作出圖案，仿製出皮膚在放大鏡底下的模樣。「我把我的身體當成素描本。」她對我說。我們離開農夫市場後沿著無人的街道散步，途中經過一些倉庫和廢棄的建築。「在需要記下電話號碼時，我的皮膚也可以派上用場。」她笑著補充道。

那天下午稍晚的時候，妮塔莎開車載我遊覽底特律這座城市。我們經過一棟廢棄的房屋，有一棵樹的樹枝開始長到那棟房子的牆上。我們還經過已經被城市農人變成有機農場的空地。接下來我們沿著海德堡計畫[1]的人行道蜿蜒而行，這個社區將廢棄的房屋變成公共藝術品，以充滿迷幻色彩的波卡圓點[2]加以裝飾，並且在草地上陳列以洋娃娃和其他物品堆疊而成的雕像。我們停在一間倉庫的磚牆前，那面牆上是以噴漆畫出的橘紅色與海藍色雲朵，右下角則有一位名為Fel3000ft的藝術家的題詞，內容像是在鼓勵底特律重振士氣：

1 海德堡計畫（Heidelberg Project）是位於底特律東側的戶外藝術專案。

2 波卡圓點（Polka dot）是一種由一系列實心圓點構成的花紋。

我們被取過許多外號：衰敗之城、貧困無望之城。儘管如此，我們從來不曾放棄，我們從來不曾氣餒。我們生來就是戰士，我們會浴火重生。無論別人如何打擊我們，我們相信自己的未來。我們是底特律！[3]

我正學習觀察每個城市的情緒，到目前為止，有各種故事的底特律似乎比其他任何地方更能引起我的共鳴。這座城市靠汽車產業發跡，為美國提供動力。這座城市以種族隔離著稱，但也是數以萬計的非裔美國人在大遷徙時期（the Great Migration）[4]選擇定居的地方。這座城市在汽車產業裁員並離開時差點滅亡，可是它沒有滅亡，它拒絕滅亡。這座城市將未來描繪於它最痛苦的過去之上，描繪於浮腫的皮膚上，看起來憤怒又美麗——其美麗更勝憤怒，但無法獨立於憤怒之外。這個世界不就是這樣嗎？有災難才會有重建。

在我離開底特律之前，妮塔莎又帶我到另一個地方：一間靈媒店。這間店的櫥窗裡掛著一面招牌，上面寫著「塔羅牌與茶葉占卜」。妮塔莎堅稱這個靈媒不是騙子，而是真正的先知，專長是治癒受傷的靈魂。我以前從來沒有找過靈媒，因為我認為這麼做只會浪費錢。然而我很想除去生活中不確定性，因此無法抗拒妮塔莎的建議。我想要看見未來，我想知道自己會發生什麼事。

這間店鋪外在簡陋，裡面的空間則充滿香味，貨架上擺滿待售的水晶、精油和藥草。靈媒是一名年輕男子，身穿鑲有假鑽的緊身上衣與淺色牛仔褲。他把我帶到店舖後方，在厚重的布簾後我們面對面而坐。他握住我的雙手，搖曳的燭光映照在我們臉上。在接下來的幾分鐘，他的身體開始顫抖，並且翻了白眼，我只能假設他正接收「幻象」。我懷疑地看著他，心中開始後悔結束後必須付給他五十美元。

當這個靈媒睜開眼睛時，他告訴我有個祖先來找他，一位女性，也許是我父親那邊的某位姑姑。接著他將頭往後仰，彷彿在喝一大口水，嘴巴張開又閉上，眼瞼激烈地抽搐。他再度睜開眼睛時，告訴我這位姑姑死前病得很重。然後他問我是不是也生病了。

我在回答他的時候試著保持鎮定。是的，我生病了。是的，我現在想起來，我父親有一個姊姊，葛瑪，她在很年輕的時候就因為某種神祕的疾病過世。靈媒說葛瑪很擔心我，她盡了最大努力來保護我的安全。雖然我的身體狀況已經沒有危險，但我現在正處於另一種探索的歷程——這個過程漫長而艱苦，將帶我進入未知的領域，直到我能釐清一切。靈媒說出這些話的時候，我的手臂上起了雞皮疙瘩。有那麼一會兒，我心裡暗忖：*我是不是把我的名字告訴他了？還是我把其*

3 原文為 We have been considered many things: A city in decay, a city in distress and without hope. However, we have never given up and we never say die. We are born fighters, we rise from the ashes. We are a community that believes in our future despite whatever anyone throws against us. We are Detroit!

4 非裔美國人大遷徙（The Great Migration of African Americans）是指一九一六年至一九七〇年間約六百萬名非裔美國人從美國南部各州的鄉村地區遷徙至美國東北部、中西部及西部地區的大規模人口遷徙。

他資訊告訴他了？是不是我的短髮被他看出來了？我不認為，但反正已經不重要了。我在椅子上往前傾身，我想要知道更多事情。

靈媒將一疊塔羅牌攤在桌上，要我抽牌。我每抽出一張牌，他就可以看我看得更透徹。他說我將會寫一本書，這本書會帶我走遍全世界。他看出我很難對伴侶全心投入，但經過長時間的不確定，我最後還是會和一個女人安定下來——等等，不對，是一個男人，他更正——接著便喃喃唸出一堆咒語。

我知道這個靈媒可能只把他認為我想聽的內容說給我聽，但我認為自己的未來是一條長長的走廊，而走廊上有一扇扇關閉的門。隨著他的每一項預測，走廊就開啟一扇門，讓我能看見更遠的前方。到目前為止，時間對我而言都是以少量增加的方式來估算——接下來的切片檢查、即將到來的門診預約。當你的人生是一團混亂時，想像未來是一種令人恐懼的習題，因為這麼做需要懷抱希望，而懷抱希望是大膽的，甚至危險的。然而當這個靈媒說我註定有長壽又華麗的人生、說我一定會有未來時，我開始覺得一切似乎可能成真。

「還有什麼？」我向靈媒追問。一臉認真的我非常容易受騙。

第二天，雨水從光禿禿的樹林間落下，天色很陰暗，空氣潮濕又沉重。在之前的幾個城市，我總把壞天氣當成某種應該繼續前進的徵兆——這種想法是正確的，因為我應該走了，但即使天氣寒冷，即使我在雨水落在擋風玻璃上時調高車內的暖氣，我發現自己真的不想離開底特律。

當我在路上想著下一位拜訪對象時，我的思緒飛回到我第四次也是最後一次因為感染艱難梭狀芽孢桿菌而住院的時候。雖然時間才經過一年，可是我很多事情都已經記不得了——因為我一直試圖抹去關於接受治療與關於威爾最後相處的時光。不過我記得最清楚的是，當時我有一種強烈的本能想要孤立自己，宛如一隻受傷的土狼——當牠覺得自己末日將近，就會毅然拋下夥伴。在我得知威爾準備搬出我們的公寓時，我無法繼續保持堅忍，於是我叫我母親回家去，並且拒絕任何人來探訪我。我告訴大家我很好，但事實上，我只是需要一點讓自己崩裂的隱私。

我正準備去拜訪布瑞特，他是我拒絕訪客期間的例外。布瑞特因為讀過我的專欄，在移植門診的候診室裡主動向我打招呼。我還記得自己當時心想：我們兩人坐在彼此身旁是多麼偶然的事。那是我第一次獨自前往化療，布瑞特則是第一次來到斯隆凱特琳醫院。能夠在候診室遇見另一位年輕病患，讓我們都得到一些安慰。自從那天之後，我們就一直保持聯繫，偶爾寫寫電子郵件給對方或者通通電話，互相交流醫療方面的建議。後來我們只又見過一面，但是就某些方面而言，我覺得自己和他的關係比我與家人朋友更加親密。創傷有辦法將你對世界的看法分成兩種陣營：懂你的人和不懂你的人。

上次我們見面時，布瑞特正準備離開紐約。醫生說他的身體狀況已經夠穩定，可以轉到距離他家較近的醫院繼續治療，於是他和他太太奧拉準備返回芝加哥。離開之前，他們兩人到我的病房來，帶著讓人眼花撩亂的各種禮物。他們在加油站買了一頂愚蠢的白色貝雷帽給我——有閃閃發亮的網狀裝飾及用膠水黏上的水晶，戴在我的短髮上看起來十分荒謬。我真的很開心看到布瑞特康復，而且我馬上就喜歡奧拉，她的光芒充滿了整個病房。就我所聽到的一切，奧拉應該可以獲得一面護理金牌。他們的來訪使我雀躍不已，可是他們離開後我的情緒又再次低落。看他們經歷過那麼多事情卻仍彼此相守，證明愛情可以在長期生病的情況下倖存，這使我明白威爾和我之間原本可以有不同的結局，也讓我質疑我們為什麼最後會變成這樣。

我來到芝加哥南區，把車子停在一間有木瓦屋頂的維多利亞式建築。這棟房子位於一個安靜的社區，布瑞特帶我參觀了環境，並告訴我他們在一年前為了買下這個地方花光了所有的錢，這是他們第一個家。他忙著進行一些小型的裝修工程，剛修好屋頂的漏水。他還說他們計畫在不久的將來生孩子，可是目前還有很多事情需要處理。我喜歡他們有硬木地板及大型凸窗的客廳、陽光充足的餐廳，以及打算改建成育嬰室的書房。這些大人樣讓我留下深刻的印象——他們在後陽臺品嘗美味的咖啡、把家裡的植物照顧得好好的，並且支付房屋貸款。他們夫妻都三十幾歲，年紀只比我大一點點，但他們的人生似乎比我的精緻許多，不像我都睡在露營地和別人家的沙發上，靠著加油站的咖啡與花生醬及果醬三明治過日子。

奧拉是公立學校的社工人員，她還沒下班。布瑞特告訴我奧拉對學生多麼盡心——那些學生之中有許多人住在危險的低收入社區，當奧拉有空的時候（當她不必忙著照顧布瑞特的時候），便全心投入教育改革倡議與抗議活動。「我太太工作非常認真。」布瑞特說。「我能為她做的就是確保她回家時能看到美麗的家園並且享受豐盛的餐點。」他準備了腰果咖哩雞，還開了一瓶酒，擺好晚餐的餐桌。

外人可能以為布瑞特與奧拉過著迷人的生活，但當我們三人坐下來吃飯時，他們告訴我去年發生的事情，其中包括布瑞特心臟病發作差點送命，原因可能是他在癌症治療期間照射放射線，導致他的血管受損。布瑞特也有移植物對抗宿主疾病，我們兩人都很辛苦地對抗這種病，雖然我的症狀比較溫和且可以控制，但是我的額頭上有時候會突然冒出明顯的紅疹。至於布瑞特，他的症狀自從我們上次見面後已經明顯惡化，他的肺部遭受攻擊，並導致他的眼睛和皮膚明顯發紅。

布瑞特以前是一名電影製片人，但他現在什麼事都做不了。他的手因為服用免疫抑制劑而不停發抖，無法再穩定地操控攝影機。他不知道自己何時才能重返工作崗位，抑或永遠無法回去，然而在可預見的將來，他必須完全倚靠他太太的照顧——不僅在健康方面，還包括經濟方面。如果沒有她的醫療保險，他就沒辦法活下去。「我得到許多支持與關愛，所以非常希望能為這世界做出一點貢獻，只可惜我無能為力。」布瑞特的語氣突然變憂鬱。

雖然布瑞特已經擺脫曾折磨他身體的淋巴瘤，但就許多方面而言，他的病情比以前更為嚴重。「我已經完成移植手術滿兩年了，可是我的狀況依然很糟。」我們吃完晚餐在洗碗時他向我坦承。「我的手會痛，我的肌肉和關節會在凌晨五點鐘把我喚醒。我沒有辦法蓋緊我的藥盒，因為裡面裝了太多藥物。這是醫學上相當殘酷的諷刺：有時候你為了讓身體變健康而接受治療，但就長遠來看，那些治療會讓你的身體狀況變得更糟，迫使你需要進一步的照護，並導致你身上出現更多併發症與副作用。這是一種令人瘋狂的惡性循環。」

「我熬過了移植手術，也熬過了心臟病發作，我很幸運還能活著。」第二天下午布瑞特對我說。雨水打在窗戶上，我們聆聽著蒂娜・透納[5]的唱片。奧斯卡和他們養的黃金獵犬與柯基犬混血狗霍奇蜷縮在我們中間的沙發上。「然而每一次只要發生任何事，我就會更難以復原。妳懂嗎？」

我點點頭，喃喃地附和，然後布瑞特又開口。「就像拳擊比賽的最後幾回合，你已經非常疲倦，你知道情況只會變得更糟，但你必須找出方法繼續奮戰。」他說。「有時候我不禁想：繼續奮戰到底有什麼意義？那麼多人在身體變好之後又得到更致命的疾病。我原本有淋巴瘤，結果又得到白血病，而且我的肝臟充滿毒素，不知道哪一天就一命嗚呼了。」

「說不定還有皮膚癌。」我接著表示，然後兩人一起哈哈大笑。

布瑞特和我都已經學會隨時迎接壞消息：我們的身體及生活都能隨時接受自體內傳來的噩耗。就某種層面來說，在治療過程中比較容易接受打擊，因為我們對於病情急轉直下早有心理準備。當身體一次又一次背叛你時，會消除你對這世界剛剛重新建立的信任，也會消除你在這世界的地位。要恢復你的安全感，將會一次比一次困難。無論是因為疾病或者其他災禍，只要你曾經被坍塌的天花板砸傷過，就不可能再認為房子的結構安全穩當。你會學著活在斷層線上。

那天晚上，我開始思考生病之國和健康之國交界處的諸多漏洞。除了布瑞特和我這種從疾病倖存的人之外，隨著人類壽命延長，多數人都有機會在這兩個國度之間遊走，並且在兩國中間度過人生大部分的時間。這是我們生存的要件。一心努力爭取瑰麗且完美的健康狀態，只會讓我們陷入永恆的不滿，因為那是遙不可及的目標。

如果我要享受健康，就必須學會接受我目前的身心狀況。

5 蒂娜．透娜（Tina Turner, 1939.11.26-）是瑞士籍的美國歌手暨女演員，曾經獲得許多獎項的肯定。

31 痛苦的代價

我們得到治癒的過程，看起來並不一定像癒合。四十天前我離開家的時候，我想像著這趟公路之旅是我重新展開人生的機會。我以為只要我走得越遠，就能夠離開讓我穿病人袍注射嗎啡並不斷囈語的醫院越遠，也離開讓我懷著冰冷恐懼窩在床上等威爾回來的希望之家越遠，還有離開我們在A大道那間迷你公寓裡建起又剷平的家越遠。

快點繼續前進。我對自己說。忘掉那些事情！然而隨著我與威爾之間的里程數越多，我就越全神貫注地思考我們之間發生過的事。布瑞特雖然仍與健康奮戰，但是當我看見他和奧拉找到共同成長的方式並且計畫生育下一代時，讓我更覺得自己與威爾感情破裂是相當糟糕的事。

這些日子以來，無論我到什麼地方，總會看見威爾的影子。只要看到身材高瘦、下巴方正、頭髮鬆軟的男子，我的脈搏就會加速。我經常不理性地懷疑眼前人是否就是威爾——在愛荷華州鄉下的家庭餐廳吃雞柳與炸薯條，或是在內布拉斯加州桑希爾斯區的河邊釣魚。這些幻影大部分只會出現在我腦海中，但有時候當某個人或某件事意外提起他的名字時，藏在我內心深處的點點滴滴就會浮現在我眼前，讓我充滿天旋地轉的悔恨與憤怒，並將我的雙眼蒙蔽。我花了很多時間試圖埋葬與他有關的回憶以及我們之間的感情，不過似乎沒有辦法做到。

我正開車穿過松樹嶺[1]，松樹嶺是美國最貧困的原住民保留區之一，沿途隨處可見風滾草。這片土地非常荒涼，空氣中有一種死寂，飄浮於外掛式拖車、以廢木柴和防水布搭成的簡陋木屋、遭到解體的生鏽報廢車之間。我前一天晚上睡在南達科他州萊德市一位紮著馬尾辮的摩托車騎士家，我在他家客廳打地鋪。因為他以前曾在松樹嶺保留區工作，所以推薦我過來看一看。在我離開他家之前，他幫我聯絡了雷谷（Thunder Valley）的工作人員。雷谷是這個保留區裡的一個重生社區。

冷風在雷谷空無一人的停車場呼嘯，寒意刺痛著我的臉。我和一個年輕人碰面，他是奧格拉拉科塔族[2]原住民，並自稱是這個地方的創始領導者。他有著魁梧的身材和一張娃娃臉，黃褐色的皮膚上有刺青，並且紮著一根長及背部的烏黑髮辮。「我是尼克。」他自我介紹時用力地與我握手，然後帶我走進充當雷谷總部的移動車房。

我們在桌子旁坐下，尼克開始告訴我他們在這裡的任務。我對他所說的一切都很感興趣——試著以大捆麥稈建屋技術打造永續性的住屋，以及建設社區花園以改善保留區缺少新鮮食材的問

1 松樹嶺（Pine Ridge）是美國的印第安人保留區，主要位於南達科他州。
2 奧格拉拉科塔族（Oglala Lakota）是美國的原住民族群，為大平原印第安人蘇族（Sioux）的三大族群之一。

題——可是我無法專心，因為尼克看起來很眼熟，這個地方的感覺也很熟悉，以致我的大腦突觸不停發出讓我分散注意力的訊息。

「我們以前見過面嗎？」我打斷他的話。

「我也在想同樣的事。」他說。「妳再說一次妳的名字？」

我重述我的姓名，包括名字和姓氏，而且更緩慢也更清楚地發出其中的母音。

我們稍微靠近彼此，互相凝視，試著在記憶檔案櫃裡找出一些被遺忘的資料夾。然後，我們想到了。「威爾。」我們同時說。

現在回想起來似乎還是令人難以置信。我一直努力阻擋過去的回憶，千里迢迢跑到這個地方——來到松樹嶺，來到雷谷，然後與尼克見面——卻沒有把各個點串聯起來。威爾的父親是紀錄片製作人和記者，早期曾經報導過原住民保留區。他告訴我，美國原住民在六〇年代末期因為厭倦聯邦政府幾世紀以來的不公對待，組成了一個名為「美國印第安人運動」（American Indian Movement）的民間團體，在全美各地發起抗議，其中一次抗議活動於一九七五年導致兩名聯邦調查局探員在松樹嶺遭到槍殺。威爾的父親是那次槍擊案中唯一在場的非原住民記者，槍擊事件發生時，他在保留區西南角一個名為「跳牛場」的牧場外，一枚流彈擊中他的小卡車，他則蹲在小卡車後方，用隨身錄音機為全國公共廣播電臺記錄現場發生的一切。

我剛到巴黎的時候，當時威爾和我還只是筆友，他曾告訴我他小時候會跟著他父親一起外出採訪，並因此與尼克及尼克的家人變成朋友。他還寄給我一篇關於尼克在雷谷工作的報導。如果妳計畫回美國待超過一個星期，我們可以去雷谷參觀。威爾寫道。這個地區是很少人見過的美國。那時我們還在試探對方要不要交往的階段，我記得我對那篇雷谷報導的興趣遠遠不及好奇威爾為什麼在信中提到「我們」，因為這讓我懷抱希望，表示他也認為我和他可以從筆友發展為另一種關係。

尼克和我一邊搖頭一邊拼湊出一切，對於我們在這種情況下見面感到不可思議。他從威爾那裡聽說過我的事——包括我的癌症和我的寫作——而且我還與他妹妹是臉書上的朋友。

「世界真小！」尼克驚呼。

「世界真小！」我也跟著附和，但我的心神不寧遠勝過驚訝。

「威爾最近怎麼樣？」他問。「我們好一陣子沒聯絡了。」

當我發覺尼克還不知情的時候，我的心一沉，因為我不曉得應該如何描述威爾和我之間發生的事。每次我試著說出口，就會查覺到怨恨悄悄溜進我的話語，儘管我已經盡最大努力不發怒。我知道把威爾描繪成惡棍是不公平的——他曾經愛我、支持我、努力留下來——可是我依然沒有辦法用其他方式來講述這件事。

「我不知道他最近過得如何。」我最後說，並試著讓我的聲音保持平靜，可是我壓抑不了怒氣，我的怒氣開始悶燒。

「噢。」尼克說。「我不知道你們分手了。老天，我真抱歉。」

「我也很抱歉。」我用手背擦擦眼睛，然後改變話題。西部遼闊的天空太明亮了，彷彿光圈開得太大，讓我覺得自己曝光過度，就像被剝掉外皮，在別人面前脆弱又無助。

我在一家名為拉科塔草原牧場度假村的汽車旅館過夜，房間的窗戶正對著停車場，地毯黏答答的，床罩又破又舊。我還在浴室的櫃子裡看見一疊沾滿油汙的毛巾，旁邊放著一張卡片，上頭寫著：請使用這些抹布擦拭汙漬、鞋子和槍枝。

我把床罩丟在地毯上，然後把我的睡袋放在床墊上。接下來的幾個小時，我試著說服自己就快要睡著了，但其實我一直想著威爾。我還記得，在我確診之後，尼克曾經邀請威爾帶我到松樹嶺參加一種名為「太陽之舞」的療癒儀式，當醫生表示我的身體狀況太差不宜出門時，威爾決定在沒有我同行的情況下自己前往松樹嶺。每次威爾自己出去旅行都會讓我非常生氣，他可以去任何地方但我不可以的事實，彰顯出我和他之間的差異——也彰顯出我和同齡者以及全世界健康之人的差異。我仍舊不明白為什麼有些人必須受苦但有些人不必，也不明白為什麼有些人必須活在不幸之中但有些人可以逃過劫難。年紀輕輕就生重病是不公平的，讓我覺得無法忍受。其實我心裡很清楚，至少就理論而言，對這一切感到憤怒是沒有意義的——而且很討人厭，但是我還是想拿我受到的局限與其他人的自由來互相比較。我非常想要他們擁有的自由，所以我痛恨他們。

在我緊閉的雙眼後，有一團自責又懊悔的火焰正在燃燒，使我無法成眠。雖然摧毀一段過去非常容易，忘記一段往事卻很困難。我的腦子裡不斷重複播放威爾和我第一次大吵的情景，那次爭吵就像許多人第一次吵架一樣，包藏著意見不合的種子，那些種子後來會開出更大的花朵。當時我們原本打算在幾天後前往聖塔芭芭拉參加威爾一位兒時玩伴的婚禮，自從我開始接受治療之後，我們一直沒有機會再搭飛機出遊，因此我期待著可以看見不同的風景。然而隨著出發日期接近，我顯然已經不可能參加，除非我的血球數奇蹟般地增加。儘管如此，我到最後一刻都還堅持自己的身體夠強壯。

我急著想與這個世界互動，經常做出不明智的判斷，這表示威爾必須時常跳出來扮黑臉。在我們原定出發日的前幾天晚上，威爾叫我坐下來。「我和妳父母談過了。」威爾溫柔地說，並且摟著我的肩膀，將我擁入他的懷中。「妳知道我多麼希望妳一起參加，可是我們都同意妳現在上飛機很不安全，妳需要待在家裡休息。」

我記得自己因為無法接受這個結果而差點大叫。我非常生氣，氣得想伸手把天空撕下來。威爾說得沒錯，以我當時的身體狀況，搭飛機必死無疑。我知道他是為我好，但我不知道還能向誰發洩我的憤怒。我掙脫他的懷抱，說：「你竟敢背著我與我父母串通，把我當成一個無法自己做決定的三歲小孩。你們覺得我還不夠可憐嗎？我來猜猜看——你是不是打算丟下我，自己一個人去？」

我看著這個男人——他已經好幾個月沒有回家探望家人和朋友，自從我確診之後，他始終沒有離開過我身邊，整個夏天都躺在我醫院病床旁的小床上無法安睡。「蘇蘇。」威爾懇求道。「拜託妳不要生氣，我只是需要休息一下。」

「是嗎？好啊，我也需要休息。」我反駁他。

隔天我起床之後感到非常羞愧。我比任何人都清楚，我知道讓照顧者可以毫不內疚地擁有自己的時間多麼重要。威爾值得擁有這樣的時間，而且也迫切需要休息。我對自己說，就算我因為病重無法參加婚禮，不表示威爾也要留在家裡陪我。我記住這一點，因此當威爾去參加婚禮時，我試著不生氣。然而這種心態很難維持，無論我把怒氣埋得多深，它終究會找到發洩的出口。

在接下來的幾天，當我在臉書上看見威爾分享這趟旅行的照片時，我開始悶悶不樂。隨著我看到的每一張新照片——威爾和他的朋友們在海灘玩、在踢足球、去酒吧、去跳舞——我的憤怒來到接近爆發邊緣。我獨自在房間裡，非理性的那一面侵蝕了我的心，總覺得我身體不夠好而無法參加，威爾或許暗中鬆了一口氣，因為我不在場，他就可以玩到很晚。照顧生病的女友是一種責任，只會掃興，因為只要她一累，整場派對就毀了，晚上的歡樂時光也會縮短。

當然，我真正應該氣的是害我無法陪伴威爾的血球數、將我困在床上的身體，以及我那個星期稍晚必須進行的化療，還有我的人生在真正開始之前已經結束的可能性，可是要對癌症這種不具體的東西發脾氣真的很困難。你應該要掌控憤怒的軌跡，在理想的狀況下，最好趁憤怒還沒傷害別人之前先將它導向畫布或筆記本——可是我那時候不懂如何才能做到這一點。威爾從婚禮後的派對上打電話給我時，他聽起來傻傻的，整個人很放鬆，而且話有點多，於是我就隨便找了一個理由和他吵架。我整個週末都這樣做，以各種荒謬的理由責備他——怪他沒有在承諾的時間打電話回來，或者回覆簡訊的速度不夠迅速。

我憤怒的核心其實是擔心。我擔心威爾在外面的世界旅行時會發現自己錯過哪些事。我擔心他會厭倦照顧我，會想要離開我，再也不回到我的身邊。

我真希望自己當時明白：不受控制的恐懼會吞沒你、化成你，直到你最害怕的事情成真。

在威爾快要回來之前，我因為發高燒而急診，並因此住院好幾個星期。威爾從機場直接趕到癌症病房，看到我身上又插滿連接到機器上的管線，而且我的呼吸費力、臉色發白、血液再度受到感染。他難過地在我的病床旁邊坐下，低下頭用雙手摀著臉哭泣。「我不應該去的。」他說。

他在懺悔。在那一刻，我暗地裡很高興自己在他離開的時候病情加重。這意味著他被迫縮短行程，也意味著他又回到泡泡裡與我同在，我不再孤單了。這還意味著他日後要旅行之前會三思而後行。當時我真心相信，如果我能一直把他留在身邊，就可以防止我們兩人分開。我實在太年輕了。

在離開松樹嶺之前，我讀了關於「太陽之舞」這種已經流傳百年的神聖治癒儀式。這種儀式於每年夏季舉行，先由一個由一百多名男性組成的團體共同砍下一棵森林裡的大樹，他們用一套複雜的工具把樹砍倒，小心翼翼地不讓這棵樹碰到地面，然後再把這棵樹放到平板卡車上。等到這棵樹被安全地運回保留區，人們就將它吊在一座圓形的室外競技場中央，這個競技場坐落於被名為「雷谷」的山坳處。

那棵樹是整個儀式的實質精神中心，樹枝上會裝飾著數百條「菸草結」——以五顏六色的布將菸草葉包覆起來，每一種顏色都代表不同的祈禱內容。那些男人會用針刺穿自己的皮膚，在胸前接上繩索，把自己連接到樹幹上。他們不吃任何食物，只喝少量的水，一連四天在烈日下唱歌、跳舞和祈禱，許多人會因此不支倒地，但是疼痛、高溫、脫水和飢餓並非會帶來不幸的危難，而是儀式過程的一環。那些跳舞的男人相信，他們可以透過模擬死亡來減輕社區與祖先的痛苦和悲傷。這種儀式與懺悔罪過或頌揚痛苦無關，而是關於重建並尊崇生死的輪迴。經過最後的淨化儀式，人們就能夠懷著潔淨的心靈重新進入這個世界，並且抵禦未來的各種挑戰。

這就是痛苦的代價。

我因此意識到，如果我想要跨越差點死去與重新生活之間的距離，就不應該試圖埋葬我的痛苦，而應該把我的痛苦當成旅行的指南，以便更進一步了解自己。在面對我的過去時，我不僅必須正視失去別人的痛苦，還必須正視我對別人造成的痛苦。我必須持續在漫長且孤獨的旅途中尋找真理與導師，即便在尋找過程中會讓我感到不適——但我在感覺不適時更應該勇敢正視一切。

我來到南達科他州與懷俄明州中間的某個地方，秋天的寒意變成了結凍的霜害，因此樹上沒有半隻鳥。我將車窗搖下，把手伸出車外，我的手指立刻就被凍僵。空氣中瀰漫著一種濕潤的白堊氣味，天空開始飄雪，一片雪花落在這裡，一片雪花落在那裡，讓我的思緒也跟著開始遊盪。當我在兩個國度之間遊走時，有時候會覺得自己只剩下回憶。我回顧人生中的舊場景，看到了無數個錯誤及令人遺憾的選擇，但現在除了希望自己能弄清楚發生過的事情之外，我什麼也無法改變。

此刻我回憶起我最後一次住院結束前與我父親通電話的內容。我剛告訴他威爾要搬出去，而且我覺得我們恐怕無法重修舊好。「妳是我的女兒，我愛妳勝過任何人。」我父親對我說。「可是我不確定，我在威爾這個年紀時有沒有辦法像他這樣全心全意為妳付出。」

我還記得我們掛斷電話之後，我覺得非常受傷，因為我父親應該要因為威爾離開我而不高興，而不是稱讚威爾。那個時候我還在氣頭上，所以無法理解我父親真正的用意。現在我一邊開車，一邊試著理解我父親那番話的涵義。

我的理性已經原諒威爾搬出去這件事，可是我的感性依然覺得自己被他出賣。威爾和我已經不跟對方說話了，但他偶爾會利用電子郵件或簡訊傳照片給我——例如他抄寫在筆記本裡的化療藥物清單，或是我臉上罩著氧氣面罩躺在醫院病床上的照片。我無法分辨他這麼做是出於懷舊還是敵意——因為他寫道：看看我為妳做過的一切。我討厭這些郵件與訊息，因為它們提醒著我我多麼需要威爾，也提醒我他依舊沒有放手。一想到這件事就讓我氣憤不已。「可惡，可惡，可惡。」我一邊開車一邊咒罵。我希望他不要再把自己的麻煩怪罪到我的頭上，也希望他為他傷害我的行徑道歉。我對自己說，如此一來我才可以不再生氣。

鋸齒狀的提頓山脈出現在地平線上時，我便切換到約翰洛克菲勒紀念公園路，一條通往黃石國家公園的雄偉高速公路。但由於我忙著思考，所以無法好好欣賞周圍的美景。我突然想到自己現在二十七歲了，正好就是我罹病時威爾的年紀。在那個時候，我和威爾相差五歲的年齡差距似乎非常大，好比在二十二歲的時候，每一年感覺都像十年。我們住在巴黎時，我曾經開玩笑地稱呼威爾為我的老頭子（Mon vieux）。

當我開車穿越已經變大的風雪時，我試著想像如果換成是我處於威爾的立場，我會怎麼做。我試著想像有一個我才交往幾個月的人，對方被診斷出致命的疾病。我試著想像我收拾行李，飛往一個我以前從未去過的小鎮，並且搬進對方的父母家，將人生中好幾個月的寶貴時間花在醫院的看護床上。當我大多數的朋友都專注於開創事業前途時，我拒絕升遷的機會。我試著想像應該如何回應對方發洩的怒氣。我試著想像在我買下訂婚戒指的時候，心裡卻知道自己所愛的人可能無法存活。在我努力想像自己做著這些事情時，內心就感到越來越掙扎，因為我根本沒有辦法想像。威爾為我所做的一切，我認為自己連一小部分都無法做到。

事實是，我一直沒有聆聽威爾的需求，我只是不斷地要求威爾向我保證他不會覺得我要求太多，而且當我要求更多時，我還不讓他得到他迫切需要的休息。最後的那幾個月，每次他陪我前往急診室時，臉上的表情總帶著一抹疲憊的義務。我把這當成證據，顯示我確實變成他的負擔，所以他在等待離開我的時機。到了最後，不是這場病將威爾趕走，把他趕走的人是我。這些年來，我的各種行徑不斷將威爾推開，以為他不會走，可是有一天他真的離開了。

我很抱歉。我在黑暗中低聲地說。

雪越下越大，擋風玻璃上的雨刷忙得不可開交。我想停止趕路，找間汽車旅館等這場暴風雪結束，可是我又擔心如果我拖延了往西前進的旅程，天氣狀況會越來越糟，於是我決定繼續趕路，到蒙大拿州州界之後再休息。由於視線範圍內都沒有其他車輛，因此我的車輪在未受破壞的雪地上留下新痕。公路兩旁的黃松林因為積雪的重量而彎下腰，樹枝也都開始結冰。在冰冷憂鬱的光線下，所有的一切似乎都閃閃發亮。

接下來的一個小時，我對威爾的憤怒消失了。我開始思考一些之前因為生氣而忽略的感受，而且我有很多話想對威爾說。或許他沒有陪我走到最後，可是當我需要他的時候，他一直都在我身邊。我想請求他原諒我，並告訴他我非常想念他。

如果這是一部電影，我會馬上打電話給威爾，或許我們還會回到彼此身邊。然而這不是電影，上次我與威爾說話時，我知道他已經找到一份新的工作，在某個體育網站擔任主編。我還聽說他已經有新的約會對象，兩人過得非常甜蜜。如果我現在還想表達對威爾的愛，就應該珍惜我們共有的回憶，而非因為一時意亂情迷而鑄下大錯。我必須抗拒拿起手機的衝動，給他重拾自己人生的空間。我應該做一件最為困難的事：放手讓他走。

我接近蒙大拿州州界時，行經一個位於高速公路旁的不知名小鎮，這個小鎮的主要幹道上幾乎沒有人煙，除了一輛跟在我後方的車子。在接下來的幾個街區，那輛車的速度越開越快，以一種讓人不舒服的近距離緊貼我的車尾。那輛車的車頂上有一盞紅色的燈在風雪中閃爍，我因為沉浸於自己的思緒，所以完全沒有注意到。當我聽見警笛發出警告的蜂鳴聲時，才驚覺我後面跟著一輛警車。

我從來沒有被警察攔下來過，而且我的駕駛教練布萊恩也沒有教過我這方面的事。我在慌亂中駛向路旁並且停車，準備打開車門，在兩輛車中間與警察碰面。可是當我的靴子觸及結冰的地面時，我馬上就發現自己犯下天大的錯誤——對於那些不像我一樣病弱或幸運的駕駛，這個錯誤能會讓他們丟掉性命。

「回到妳的車裡！」這個警察大喊。「**回・到・妳・的・車・裡！**」

我嚇壞了，馬上躲進車中，並且砰地一聲關上車門，導致奧斯卡不停狂吠。當警察出現在我的車窗旁時，我趕緊叫牠閉嘴。警察用戴著手套的手輕敲車窗。

「對不起。」我把車窗搖下來的時候說。「我以為我應該下車，我以為這樣做比較合乎禮儀。」我愚蠢地解釋，同時微微喘氣。

這個警察的臉頰上長滿了青春痘，看起來像個大男孩，可是他的表情不太友善。「千萬別再那樣做。」他低頭瞪著我說。「妳知道我為什麼叫妳停車嗎？」

「我不知道，警官。」

「妳的車速超過限速五英里。」

我準備再次開口道歉，但這個警察舉起手示意我不要說話。「駕照和行照。」

我趕緊翻找置物箱，置物箱裡塞滿了雜物——地圖、不知名的紙張、護唇膏，而且不知為何還有一個小孩子玩的玩具妙妙圈。

「在那裡。」警察用手指給我看。

幾分鐘後，警察帶著我的駕照和行照走回來，隔著開啟的車窗低頭看我。他又問了幾個問題，包括我既然是新手駕駛，為什麼會開著一輛掛著紐約州車牌的車子出現在懷俄明州，以及為什麼這輛車登記在別人名下。

「說來話長，這是個有趣的故事。」我回答，然後簡單地解釋我罹癌的事與健康之國的概念，以及為期一百天的公路之旅計畫，還有我朋友好心借我這輛車。由於腎上腺素的分泌，我變得有點亢奮，不確定自己說出來的話聽起來是否有任何意義。

「好，小姐，請妳冷靜一下。」他強忍笑意時嘴角微微抽動。「我只給妳口頭警告，然後就讓妳離開。」他說。「不過我想弄清楚一件事：妳是新手駕駛，妳向朋友借車，而且妳正在進行一趟公路之旅。」

我點頭回應他說的每一件事。

「可是，看在老天爺的分上，妳為什麼要在暴風雪中開車呢？」

32—薩爾莎與生存主義

我深入蒙大拿州的荒野區時，一連好幾英里路都沒看到任何人影。這裡的土地非常遼闊，覆蓋著深及膝蓋的白雪，無垠的天空讓我覺得自己是這個世界上唯一的人。手機響起的時候，我已經靜靜開了幾個小時的車。鈴聲害我嚇一跳，我瞥視手機，看見喬恩的名字出現在螢幕上。我讓這通來電直接進入語音信箱，因為我最近腦子裡有太多事情，不知道應該如何與喬恩分享。現在我們通電話時都只能緊繃地閒聊，莫非我們已經無話可說？我們之間隔著半個美國，而且我已經想不起我們交往的原因。這段關係的未來有點不太確定，我們的感情似乎越來越沒機會從這趟旅程中倖存。

失去讓我保持警覺且精疲力竭，除了過去幾年間我親眼目睹的生命逝去，還包括這場病對我造成的附帶損失：威爾、我的生育能力與成為母親的機會、我的自我認同，以及我在這個世界的立足點。有時候我會非常煩心，以致失去生活的動力——我不想尋找新的愛情，也不想面對又一次失去的可能性。

昨天晚上我收到一位好友寄來的信，心情因此變得很糟。我昨天在暴風雪中開了一整天的車，然後在蒙大拿州的加德納找了一間民宿過夜，並且泡澡袪寒、紓解壓力。我在浴缸裡裝滿水，讓水幾乎滿出來，然後脫掉靴子、羊毛襪和身上的衣物，將身體浸入熱水中。我在全身肌肉放鬆時發出一聲輕嘆。泡了一會兒之後，我用滑溜溜的手拿起放在浴缸旁的手機。自從我上路之後，已經有一堆電子郵件在我的收件匣裡累積，我想我應該讀一下。

我瀏覽數十封未讀的信，其中有一封來自我的朋友麥克斯。這封信是在大約十天前寄來的，主旨是健康狀況更新——這幾個字讓我不禁緊張起來。許多病患會寄送群組郵件，以便讓親朋好友知悉自己的近況——這種信不見得一定是壞消息，不過在我認識麥克斯的這四年來，他從來不曾在群組裡發送過健康狀況更新的訊息，因此我知道這封郵件不會帶來什麼好消息。

我看著我的手機，然後將它放到浴室的磁磚地板上。我不想讀這封信，不想踏進那扇門。我把頭埋進水裡，睜開眼睛，看著氣泡從我的嘴裡冒出來，接著又迅速抬頭，讓水花四濺。等到浴缸裡的水平靜後，我才再次拿起手機，開始讀信。

親愛的大家：

我的癌細胞又回到我的肺和喉嚨了，明天我將去洛杉磯的悉達斯西奈醫學中心[1]進行手術。這次手術的恢復期不知道會多長——因為我們不確定這次的腫瘤有多難纏。我們目前也不清

1 悉達斯西奈醫學中心（Cedars Sinai Medical Center）是位於加州洛杉磯的非營利醫院和專業學術健康科學中心。

楚我接受的免疫治療在某種程度上是否有效或者根本無效。這次的手術將會決定一切，幫助我們計畫下一步該怎麼走。

如果你們想找我或者傳任何訊息給我，希望我還有辦法讀取電子郵件，但只有老天知道我在手術過後會不會醒來……請別問我太多關於手術方面的問題，或者我在什麼時候會到什麼地方去——目前我們都還不確定，而且短期之內也不會知道。以下是你們回信的範例：

正確的回信方式：「祝麥克斯早日康復！好好休養，無須回覆！」

錯誤的回信方式：「麥克斯什麼時候會去上廁所？會在哪個城市上廁所？——我想帶我的狗去看他，因為我的狗是來自愛爾蘭的好運療癒按摩犬。麥克斯會死嗎？麥克斯是不是經常面對死亡的威脅？他能不能在四個月之後參加我舉辦的活動？」

我很愛你們大家，並感激你們的支持。

「好運療癒按摩犬」那句話讓我笑了。麥克斯一向把自己當成脫口秀演員，即使在這種情況下，他仍試著逗大家發笑。不過，在我讀完信之後，我知道這封信意味著什麼——麥克斯自從十六歲時第一次被診斷出罹癌以來，已經經歷過多次復發，雖然他接受過各種治療，癌細胞依舊持續擴散。該死的癌症。浴缸裡的水壓迫著我的手腳，於是我又潛到水面下，但這一次我緊閉雙眼，放聲尖叫。

愛的最大考驗，或許就是我們在別人需要幫助時的反應，因為這是各種關係應該表態的時機。

我一向是別人遭遇困難時的好友，我也以此自豪——我是可以陪伴朋友度過難關的人，在別人遇上危難時，我做的比他們需要的還多。過去幾年中，我送了很多照護包裹、花束和音樂電報給朋友，並且幫助他們實現願望清單。我還到喜願基金會協助別人完成願望、幫忙送餐、籌備募款活動，以及在臨終安養院守靈。

然而當我想到麥克斯時，卻覺得自己這種關懷之心已經乾涸。我甚至沒有打算回信。我在離開浴缸並上床睡覺的時候告訴自己：一切等明天再說吧。

現在已經是「明天」了，我依然沒有與他聯絡。

我踩下油門，油門踏板在我腳底下微微顫動。不行。不行。不行。我沿著一段結冰的高速公路行駛時心中暗忖。我不能再經歷一次了。沒有比朋友沉默以對更為殘酷的事，你以為他會第一個站出來表示：我在這裡，我很愛你，我能為你做什麼？我有過親身體驗，因此我最清楚這種感覺。但此刻我只想要保護自己，我這麼做是為了全身而退，是為了防備失去他的痛苦。一想到還要面對更多心碎，我就希望自己與世隔絕。我希望自己永遠不要再與其他人親近。

我沿著一四一號公路往蒙大拿州埃文區的方向行駛。埃文區是一個鄉下的農牧社區，牛隻的數量遠遠超過居民人數。我準備去拜訪薩爾莎，她是牧場的廚師，在我住院期間寄了一個照護包裹給我，並承諾如果我來到這個地區，她一定會好好招待我。她給我一份詳細但難懂的指引，教我如何找到她家人開設的牧場。當我問她有沒有地址或地標以便我鍵入導航系統時，薩爾莎回答我：不要使用那種東西。

我在一條泥巴路上開了三英里，在發現薩爾莎描述的那間小屋時——以木頭打造的小房子，牆面漆著藍色和金色線條——就立刻右轉，車輪在冰上微微打滑。我經過一座牛棚，然後駛上另一條往山上綠色牧場蜿蜒而去的泥巴路。我接近那座牧場時，薩爾莎從屋裡跑出來迎接我。她有豐滿紅潤的臉頰，冬帽下披散著金色的頭髮，外型可以扮演聖誕老婆婆。我一下車，穿著長靴與連帽厚夾克的她就露出大大的笑容，興奮地上下跳躍，並以充滿感染力的熱情大喊：「歡迎來到我們這個又大又美的州！一想到妳要來，我們都高興得尿褲子了。」她一面說著，一面把我擁進她的懷裡。

薩爾莎告訴我，她為我的來訪已經準備了好幾天，並且做了足以餵飽一大群牛仔的食物——義大利千層麵、她最拿手的糖蜜巧克力餅，還有晚上可以當消夜的焦糖爆米花球。她把我要借住的牧場宿舍打掃乾淨，鋪上手工縫製的被子，並且預先在柴爐裡生火，以便在我抵達時讓宿舍變得暖烘烘。她似乎覺得這樣做得還不夠多，因此買了一頂「真正的蒙大拿州帽」給我——這頂帽子充滿彪形大漢的氣勢，帽緣後方拖著一條黑棕色夾雜的浣熊尾巴。

薩爾莎就是這樣的個性：她非常照顧人，而且毫不保留。兩年前我們在所謂的「癌症營隊」短暫相遇時，我已經體驗過她的慷慨。「癌症營隊」是由一個名為「第一世系」[2]的非營利組織為罹癌年輕人舉辦的免費戶外探險活動，為期一個星期。

薩爾莎是以「營隊媽媽」的身分出席那次的活動，她要大家都這樣稱呼她。她自願每天為大家烹煮三餐，並確保我們所有人在那個星期都得到妥善的照顧。她就像在養我們，而且她有一種粗俗式的幽默，因此立即吸引了我。每當我因為身體虛弱而無法參與營隊活動時，就會跑去廚房找她。她會請我吃剛從烤箱出爐且熱騰騰的布朗尼蛋糕，並且依照身材健美的程度為那些高大壯碩的年輕輔導員排名，逗我哈哈大笑。她還會大口暢飲她偷偷帶進營隊的威士忌——她把威士忌藏在一個繡著聖經經文的拉鍊包裡，不讓營隊的「權威人士」發現，這點讓我更喜歡她。

我喜歡在「癌症營隊」的每一分鐘。輔導員教我們划獨木舟，我們每天都花好幾個小時在河上漂流，每一次划槳都幫助我不再惦念著門診預約和接受化療的事。我不再想著我的身體如何令我失望，也不再掛念讓自己變健康的方式。我只專注於小小的勝利——鼓起勇氣從懸崖跳進河裡、學會用獨木舟上做出「掃滾」的動作，並且在一連串的急流中航行而不翻船。那個星期結束時，我雖然全身瘀青疼痛，但卻是罹癌後第一次對自己的身體狀況感到驕傲。

從營隊回家後，我決心要成為一個「盡情生活」的人，如同營隊所表彰的座右銘。於是我利用週末時出城健行，並且向威爾提議去阿第倫達克山露營。然而露營回來之後不久，我就因為支氣管感染而住院，一連好幾天都必須靠氧氣瓶呼吸。薩爾莎不知道從哪個管道得知我住院的消息，立刻寄來一個照護包裹，裡面有一隻漂亮的藍色玻璃鳥，我後來把這隻玻璃鳥掛在房間的窗戶上。包裹裡還有一張卡片，邀請我在身體狀況好轉之後到蒙大拿州拜訪她。她寫道：妳可以來我女兒

2 「第一世系」（First Descents）是一個非營利慈善組織，總部位於美國科羅拉多州的丹佛市。

的牧場玩，認識一些真正的牛仔，並且在牧場上騎馬。我躺在醫院病床上，試著想像那個牧場的樣子。我看見了山脈，那是從地面隆起的雄偉白色山丘。我還想像自己騎在馬背上，在樹林裡盡情馳騁。不過監視器的嗶嗶聲將我拉回現實，因為插在我鼻孔的氧氣管脫落了，蒙大拿州頓時又變成千里之外的遠方。

我見到薩爾莎幾分鐘後，奧斯卡就開始繞著穀倉追雞。奧斯卡用盡全力奔跑，耳朵在風中翻飛，可是牠的短腿追得很辛苦。牠鎖定其中一隻雞，一隻胖胖的赤褐色母雞，那隻母雞一邊逃一邊叫，看起來並不害怕奧斯卡，只覺得牠很煩。

「真抱歉。」我對薩爾莎說。「牠以前沒看過雞。」

「親愛的，沒關係。」薩爾莎說。「我無意冒犯，但妳的狗看起來應該追不到任何一隻雞。」即便我讓奧斯卡穿著一件紅黑格圖案的冬季外套，也無法提升牠的形象。

薩爾莎的女兒愛琳走到屋外來加入我們，我們三人看著奧斯卡辛苦追雞的畫面而哈哈大笑，就連牧場的狗——被牛隻踢過很多次而缺少門牙的強悍雜種牧羊犬——似乎也露出微笑。隨著時間經過，奧斯卡的速度越來越快，牠的小爪子在空中飛揚，牠的棕色眼睛在越來越接近母雞時閃露堅定的光芒。然後，牠成功了：奧斯卡以夢幻般的動作向前撲去，抓到母雞尾巴上的羽毛。

「噢，糟糕。不行！不行！不行！」我大喊並向前衝去，一把抓住奧斯卡的項圈，同時把狗鍊裝回去。愛琳也趕緊檢查那隻母雞的狀況，謝天謝地，那隻母雞沒有受傷。「還好我老公不在這裡。」她說。「牧場經營者會射殺追雞的狗。」薩爾莎的身材豐滿而且皮膚白皙，愛琳則有一雙明亮的黑色眼眸，還有長長的栗色秀髮及因為經常運動的結實肌肉。愛琳除了整理家務、照顧孩子，縫製被單賺錢及帶領聖經研讀小組之外，還會幫忙丈夫放牛。她說這座牧場已經在她丈夫家傳承了五代。

雖然我們的狗和雞發生小爭執，但是愛琳和我馬上就喜歡對方。我們走到山上的綠色牧場，在屋裡脫掉靴子，並且在火爐旁的牆邊把靴子排成一列。「我帶妳參觀一下。」愛琳說，然後用手勾起我的手臂。我跟著她在屋子四處走，她讓我看了每個房間和窗外的山景，然後帶我走到地窖，地窖裡的架子上擺滿數量驚人的罐頭、糧食和威士忌——他們把威士忌稱為烈酒（hooch）。「我們在自己的土地上狩獵、採集和種植幾乎所有我們需要的東西。」艾琳自豪地表示。

接著我們回到樓上的廚房，愛琳和薩爾莎忙著準備奶酥蛋餅和厚厚的煎培根時，我也盡量在旁邊幫忙。暖烘烘的香味把愛琳的四個孩子召喚到廚房門口，他們好奇地盯著我看。這四個孩子都在附近一所只有三間教室的學校上課，學校裡的其他學生也都是牧場經營者的子女。他們穿工作靴上課，並且參加非營利組織「四健會」（4-H）[3]舉辦的課外活動。薩爾莎一邊說他們很喜歡

3 四健會（4-H Club）是美國農業部農業合作推廣體系管理的非營利性青年組織，創立於一九〇二年，使命是「讓年輕人在青春時期盡可能發展潛力」（Engaging youth to reach their fullest potential while advancing the field of youth development.）。四健（4-H）是指頭腦（Head）、心胸（Heart）、能力（Hands）、體魄（Health）等方面的健全狀態。

拿牛放屁的事來開玩笑，一邊搔搔年紀最小的男孩芬恩的頭髮。

在孩子們聽不到我們說話時，愛琳告訴我她也生病了。「子宮頸癌。」她低聲地說。我很驚訝自己遇見的許多人都活在私密的掙扎中，我走得越遠、遇到的人越多，就越相信這些人的經歷縮短了我原以為自己可能永遠無法逾越的鴻溝。

當我幫忙擺餐桌時，愛琳的丈夫威廉回來了。他穿著牧場的工作服──羊毛帽、絲質領巾、貼身夾克、牛仔褲和皮靴。他臉上有令人印象深刻的大鬍子，鬍鬚又長又蓬鬆，看起來像是鳥巢。他友善地向我點點頭，然後在大木桌的主位坐下來。

「我們來禱告謝餐。」威廉說。每個人都伸出手握住別人的手，我卻緊張得全身僵硬，因為我這輩子從來沒有為了謝餐而禱告過。如果我不參與，會顯得非常失禮，於是我低下頭並閉上眼睛，由威廉帶領著大家祈禱。禱文簡短且甜蜜：「主啊，感謝祢賜給我們美好的一天與豐盛的食物，願這頓飯滋養我們的身體。阿們。」

牧場經營者的妻子們每個星期都會到鎮上參加有氧體操課。鎮上有一所只有三間教室的小學校、一間郵局和一座小型體育館。愛琳邀請我一起去上有氧體操課，薩爾莎也一同前往。體育館裡光線充足，拋光的木頭地板在我們的運動鞋底下吱吱作響。這裡大約有十幾位女性，年齡層橫跨數十年。她們正在做伸展操，每個人都穿著防風上衣和運動服。愛琳向她們介紹我的時候，她們全瞪著我看，讓我覺得這地方不常有外人出現，而且我充滿異國風情的姓名讓她們感到陌生。

愛琳開始講述我的公路之旅，引起了她們的好奇。當愛琳提到「白血病」的時候，她們的表情明顯軟化。

「歡迎妳。」其中一個女人說。「我也得過癌症。」

「很高興妳加入我們。」另一位對我說。

「妳見過威廉的弟弟了嗎？」第三個人說。「他單身，而且真的很帥。」

「如果妳嫁給威廉的弟弟，我們就是妯娌了！」愛琳驚呼。

「我們應該替妳找一個真正的牛仔，而不是假扮牛仔的紐約客。」薩爾莎開玩笑地補充。

牧場經營者的妻子們在運動時絕對不會偷懶，因此在接下來的一個小時，我們在體育館使用各種器材健身，忍受新的折磨。我們做開合跳直到雙腿發抖、做深蹲直到臀肌發痛、做波比跳直到幾乎倒下。但讓我驚訝又滿意的是——我都可以跟得上。

健身結束後我去盥洗，我在浴室的鏡子裡看見一個我已經幾乎不記得的身影。我的皮膚曾經像銀樺樹般蒼白，但現在的我臉色紅潤、眼神閃閃發亮。腦內啡像電流一樣在我的身體裡流竄，讓我覺得自己身體強壯、精力充沛。我輕撫自己參差不齊的短髮，我的頭髮現在已經可以塞到耳後——看起來很像九〇年代的李奧納多．狄卡皮歐。我已經和五十天前那個離家遠行的女孩完全不同了，現在的我是一名旅行者、冒險家和公路戰士。雖然我每天晚上睡覺時依然疲憊不堪，但我確實走了很遠很遠的路。

那天稍晚時，我們齊聚在牧場宿舍吃晚餐。威廉的弟弟出現了，他就像每個人所說的那麼帥，而且他不斷地偷看我。屋外的氣溫已經降至低於冰點，薩爾莎說晚上的溫度低至華氏零下三十度也不足為奇。他們用燒柴的火爐讓屋內變暖，生火的木柴是威廉自己砍的。即使爐火劈里啪啦地燃燒，即便我的牛仔褲底下還穿了衛生褲，那種寒意仍讓我懷疑自己能不能再次感受到溫暖。他們用馬克杯斟了威士忌，喝威士忌可以讓我們的身體變溫和。那對兄弟喝到微醺之後就比較不害羞了，開始加入我們閒聊。

「妳採用哪種保護措施？」威廉轉頭問我。

「什麼意思？你是說避孕的方式嗎？」我問。

薩爾莎捧腹大笑，把啤酒吐了出來。

「不是。」威廉皺著眉頭澄清。「我是指保護自己的安全。比方說隨身帶槍。」

「噢，不，我沒有那種東西。我這輩子從來沒有碰過槍，因為我可能會不小心朝著自己的腳射擊，無法用來保護自己。我沒有槍，只靠我自己和這個小傢伙。」我說，並且拍拍奧斯卡。

「妳不會害怕嗎？」威廉的弟弟問我。他們似乎對於我連摺疊式小刀都沒帶就展開長途旅行感到不安。他們堅稱一個只靠一隻絕育小型犬保護的女人不應該手無寸鐵地四處旅行。威廉說要給我一把槍，讓我帶著上路，可是我婉拒了。但最後我們達成協議：在我能夠從二十英尺外射中錫罐之前，我不可以離開這裡——這項挑戰耗去我隔天下午大部分的時間。

晚餐時我們享用麋鹿肉香腸及愛琳的燉牛肉。他們告訴我麋鹿是威廉獵來的，牛則是他們自己養的。「我不喜歡依賴任何東西或任何人。」威廉表示。他還花了一點時間闡述自己對政府、公立學校甚至醫生的懷疑。「我們在這裡有讓自己活下去及保護自己所需的一切。」

晚餐後，威廉的弟弟朝沙發走來，在我身旁坐下。他有薑黃色的鬍子與藍色的眼睛，身上穿著法蘭絨襯衫。雖然他的話不多，但我仍可以感覺到他對我有好感。我說話的時候，我能感覺他的眼光停駐在我身上；當我和他四目相接時，我們兩人都會臉紅。這段日子以來，只要有男人特別關注我，我就會感到驚訝，因為在接受治療期間，我覺得自己的性魅力已被完全抹去。我媽媽用輪椅推我上街時，不會有人對我吹口哨，也不會有人多看骨瘦如柴的我一眼，除了好奇我領口上方探出的導管。而且如果真的要說，人們甚至會刻意不看我。因此，每當有男人與我調情時，我都不會表明自己已有男友，因為我享受甚至渴望這種關注。

我們的膝蓋輕碰了一下，在那短短的一瞬間，我放任自己想像與威廉的弟弟一起在牧場上生活。只要能被某個人懷抱，我就會感到安心，無論時間多麼短暫。但如果我心生迷惘或陷入泥沼，我就會立即結束這段關係，再從新男人身上尋找指引。這種方法很簡單，不必弄清楚自己想要什麼，也不必解決眼前的問題。專注於新戀情總比面對岌岌可危的關係來得容易一些，然而我知道這是自欺欺人的伎倆。於是我站起身來，對這位想追求我的牛仔說聲晚安，然後上床睡覺。

第二天下午，我們來到樹林外圍的空地，威廉在一根倒下的樹幹上擺放六個罐頭。我戴著新的浣熊帽，在威廉教我裝填子彈與射擊時暗忖這一切多麼荒謬。威廉說我應該先從手槍開始練習

——他們說手槍是「女人用的槍」。我射擊了幾槍之後，威廉認為我可以畢業了，所以開始訓練我使用來福槍。「如果妳不夠小心，妳的牙齒可能會被槍托撞斷。」他調整我的姿勢。「記得把槍托靠在肩膀上。」

那是一把老式的點二二來福槍，威廉用來教他們的孩子射擊地鼠，將來這些孩子們也會到樹林裡狩獵麋鹿。我扣下扳機，後座力撞擊我的肩膀，刺鼻的火藥味充斥我的鼻孔。在經過十幾次的練習之後，我終於擊中了一個罐頭，愛琳和薩爾莎開心地大叫，歡呼聲在樹林裡迴盪。

我們回到屋裡，我便開始收拾行李，並把行李放到車上。薩爾莎和她的家人向我道別，還送我多到吃不完的手工餅乾。「我們一直在討論一件事。」威廉對我說。「討論之後，我們決定把妳列入我們的名單。」

「噢？」我回答。「什麼名單？」

「在世界末日時可以到我們牧場來避難的非家庭成員。」威廉一臉認真地說。

「噢，哇，謝謝你們。」我說。我馬上想到他們的地窖——裡面放滿了罐頭食品、緊急用品、罐裝水和威士忌，數量足夠讓人過完餘生。他們懷疑主流社會、收藏槍枝，並堅信他們可以在自家土地獵捕、採集、種植他們所需的一切。現在我終於懂了，薩爾莎和她的家人都是有辦法成功倖存下來的人。當我問他們這方面的問題時，他們解釋道：與其說這是生活方式的選擇，倒不如說在蒙大拿州的這一區就得這樣過日子。倘若哪天這個世界崩壞了，他們已經做好萬全的準備。

「但是名單上的每個人都必須做出一點貢獻。」薩爾莎插話。「雖然妳幾乎沒有實用技能

——妳對養牛或牧場事務一無所知，也不會打獵。」她笑著用手肘推推我。「但妳或許可以當我們的抄寫員。」

這句話讓我深深感動，意味著儘管我們之間存有差異，但他們還是歡迎我。關於自給自足、與世隔絕、為最壞狀況做準備等本能——這些我在某種程度上都可以理解，因為這就是我一直以來對喬恩的態度，也是我現在對麥克斯的做法。我想要保護自己的心，以免面對更多失去的痛楚。不過，對這個家庭而言，災禍只孕育出親密關係與慷慨之心，在面對死亡的恐懼時，他們沒有彼此疏離，反而更加親近。

當我離開牧場時，我的手機突然響了，有一則來自陌生號碼的簡訊。那則簡訊的內容是：歡迎妳再回來玩——妳在蒙大拿州的丈夫（威廉的弟弟）。我原以為自己在完成西部之旅的最後一站時會精疲力竭，甚至可能會想家。但相反的，我在前往西雅圖的時候完全沒有這些感覺，只被這個國家的野生景觀和活潑居民所吸引，他們慷慨歡迎我走入他們的生活。我不禁好奇：這種感動是否表示我已經再次感受到生命的力量？

33 「布魯克風格」

身為獨自旅行的年輕女性，我從陌生人那裡得到許多不請自來的建議。無論我到什麼地方——在路邊的餐館吃飯、在露營營地的盥洗室排隊、在卡車停靠站加油——都會遇到想傳授智慧給我的人。

有些建議不太有幫助。在我出發前，一個有錢的朋友說，如果我這趟公路之旅聘請「司機」同行，可能會比較安全。（「噢！很棒的建議。」我禮貌地回答。）有些建議比較實際。我在奧勒岡州的海岸區住了一晚，一個名叫布蘭特的漁夫教我很棒的駕駛技巧。「擋風玻璃開始起霧的時候，記得按下汽車除濕鍵。」他說。「不然妳會什麼都看不見，這樣麻煩就大了。」另一位意見提供者是溫蒂，她是波特蘭的一位女演員暨脫口秀表演者。溫蒂說自己是「對抗嗜吃成癮症的老年人」，還說自己具有「慢性猶太人人格障礙」。溫蒂教我如何擺脫畏縮：「一，列出讓妳感謝的事物；二、到外面去散步；三、如果妳沒有飲食失調的問題，就吃一些巧克力和喝一杯濃咖啡。」

另外還有一個具有先見之明的建議，讓我感到不可思議，不僅撼動我的心，還幫助我透過不同的角度看待事物。這項建議來自我在西雅圖認識的年輕人伊薩克。伊薩克把他所有的家當裝進後車箱，剛從阿拉斯加鄉下開車來到西雅圖。我們住在同一間小旅館，我發現他週末大部分的時間都在哭。他告訴我，他太太剛剛拋棄他。雖然他失去伴侶，可是腦子還很清楚。「寬恕就表示拒絕武裝自己的心——拒絕以受限的心活著。」他這樣對我說，但他似乎也像是在說給自己聽。「以敞開的心扉活著，意味著必須感受痛苦。雖然滋味難受，但勝過選擇讓自己麻痺。」

黑夜來得很快，當我把車子開到加州洪堡縣某間小屋的木門前時，斜斜的蒼白月光映照在泥濘的車道上。這裡原本不在我的拜訪計畫內，但是當我向漁夫布蘭特提到我打算在北加州找個地方住時，他把我的手機號碼給了他的女婿，他的女婿又轉給一個名叫瑞奇的朋友。瑞奇今天早上打電話給我，邀請我到他的小屋過夜。

瑞奇以溫暖的笑容歡迎我，他灰色眼眸旁的魚尾紋因此皺了起來。因為他太太嬌伊去合唱團練唱，所以只有我們兩人共進晚餐。「希望妳不介意吃素。」他在我跟著他走進屋裡時說。

瑞奇在廚房裡張羅晚餐時告訴我，他是退休的心理學家，現在利用空閒時間從事雕刻創作。小屋裡有幾件他的作品，全都是造形奇特的小型手工木雕，其中有一件作品特別吸引我。這個作品怪誕卻美麗，看起來世俗又空靈，造型是一個正在扭曲變形的人。瑞奇告訴我這塊木頭來自一棵巨大楓樹的底部，他將作品命名為「柯契意[1]的蛋」（Koschey's Egg），並表示柯契意是斯拉夫

1 柯契意（Koschey）是俄羅斯民間故事的男性反派角色，經常被冠上「不朽的」或「不死的」的稱號。

民間傳說中的一名巫師，他將自己的靈魂藏在物品中，例如埋在樹根底下的鴨蛋，藉此得到永生。瑞奇說自己在創作時會從以前擔任心理學家的經歷擷取靈感：「我最感興趣的議題，是被生活擊敗之人如何達到超越理性和情感能力的境界。」

當他這麼說的時候，我附和地點點頭。我對他這番話當然很有共鳴。

我們坐在客廳裡，旁邊有個泥磚砌成的大壁爐。當我們吃著烤南瓜、羽衣甘藍沙拉和卡拉馬塔橄欖時，瑞奇與我分享了他在八〇年代中期與妻子及兒子們一起駕著廂型車環遊歐洲的故事。他提出一項理論：每當我們進行一趟旅行，其實總共旅行了三趟——第一趟是準備與期待，包括整理行李與做白日夢，第二趟是實際上的旅行，第三趟則是日後記憶中的旅行。「最重要的關鍵，是盡量保持這三者的獨立性。」他說。「而且無論妳正在哪一趟旅行中，都務必全心投入。」

比起其他的建議，我會把這個建議牢牢記在心中。

隔天早上我起床後，就開始沿著加州海岸行駛，瑞奇的理論依然在我耳邊不斷迴響——試著專注於*這趟公路之旅*，不要讓思緒隨意亂飛。抵達西岸代表著一個轉捩點：我已經盡我所能地走到最遠處，而且沒有把車子開進大海中。但我很難不去苦惱接下來該怎麼做，也很難不去思考回到紐約之後會發生什麼事。原本我以為此刻會有更多答案，沒想到我反而有更多疑問。

我在路旁看到紅木國家公園的路標，便把車子停下來，讓奧斯卡下車活動。*這些紅杉林到底有什麼了不起？*我在等奧斯卡小便時看了一下入口的告示牌。出於好奇，我決定去進去裡面健行一會兒。

來自太平洋的海霧低沉地籠罩著森林，我和奧斯卡沿著一條三英里長的小路往前走，腳步聲被地面上的苔蘚吸收而去。隨著小路越往深處延伸，我們周圍的樹林就長得越高，濃密的樹葉在我們頭頂上方編織成樹冠。我在一棵非常粗大的紅杉木前停下腳步，用指尖輕觸樹幹，這棵紅杉木的樹皮上有黑色的焦痕。紅杉木是紅杉屬底下迄今仍存活的物種，最早可以追溯至侏羅紀時期。紅杉木不僅設法適應環境活下來，還為其他的植物挪出空間，讓其他植物也萌芽生長——蕨類植物從紅杉木的樹枝往下長成垂掛式花園，黃綠色的地衣布滿了紅杉木的樹皮，結著黑漿果的灌木叢則在樹下吸取土壤的養分。

當我們走到小徑的盡頭時，奧斯卡停下腳步，在一個小水塘周圍繞了一圈，我找一塊石頭坐下來喘氣，然後將頭往後仰，眼睛凝望著天空。三百英尺高的紅杉木似乎像是千里眼，可以直探天堂、俯瞰土地。我很想問問這些紅杉木：*你們能看見我看不到的嗎？我現在應該何去何從？*當我聆聽高高在上的樹枝在風中吱吱作響時，我同時也放慢呼吸速度，深深地吸氣吐氣。我突然想到，這些紅杉木在不費力氣也不具自我意識的情況下完成了我努力想做到的事——這些已經矗立已久的紅杉林，使得「存在」這件事變得天真可笑又膚淺。身處於這些高大的樹木間，我覺得自己如此渺小且無所寄託。此時此刻，我不是紅杉木，我只是一粒塵埃，一個在風中飛舞的孢子，沒有方向，隨風飛向任何地方，不知道自己最後會降落在何處。

我拉開背包的拉鍊，拿出我的日記。*最近我每到一個新地方，就會試著融入當地的一切。我*

寫道。我可能會搬到這個小鎮、這個城市、這個地區、這個州嗎？這裡會是我最後安頓下來的地方嗎？昨晚我在睡覺前花了一個小時瀏覽洪堡縣的房地產市場，幻想著買下一塊地，一個偏僻但安靜的地方，一個我可以稱為屬於我的地方。我想像著獨自生活，只有我的書和幾隻狗陪伴我。

那天下午稍晚，我選擇在大瑟爾山區紮營，並且在菲佛州立公園的草地旁搭帳篷。太陽開始西沉，陽光像流瀉的蛋黃般在海面上蔓延。天氣還很溫暖，所以我不必急著拉上帳篷的拉鍊。我躺在睡袋上，將穿著泥濘靴子的雙腳伸到帳篷外。奧斯卡模仿我的動作，也跟著躺下來，將四隻腳伸在空中。我摸摸牠的肚子，牠則以充滿愛意的無助眼神看著我。我們在旅途中無時無刻都膩在一起，宛如變成一對老夫妻，可以在無意識的情況下從對方的小動作看出對方需要什麼，不必開口詢問。實在很難相信，自從我把奧斯卡帶回家之後，一轉眼已經過了三年多。「恭喜你，你已經正式成為我在成年之後交往最久也最成功的戀愛對象。」我轉身對奧斯卡說，奧斯卡則舔舔我的鼻子表示回應。

要是所有的交往關係都能這麼簡單就好了。我心想，並且在想起喬恩時嘆了一口氣。我因為太困惑而不知道該對他說些什麼。除了互通簡訊——他問我是否安全，我回答說我很安全；我問他是否一切都好，他回答說他很好——我們幾乎沒有說話。我們之間的關係變得緊繃又不自然，彷彿隨時都會分崩離析。

如果可以的話，我希望修改我們的交往年表。我會等我找到人生立足點之後再開始與他約會

——或者，至少要等到我不再經常為了前男友而哭泣。也許那個時候，我們的關係會有不一樣的發展。不過，這當然就是瑞奇剛才警告我的那種時間旅行思維，我不可能改變已經發生的事，只能決定現在應該怎麼做。事實是，我不覺得自己能夠以喬恩應得的方式去愛他，也不覺得自己值得他的愛。我一直躲避這個男人打來的電話是不對的——他是一個好男人，一個非常善良又有耐心的男人，他給我空間去解決我的問題——而且相信等我結束這趟公路之旅就會回到他身邊。在我們的關係中，我大部分時間都處於變幻不定的狀態，因此我開始認為：如果我們就此分手，對喬恩來說比較公平。

在我因為膽怯而放棄前，我拿起手機傳了一則簡訊給喬恩，問他我們可不可以找時間談一談。我盯著手機螢幕，看著三個小點點出現又消失，表示他原本打算回覆些什麼，可是後來又刪除。在他思忖著該如何答覆我的時候，我可以隔著手機螢幕感覺到他的擔憂。最後他終於回覆了一則訊息，告訴我他現在很忙，問我可不可以等到週末再談。我鬆了一口氣。我想我們非常清楚這次談話會帶來什麼結果，可是我和他都還沒有準備好讓這種結果在今晚發生。

第二天早上我開車上了一號高速公路，這條長六百五十六英里的公路，從舊金山北端通往洛杉磯南端，沿著太平洋海岸線延伸。一號高速公路的路面狹窄，有一連串令人緊張的彎道，而且坡度越來越高，沿路只有一條看起來不太牢靠的金屬護欄防止車子翻落懸崖、墜入數百英尺下方的大海。我的雙手緊緊握著方向盤，同時瞥看後視鏡一眼，忍不住在心中咒罵——我的車子後方跟著一整排俗豔的跑車和敞篷骨董車。當車子經過草莓園和許多海豹正在享受日光浴的金色沙灘時，我心裡從來不曾如此驚嚇和害怕——或者說，如此頭暈目眩。

經過四個小時的折磨，我終於駛離一號高速公路，驅車前往奧哈伊，一個坐落於洛杉磯西北方大約八十英里的山中小鎮。這片土地在暮色中顯得迷幻，海平面上如小丘的月景散發出神祕的粉紅色光芒。我正在前往拜訪凱薩琳的路上，凱薩琳在她的兒子布魯克自殺後寫信給我。她向我解釋，寫信這件事也是受到布魯克的啟發。布魯克曾寫信給一位科學家，告訴對方他非常欣賞及欽佩對方的研究。那位科學家因此對布魯克印象深刻，不僅邀請布魯克去找他，最後還給了布魯克一份工作。在那之後，他們家的人就把寫信給陌生人以表達感謝的舉動稱為「布魯克風格」。這種理念是：如果你想與世界上的某個人聯繫，就算這個人與你相聚遙遠，就算你們可能永遠沒有機會認識彼此，你也絕對不能就此放棄——你可以說：管他的，然後動筆寫信。凱薩琳就是本著這種精神與我聯繫，並且感謝我寫的專欄：故事是治癒和支撐我們的力量。凱薩琳寫道。如果我們有勇氣說出自己的故事，就可以一次又一次地意識到其實我們並不孤單。

穿越一片紅色的塵土，我來到位於山腳下的一棟白色小屋。凱薩琳是一位高中英語老師暨法語老師，她打開紗門熱情地歡迎我。她的邊境牧羊犬阿提克斯拖著步伐走到我的車子旁，搖著尾巴表達牠的熱情。凱薩琳穿著清爽的白色牛津衫，下襬塞在牛仔褲裡，頭上戴著一頂黑色的寬邊牛仔帽，腳上則是與帽子搭配的黑色馬刺牛仔靴，看起來十分端莊。她濃密的黑色髮絲中夾雜著一些灰髮，髮長直逼她的腰際。

她提議我們共度一個安靜的夜晚，只有我們兩人和我們的狗，晚餐則享用烤鮪魚，我愉快地點頭說好。我們把餐盤和酒杯帶到後門廊，望著漸漸變暗的山谷，馬上就聊得十分深入，完全不需要暖場。我們聊天的時候，我覺得自己好像已經認識她一輩子了。我從她的舉手投足看見自己，也從她眼中閃現的悲傷看見自己。我留意她的用字遣詞以及她刻意不談的話題，這讓我們之間立刻有了連結，對彼此的信任不言而喻。

當凱薩琳問我過得如何時，我坦白地對她說了實話：我在這趟旅程中一直想著前男友，儘管我已經盡最大努力活在當下，依然覺得自己被過去的種種所追逐。我告訴她關於梅莉莎和我失去的其他朋友，以及關於正在洛杉磯家中從手術中恢復的麥克斯，還有我因為太怯懦而無法打電話關心他的事。我告訴凱薩琳我和喬恩之間的關係，以及我已經決定在下次和他說話時提出分手。

凱薩琳聽了這些之後並沒有退縮，也沒有避開目光。她沒有試著用一些陳腔濫調來安慰我或者給我建議。她只是在椅子上將身體往前傾，全神貫注地聆聽，並且在我說話時微微點頭。等我說完時，她告訴我她完全可以感同身受，而且她很高興宇宙的力量認為我們應該相遇。「悲傷不代表要保持沉默。」她說。「也不代表要獨自承受。」

我們起身把空盤子和玻璃杯拿到廚房，然後走到客廳，客廳的書櫃擺滿了書，茶几上有一把曼陀林。凱薩琳告訴我她正在學彈曼陀林。我在壁爐架前停下來，壁爐架上擺著她與孩子們的照片——三個女孩和一個男孩，那個男孩一定就是布魯克，蠟燭的火光照在他英俊又聰明的臉上。

第二天下午，我和凱薩琳一起到她家附近的馬廄，她教我如何騎馬。凱薩琳是一位經驗豐富的馬術運動員，曾帶著學生與她心愛的閹馬小藍到內華達山脈進行一個星期的背包旅行，她騎上馬的動作看起來簡單又輕鬆，可是我從十幾歲之後就沒有騎過馬，而且她借我的那雙舊牛仔靴尺寸大了一號，所以當我把腳放在馬鐙上並試著躍上馬背時，不小心滑了一下，差點直接從馬背上摔下來。不過，等我在馬鞍上坐定後，肌肉就恢復了記憶。我很快就掌握騎馬所需的韻律感，我們騎著馬以小跑步的方式穿過橘子園並經過凱薩琳的家，來到一條長而蜿蜒的小徑，這條小徑直接通往山裡。

凱薩琳告訴我，布魯克很喜歡來這個地方靜思。我們騎馬來到一塊巨大的砂岩前方——「這是他最喜愛的地方。」她說，然後下馬走到石頭旁，將手放在一塊刻有布魯克名字的銘牌上。

「他是個什麼樣的人？」我問。

「噢，你們兩人一定會成為好朋友的。」凱薩琳說。「他是一個非常獨特的人——喜歡研究語言學和科學，也喜歡爬山等戶外活動——他很討人喜歡，淘氣又聰明。」她告訴我布魯克會說流利的中文，而且對所有事物都感興趣，無論是烤麵包或是有機化學。布魯克在大學畢業後搬到佛蒙特州，在那裡擔任樹藝家和消防志工。不過，其實他從大學一年級開始就一直對抗憂鬱症，在佛蒙特州的時候他有一次嚴重發作，還出現躁症症狀。布魯克那次陷入可怕的瘋狂狀態，因此在精神病院住了幾個星期。雖然他試圖控制那種所謂的「惡魔之疾」，但後來宣告放棄——因為他實在沒有辦法以他與親友所信賴的方法來控制病情。凱薩琳告訴我，躁鬱症在不同病患身上會有不同的表現，而且就和任何疾病一樣，有些病人在發作時會比其他人嚴重，有些病人在發病時會招架不住。在二〇〇九年十一月的某個寒冷早晨，布魯克自殺身亡，得年二十六歲。

凱薩琳凝視著那塊大石頭，表情悲戚。「他的頭腦非常好，即使在生病時也一樣。」她說，眼淚從她的臉頰滑落。

「如果這讓妳太痛苦，我們可以不要談論這件事。」我說。

「事實上，談論布魯克對我而言是一種治癒過程，我很感激妳問起他的事。人們總把自殺視為可恥的祕密——在訃聞中不會提及真正的死因，家族裡也會刻意避談。不過，談論我們失去的親人，可以讓他們繼續活在我們心中。」

凱薩琳告訴我，布魯克在死前寫了一封信。她讀信給我聽，那封信就像充滿關愛的救生索，因為布魯克明白大家會想知道他自殺的原因，所以他在信裡試著說明。他的信內容清晰易懂，宛如一份活檔案，能在親友悲傷之際支撐他們。布魯克說，他知道摯愛的親友們會因為沒能阻止這場悲劇而自責，所以他向他們保證，他們已經把一切做到最好。他知道他們會很痛苦，但他希望這樣的痛苦不會超過他繼續活著的煎熬。他告訴他們，無論發生什麼事，他都相信他們將會繼續前進。他還說他很抱歉，他非常愛他們，愛到難以計算。那封信的情感豐富且關愛滿溢，即便布魯克當時陷在自身的痛苦中，你能感覺到他仍越過巨大的鴻溝，向他的家人伸出雙手。那是他最後一次展現「布魯克風格」。

孩子自殺是具毀滅性的悲劇，個中苦痛外人無法想像，我也無法揣摩——不過，凱薩琳的故事並未就此結束。當我們沿著小徑馳騁時，她告訴我在布魯克死後四個月，她騎馬時馬匹不慎跌倒，讓她因而摔斷腿。又過了不久，她在接受例行性的結腸鏡檢查時發現罹患結腸癌。她說，那是一次宛如靈魂出竅的體驗——她覺得自己不可能遇上這種事——但不知什麼原因，她也認為這一切有著神祕的連貫性。「悲傷是情感方面的體驗，也是身體方面的體驗。」凱薩琳說。「我的骨頭斷裂，我的腸道出現癌細胞，這些都具有象徵意味。」

我問凱薩琳她如何面對這些狀況——我想知道她如何扛起一次又一次的悲傷。她停頓了一會兒，讓馬兒放慢速度。「被迫躺在床上休養，讓我得以暫時放下教職及日常生活的責任，真實地體驗我的悲傷。」凱薩琳表示。她轉身指指一輛停在她家房子旁邊的白色卡車，然後對我說：告別式結束之後，回到沒有布魯克的家中真的令人傷心。當凱薩琳前往佛蒙特州收拾布魯克的遺物時，她決定橫越美國，親自把布魯克的白色卡車開回來，這是她把布魯克帶回家的方法。這輛卡車的前車牌貼有布魯克擔任消防志工的標示，凱薩琳在回程途中經過加油站和路旁餐館時，人們只要看到那個志工標示都向她表達讚賞之意。聽到那些讚美，凱薩琳覺得自己的心也開始慢慢癒合——她不再充滿悲傷，而是感到驕傲。該趟行程還有一種儀式感——因為距離遙遠、車速緩慢，讓凱薩琳有時間去理解事情已經發生，也幫助她開始接受事實。

凱薩琳告訴我，布魯克的死改變了她對死亡的態度。自從罹患結腸癌以來，她的癌症已經復發兩次，而且她最近剛剛動過胸廓切開手術，目的是切除她肺部的一顆小瘤。她已經接受癌症可能是她人生終點的想法。「假如我的孩子可以離開這個物理宇宙，我當然也可以。」她扭扭脖子，繼續說道。「我一點也不害怕死亡，磨難才真的讓人煎熬。」

為了繼續前進，凱薩琳每天都提醒自己她的人生非常富足——因為她有布魯克與她的女兒們及孫兒們，還有阿提克斯和小藍，以及她的悲傷。「過去這幾年就像人生中可怕的教訓——不僅對我自己來說，對我所愛的人來說也一樣。」凱薩琳說道。「明天也許會來，也許不會來。」

那天稍晚，我們讓馬兒回馬廄休息，然後帶狗去散步，接著吃完晚餐。洗完碗後，我就返回客房。我躺在床上，打開日記，重新檢視我一直以來所做的事——與凱薩琳完全相反的做法——逃避痛苦。我用嗎啡和《實習醫生》影集麻痺自己，否認痛苦的存在，並且拒絕讓任何人走進我的心。現在我終於明白，這種方式並不能讓我擺脫悲傷，只會讓悲傷延後發生。*假如我不再把痛苦當成必須加以麻痺、修復、躲避和保護的東西，假如我試著接受它就在我身體裡，並且歡迎它的存在，會不會有什麼改變？*

我曾經以為，治癒意味著清除身體與心靈的任何痛苦，也意味著將痛苦拋在腦後、留在過去，但我現在已經知道這種想法不正確。治癒是釐清如何與你心裡的痛苦永遠共存，而非假裝它不存在或放任它綁架你的心；治癒是學習面對過往，並且接受無法擺脫的事實；治癒是學著擁抱我所愛的人，而不是為了避免將來失去他們而拚命保護自己。凱薩琳的經歷以及她對治癒的理解深深影響了我，她經歷了一些自以為永遠無法熬過的不幸，可是她活下來了。「妳必須掙脫陰鬱和毀滅，專注在妳愛的人身上。」她在睡前對我說。「面對困境時，這是妳唯一該做的事：愛妳身邊的人，愛妳擁有的生活。當人生遭遇悲痛的時候，我認為只有愛才是最強大的回應。」

我闔上日記，勇敢面對我已經逃避太久的兩件事。我先寫了一封電子郵件給麥克斯，然後打電話給喬恩。喬恩在鈴聲響起的第一聲就接起手機。

「妳現在離洛杉磯多遠？」他問我。

「大約一個小時的車程，也許兩個小時。為什麼問？」

「我正在訂機票，我明天飛去找妳。我們必須面對面談這件事。」

第二天早上，我穿上我的公路之旅制服——破舊的長筒靴、黑色的牛仔褲、白色的圓領衫，以及一件我從大學以來就最喜歡的皮夾克。我和凱薩琳喝完咖啡，她把那本老舊的公路年鑑送給我當成餞別禮物，我則彎下腰搔搔阿提克斯的耳後。「謝謝妳所做的一切。」我告訴凱薩琳，同時坐進車內。「妳對我的幫助比妳所知道的還多。」

我開車前往洛杉磯，當我抵達機場時，喬恩已經在接機大廳外的路旁等我。他戴著我從印度買回來送他的棉質圍巾，看起來比平時更加帥氣時髦。他在車陣中發現我，雖然我們都試著裝出嚴肅的表情，可是兩人都忍不住露出傻傻的笑容。他上車之後，我們立刻緊緊擁抱住彼此，暫時忘卻他特別臨時飛來洛杉磯的原因。

「我很高興你到這裡來。」我說。

「真的嗎？」喬恩問，同時將我鬆開。從他不自然的口吻，我看得出來他一直很受傷，因此讓我萌生憐惜之情。他的工作非常忙碌，我相信要他挪出時間飛來西岸並不容易，但我也不訝異他為了與我當面溝通而飛越整個美國。喬恩總是會在我最艱困的時刻出現在我身邊，甚至在我們成為情侶之前就已經如此。

我們有很多事情要告訴對方，可是一開始我們只能沉默相對。車子往前行駛時，我突然想起當喬恩得知我罹癌時，他帶著整個樂團來醫院探望我。喬恩帶著他的口風琴，伊班達帶著他的低音號，艾迪帶著他的薩克斯風，鼓手喬伊則拿著鈴鼓，在癌症病房裡為我演奏。〈當聖徒前進〉[2]的樂聲傳到走廊，許多護士和病患紛紛探出頭來，可以走動的病患都走了過來，不能走動的病患被護士或家屬用輪椅推到我的病房門口，其他的病患則躺在他們的床上聆聽。病房的每個角落都充滿音樂，起初他們只小聲地演奏，後來越來越歡欣鼓舞，病患、護士及醫院的工作人員開始跳舞及拍手，整個病房區的氣氛變得輕鬆許多，住院病患因為這段短暫的休息時間而雀躍，沉浸在音樂的療癒中。我雖然戴著口罩，也不禁露出大大的笑容。

回想起這段往事，我突然不再肯定自己要什麼。過去幾個星期，每當我考慮結束這段關係時，心裡都會抗拒打電話向喬恩提分手，如今我們終於面對面，我變得更加沒有自信。不過，我試著坦率地說出真相，就像幾天前我和凱薩琳在一起時那樣。「我知道自己一直很疏離。」我對喬恩說。

2 〈當聖徒前進〉(When the Saints Go Marching In) 是一首黑人靈歌，雖然起源於基督教的讚美詩，但經常被爵士樂團演奏。這首歌因為路易斯．阿姆斯壯 (Louis Armstrong) 於一九三八年五月十三日錄製的版本而聞名。

我們正在車陣中緩慢移動。「我有很多事情需要靠自己弄明白，所以我很難釐清應該如何面對這段關係，因為這兩件事好像彼此衝突。如果要我說實話，我在這趟旅途中花了很多時間思考我們是不是應該分手。」

「我想問妳一件事。」喬恩說。

「什麼事？」

「妳喜歡我嗎？」

「當然喜歡啊。」我說。

「告訴我真心話。妳喜歡和我在一起嗎？」

「我喜歡啊。我愛你。」我大方承認。

那為什麼一切變得如此複雜？

我們兩人都沉默了一會兒。「聽我說。」喬恩以更溫柔的口吻說。「也許妳現在沒有答案，可是我想要和妳在一起，即便這意味著我必須給妳更多空間，我可以接受。但我需要妳在我們釐清這段關係時完全敞開心胸且完全誠實，妳不能再把我關在妳的心門之外。」

過去幾個星期，我對自己施加很大的壓力。我認為如果無法全心投入這段關係，就應該完全退出。我一直忙著評估風險並武裝自己以抵禦風險，卻沒想到還有第三種選擇：讓這段關係成長、變化與發展，並且發掘我們的本質以及我們在這段關係中想要得到什麼——這麼做就好比讓自己融入兩個國度之間的中間地帶。當我放慢速度滑向紅綠燈時，我伸手握住喬恩的手。

「我們沒事了嗎？」喬恩問道。

「我們沒事。」我回答。

「別想要我這麼簡單就放妳走。」他說。「過來。」

於是我傾身倚到喬恩懷中。

我們接吻直到燈號變綠且後方的駕駛開始按喇叭。我不太確定這一切意味著什麼，然而在事情尚未明朗之前，你沒有辦法強迫自己釐清一切。自從我認識喬恩以來，他就一直教我一件事：有時候你所能做的就是參與其中。就算事情不順，你還是要繼續參與。

離開洛杉磯之前，我去拜訪了最後一站。穿過濃濃的霧霾及尖峰時段的交通，我驅車前往布蘭特伍德區。布蘭特伍德是一個富裕的社區，家家戶戶都是設有大型柵欄門的別墅，並且由園藝團隊負責打造其完美的庭院造景。這是我第一次到麥克斯的家，我敲門之後，他的母親艾莉和她的貴賓犬開門迎接我。我和艾莉在華麗的大廳說話時，面容蒼白的麥克斯從樓梯走下來，模樣看起來非常虛弱。他的臉頰凹陷，原本已被眼鏡放大的藍色眼眸看起來變得更大。他以粗啞的男中音向我打招呼，並解釋他的聲音因為胸腔的腫瘤而變啞。他帶我上樓到他的房間，因為我們在房間裡聊天比較有隱私。他坐在床邊，我坐在他對面的書桌椅上，因為焦慮不安而不停轉動椅子，直到麥克斯伸出手將我穩住。

我眼睛看著地毯並且咬住嘴唇，深怕如果與他四目相對，我會立刻哭成淚人兒。「我知道我沒有站出來挺你。」我說話時聲音在顫抖。我告訴麥克斯，在過去幾個星期，我曾經無數次想要打電話給他。我還告訴他，我懂他的感受——我也曾遇過對我表示沉默的朋友——如果他不能原諒我，我絕對可以理解。「我的軟弱沒有任何藉口。我感到非常抱歉。」

可是麥克斯沒有因此放過我，因為那不是他的風格。「我有發現到妳的疏離。」他平靜地說。「我沒有生氣，只有試著去了解。妳是不是因為知道我快死了，所以很不自在？」

「不自在？不是這樣的。」我回答。「我是非常害怕。」我告訴麥克斯，我從來不知道自己能擁有這麼深刻融洽的友誼，而且很可能再也無法擁有。他是我在深夜裡擔心切片檢查結果時唯一能打電話訴苦的對象——我還可以隨意找他閒聊漱口水的優點，不需要任何解釋。麥克斯陪我出席梅莉莎的告別式、在我最後一次住院時每天來看我，並且在威爾搬走後的第一個星期每晚陪伴我。「你很懂我，即使我說自己不想見客，你還是出現在我家門口——尤其是在我已經說了我不要任何人來看我之後。」我對麥克斯說。「你讓我放手做自己，即便現在還是。你是我認識的人當中最有趣、最聰明、最奇怪的一個，光想像會失去你就已經讓我崩潰。」

「我明白了。」麥克斯說，並伸手把我拉起來。「我也是這麼猜測。我原諒妳，可是我現在真的需要妳。」他用力擁抱我，用他所有的力氣及身上每一塊肌肉，那種擁抱就像以善意的方式壓碎你的肺。麥克斯總是給我最棒的擁抱。

我們再次坐下後，我關心麥克斯的健康狀況。他告訴我他開始使用一種新藥物，那種藥的副作用原本應該很溫和。「可是我們都清楚試用新藥的結果。」麥克斯說。「這是我一生中所經歷過最痛苦的折磨，我每天只有兩、三個小時活得像正常人。不過，在那兩、三個小時裡，我就是麥克斯。能成為麥克斯真好。」

接下來的幾個小時，我們談天說地、話題不斷。麥克斯問我在路上遇到什麼樣的人以及看到哪些景點，我則問他新婚生活的點滴，然後我們一起回憶他在幾個月前舉行的婚禮。就像我和喬恩一樣，麥克斯和他太太維多莉亞也是十幾歲的時候在夏令營認識的，他們在交往前曾經當了將近十年的好友。麥克斯在他們開始交往的最初幾個星期就已經確定，他將要在他們約會一週年那天向維多莉亞求婚，雖然他當時正在接受化療。麥克斯向來不按牌理出牌，我記得儘管他的預後不佳，他決心求婚時所懷抱的激進希望與樂觀態度讓我欽佩。當他問我願不願意成為他的伴娘之一時，我真的感到萬分榮幸。婚禮在托潘加峽谷舉行，地點是一家環繞著老梧桐樹、瀑布和野花的小酒館，詩人露伊絲・葛綠珂[3]擔任主持人。露伊絲・葛綠珂是麥克斯的良師益友。

麥克斯告訴我，他一直在讀露伊絲的詩集《艾維諾湖》（*Averno*），這本詩集是一部傑作——能夠帶給你幾十年的智慧，而且你可能必須先死掉很多次才有辦法寫得出來。「每當我遭遇重大挫折時，我的寫作能力就會進步，我個人也跟著成長。」麥克斯說。「我想，如果我能活到五十歲，應該就可以寫出一本傑作。但前提是如果我能活那麼久。」他的口氣有點激動，帶著一

3 露伊絲・伊莉莎白・葛綠珂（Louise Elisabeth Glück, 1943.4.22-）是美國詩人暨散文家，曾獲得諾貝爾文學獎及國家人文獎章、普利茲詩歌獎、美國國家圖書獎、美國國家書評人協會獎和博林根獎等美國主要文學獎項。

種我從未聽過的冷酷。「我很不滿。」他承認。「最近我才突然覺得，知道自己這麼年輕就要死去的感覺真的很奇怪，而且非常孤單。」

他停頓了一會兒，露出我沒有看過的悲傷表情。他說他的人生豐富而短暫——他有最好的家庭、最好的朋友、最好的妻子，而且他的第一本詩集即將在幾個月之後出版。「看到一切如此迅速地開花結果真令我開心。」麥克斯說。「我沒有錯過任何事，但我寧可慢慢燃燒。」

麥克斯的聲音越來越沙啞，他看起來相當疲倦。「我現在想抽根大麻菸，並且看一集《千金求鑽石》[4]，和妳一起邊看邊罵。但我好像應該小睡片刻。」他說。

離開之前，我告訴麥克斯我很愛他，並承諾每隔幾天就打電話給他，與他分享我在旅途中的最新消息。「妳有辦法獨自在車裡思考那麼久的時間，實在很不可思議。」麥克斯說。「這些年來醫療團隊在妳身上進行試驗，而如今妳有勇氣地對自己進行試驗——幫助自己成長。這就是力量。」

「噢，麥克斯。」我揪著自己的胸口說。「如果沒有你的支持，我不知道自己應該怎麼做才對。」

「妳真會鼓舞人心。」他說。

「上帝不會給你超過你能承受的壓力。」我說。

「每一天都像是一份禮物。」他說。

在我走出門口之前，麥克斯給了我一個很緊很緊的最後擁抱。

我離開加州時穿越莫哈韋沙漠[5]，在點綴星光的黑色天空下經過開花的仙人掌和絲蘭。我不知道我和喬恩之間的關係會如何發展，也不知道我能不能再見到麥克斯，但我已經不想再保護自己的心了。你無法保證別人不會傷害或背叛你——他們一定會傷害或背叛你，無論是因為分手抑或死亡這種讓人無法理解的大事。然而避免心碎會讓我們錯過別人、錯過目標。於是我和自己訂下一個約定，然後將這個約定吹向沙漠中：我希望愛情出現的時候，我能夠清醒地發現並且放膽追求，即使不確定愛情會把我帶向何處。

4 《千金求鑽石》（*The Bachelorette*）是美國電視相親實境節目，於二〇〇三年一月八日在美國廣播公司（ABC）首播。

5 莫哈韋沙漠（Mojave Desert）是位於美國加州東南部的沙漠。

34 回家

外面下著大雪，奧斯卡和我蜷縮在帳篷裡，像連體雙胞胎一樣胸口貼著胸口睡覺。第六十六天的早晨，我在大峽谷外緣的露營地醒來。我起床後用凍僵的手指點燃爐火、一邊發抖一邊煮咖啡時，突然有一種深切的渴望。這種渴望在我數不清第幾次收拾帳篷並把裝備放回車上時一直緊跟著我，在接下來的幾天，當我開車穿越位於西南部的火星景觀以及在新墨西哥州蒂傑拉斯村一位推特友人家慶祝我第一個光明節[1]時，這種渴望變得越來越強烈。我獨自在聖達菲市[2]積雪的街道上徘徊——每家商店門口都掛著松葉花環，人行道上擠滿為家人購買禮物的人潮——讓我感覺有點憂鬱。

最後我終於恍然大悟：自從上路以來，這是我第一次想家。我想回家。我想回家——這種想家的心情在我開車時變成腦中的旋律。不過，我可以回哪裡去呢？我沒有工作，沒有自己的家庭，也沒有房貸在等我。這些念頭閃過我腦海時似乎無關緊要，因為我必須在第一百天左右回到紐約市，把車子還給我的朋友，並且向我的醫療團隊報到——除了這兩件事之外，沒有任何事情是確定的。所以我必須明智地利用最後這段行程，從我遇到的人和我去的地方找出答案。

我往下行駛到德州，開車經過荒涼的邊境巡邏檢查站和一大叢灌木蒿，最後來到位於契瓦瓦沙漠[3]裡的馬爾法市，一個塵土飛揚的迷你小鎮。過去數十年，這個小鎮因為藝術愛好者聚集於此而聞名，最近更因為Instagram而爆紅。我原本只把馬爾法當成休息站，但是我對這個奇怪的地方及其全是牧場經營者、作家和畫家的居民組成產生好奇心，因此特別停留了一小段時間。在接下來的三天，我結識了各式各樣的人，包括一位來自德州的富二代，她讓我住在她小屋裡的空房；一群戲劇社的高中生，我某天晚上去看了他們的演出；兩個穿軍靴的骨董商，我在參觀博物館的時候認識他們，他們邀我到他們住的拖車喝梅斯卡爾雞尾酒。身為獨自旅行的女性，我覺得自己就像是格洛麗亞・斯坦納姆[4]所形容的「天國的調酒師」（celestial bartender）：陌生人歡迎我走進他們家、與我分享他們不願告訴治療師的祕密，並且邀請我參與他們的家族傳統活動，還在與我道別時送我他們自己做的派餅。

在馬爾法的最後一天早上，我在公立圖書館外遇到一對與我年齡相仿的情侶，他們激起了我

1 光明節（Hanukkah）是猶太教的節日。
2 聖塔菲（Santa Fe）是美國新墨西哥州的州府，其名來自西班牙語，意思為「神聖的信仰」。
3 契瓦瓦沙漠（Chihuahuan Desert）位於美國西南部和墨西哥北部，是北美洲最大的沙漠。
4 格洛麗亞・斯坦納姆（Gloria Steinem, 1934.3.25-）是美國女權主義者、記者及政治活動家。

的好奇心。在他們自我介紹之前，先為我介紹了他們那輛一九七六年出廠的福斯露營車。「我們替她取名為『陽光』。」他們告訴我。雖然那輛車已經有將近半世紀的歷史，但看起來和她的主人一樣年輕活潑。「陽光」的車身是橘色的，車窗上有時髦花布縫製成的窗簾，儀表板上則貼著羽毛。車裡有兩張床、隱藏式的收納空間和一間簡易式廚房。

「你們在培養紅茶菌[5]嗎？」我指著放在前排座椅中間的一壺琥珀色液體問。

「我可以教妳怎麼發酵，方法很簡單，而且紅茶菌對身體有益。」這位自稱奇蒂的年輕女子說。她有一雙熱情的藍眼睛，金色捲髮上插了野花，整個人散發著一種靈氣。她的男友傑爾正在修理「陽光」的引擎，他的頭髮紮成馬尾，肩膀像足球後衛球員般寬闊。他們兩人都曬得很黑，而且長得很好看。他們告訴我，過去三年他們都住在這輛露營車裡。

我當下就被「陽光」和住在她裡面的這兩人深深吸引，我很想知道他們的人生、他們去過哪些地方、看過哪些景致、遇過哪些人，以及他們如何謀生，還有他們為什麼以這輛橘色的露營車為家。

「這就是所謂的『一駕鍾情』吧？」奇蒂和傑爾告訴我。這輛露營車在北卡羅來納州山上的阿巴拉契亞州立大學對街的停車場裡停了好幾個月，奇蒂當時在那裡念書。等她一畢業，這對從高中時期就開始交往的情侶就以五千美元的代價買下這輛露營車，兩人一起搬到洛杉磯威尼斯海灘區[6]的一間狹小套房，並且找到工作——她在一家酒吧擔任服務生，他在一個衝浪網站擔任影像攝影師。然而都市生活讓他們感到窒息，而且他們不喜歡工時過長的工作，因此做了一個衝動的決定：他們辭掉工作並退掉租來的套房，試著在車上生活。「陽光」不僅成為他們四處旅行時的住所，也成為一種生活模式及意識形態。從朝九晚五的暴政中得到解放之後，他們開始探索這個國家最偏僻的角落。

「我們跟著務農的季節旅行。」傑爾在我問及他們如何負擔生活費用時說。「我們花的錢不多，需要現金的時候，我們就去當一、兩個月的雇農和移工。採收水果、養殖乳牛、餵養馬匹、挖掘溝渠——妳說得出來的工作，我們都做過。」

奇蒂和傑爾不必付房租，他們在國家公園、森林、紅杉林和沙漠裡露營，在河流和溫泉洗澡，自己動手烹飪每一餐，吃喝從地球上找來的食物。他們不必擠羊奶、採桃子或翻山越嶺時，就從事各式各樣的創作。傑爾拍照並製作木工藝品，而且因為「陽光」年紀大了，他也成為業餘的技工；奇蒂每天料理三餐、賞鳥及研究玄學，她喜歡寫作和畫漫畫。他們還合辦了一份關於他們冒險故事的小型線上雜誌。

我很驚訝傑爾和奇蒂能將這種短暫的虛幻轉變成長久的生活方式。相較於傳統的成功標準及社會期望，他們似乎在充滿無限可能的開放道路上找到人生的目標。我認為他們證明了「家」不

5 紅茶菌（Kombucha）因普遍在加糖的紅茶中培養而得名。紅茶菌不是單一的菌種，而是酵母屬、醋桿菌屬和乳桿菌屬的共生物，其中以醋酸菌的含量最多。

6 威尼斯海灘（Venice Beach）是美國加州洛杉磯市西區的一個海濱區域，以運河、海灘和街頭藝人著稱，也是該市重要的文化中心。

一定要在某個地方或基於某種職業。無論我走到哪裡，都有可能找到屬於我的家。

傑爾在木頭砧板上切了一條麵包、一塊起司和一些蘋果，奇蒂則忙著重新裝滿我們的紅茶菌罐。當我們在「陽光」後方坐下來吃東西時，一個滿臉笑容、頭髮像麥稈的衝浪者走過來加入我們。這名衝浪者叫做麥基，他和傑爾他們一起旅行了一個星期。「我們要去大彎曲國家公園[7]。」他們一邊吃一邊說。「妳要不要和我們一起走，我們可以露營一晚？」

我在心裡快速估算了一下時間。我在馬爾法停留的時間比預計中來得久，原本我應該在今天就前往奧斯丁市[8]。大彎曲國家公園並不順路，而是在往南一百英里處，這意味著我在接下來幾天得在駕駛座上耗費多得嚇人的時間。

「不管那麼多了！好，我跟你們去。」我說。

我們這個雙車車隊開了一整天的路，「陽光」在前面帶路，我這輛滿是泥濘的速霸陸緊跟在其後方。我的新朋友不使用導航系統，而且「陽光」最快只能行駛每小時五十五英里，所以我們不走高速公路，而是在曲折蜿蜒的鄉村小路上緩緩前進，準備前往那些文明尚未觸及的領地。就旅行者而言，他們行進時非常沒有效率，只要一看見吸引他們好奇心的東西，他們就會立刻停下來探究。如果他們喜歡周圍的環境，可能就會待上好一陣子，也許好幾天，有時候甚至好幾個星期。

我們開了幾個小時之後，格蘭河[9]出現了。這條河有如一條曲折的翠綠色緞帶，將德州和墨西哥分隔開來。我們駛離主要幹道，轉向一條坑坑疤疤的泥土路，最後在一個可以俯瞰河谷的岬角停車。乾裂的黃土、無垠的藍天、鋸齒狀的峽谷、往下延伸的金色草原——所有的一切在這天下午就像專屬我們擁有。我們爬下山岩，在炎熱的天氣中健行，直到抵達水邊。除了幾隻走鵑鳥和一小群聞著樹叢的野豬之外，在幾個小時的路程中我們都沒有看到任何人。我的新朋友們脫光衣物跳進水裡，我起初猶豫了一會兒，最後才跟著下水。這裡實在太熱了，我已經顧不得自己身上有難看的疤痕而且身材不優美。我開始划水，覺得河水沁涼濃稠。我們四人盡情放聲大叫，開心地潑水並踢起河底的泥沙，將河水的顏色及黏稠度變成有如巧克力牛奶一般。就連還不會游泳的奧斯卡也忍不住把鼻子埋進河水裡。

太陽西下時，我們持續沿著小路前進，繼續開到更遠一點的地方，直到抵達山腳下有著紅色條紋狀崖壁的僻靜空地。傑爾和麥基去撿木柴準備生火，我則幫忙奇蒂使用他們的露營炊具準備晚餐。奇蒂打開一個儲物櫃，拿出一瓶瓶積著灰塵的葡萄酒，他們只在特殊場合才會拿這些酒出來喝。暮色像煤灰般籠罩我們這片小營地的上空，我們四人窩在後座一起享用晚餐，奧斯卡則蜷縮在我們的腳邊。我們將露營車的車門打開，對著劈啪作響的營火，然後將餐碗放在膝蓋上，用

7 大彎曲國家公園（Big Bend National Park）位於美國德州西南部，是德州最大的國家公園。
8 奧斯丁（Austin）是美國德州的首府。
9 格蘭河（Río Grande）是一條位於北美洲南部的河流，延伸至墨西哥境內後被稱為布拉沃河（Río Bravo）。

麵包沾美味的燉菜吃，並且隨意聊著各式各樣的話題，包括多久洗一次頭最好，以及無所事事的理論——他們認為生活不應該太忙碌，應該更悠閒一點，好比他們這樣的生活方式。

到了午夜時分，我向新朋友們道晚安。我曬了一整天的太陽，此刻早已昏昏欲睡。我穿過黑暗，朝我的車子走去。因為我實在太累，沒有力氣搭帳篷，所以就把所有的東西放到前排座位上，將後排座椅收折起來，在空曠的置物空間擺上露營床墊，然後鋪上毯子和睡袋。我發現這張即興完成的床非常舒適，還有足夠的空間讓我伸展雙腿，因此十分開心。我把所有的車窗都搖下來，並且打開車尾的掀背蓋，讓溫暖的微風吹進來。除了被風吹動的杜松樹和偶爾從遠處傳來的土狼嚎叫聲之外，這個地方很安靜，而且夜空裡的星星比我這輩子看過的都還要多。

我注視著銀河，想起我所渴望的一切就是我此時此刻擁有的。當初我坐在舊公寓的廚房地板上，那是我這輩子最痛苦的時候，我的心碎成千萬片。我說服自己去相信我可以擁有更真切、更廣闊、更充實的人生。我不想要以殉道者的身分活著，不想要永遠只能以發生在我身上最糟糕的這件事來定義我。我必須相信：當你的人生變成一座牢籠時，你可以從牢裡掙脫，重新獲得自由。我一次又一次這樣告訴自己，直到我相信自己所說的話：我可以改變未來的人生歷程。

我在睡袋裡轉換身體的方向，變成腳朝著方向盤，頭靠在車子的後保險桿上，這樣可以不受阻礙地看著北斗七星對我眨眼。過了幾秒鐘，我發現一顆流星，然後又發現另外一顆。不到一會兒的時間，我已經看到非常多顆流星，多到數不清。當我望著閃閃發亮的天空時，突然有一種溫暖又愉快的感覺滲入心中，我只能用喜樂來形容這樣的感覺：我還活著，而且以我最希望的方式活著。我被賦予了某種樣態的人生，可是我努力把那樣的人生轉變成屬於我自己的人生。今晚的這種感覺，就是我心裡最接近回家的感覺。

然而當我一閉上雙眼，流星就不見了，我的視野又轉向我的內心世界，回到我腦子裡不斷重播的舊場景——我最後一次與威爾碰面那天。那是一個讓人產生幽閉恐懼的夏夜，就在我展開公路之旅的幾星期前。我還記得，當時我默默期望我們能夠達成某種和平協定，畢竟我們已經分開夠長的時間，有助於彼此冷靜下來。我們的對話一開始還很友善，可是在兩個小時之後，我們卻在東村某家酒吧前的人行道上互相叫罵。在各走各的路之前，我們在一件事情上達成共識，而且我們只有那件事達成共識：我們最好永遠不要再說話或見面。

我的胸口變得越來越緊繃，我想要掙脫這個不願意放開我的回憶，我想要擁有簡單的快樂。不過，我已經明白，在不知不覺中，我一直在等待梅莉莎認同，等待威爾認同，等待每一個從我生命中消失的人認同，然後才有辦法將一切畫下句點。我希望他們祝福我再次墜入情網、祝福我夢想新的未來、祝福我繼續往前邁進。我一直在等待某種跡象或證明，讓我知道不必一整天想著他們是被允許的——如果我還想要繼續我的人生，就必須慢慢忘掉他們。無論我應該如何道歉、悔罪或犧牲，我都已經意識到自己必須接受這些糾結可能永遠無法完全解決的事實——無論與在世者或已逝者的糾結。

第二天早上，我和新朋友們共進早餐，然後分道揚鑣，但承諾會保持聯絡。接下來的幾天，我經過無人的城鎮、多刺的仙人掌樹林，以及大型的路邊廣告看板，看板上告訴燒烤愛好者應該到哪裡大快朵頤。我開車穿越奧斯丁，並且繞過一面湖，湖水看起來像藍寶石般清澈，幾乎讓人以為加氯消毒過。我繼續往東穿越德州，沿著沒有盡頭的高速公路行駛，直到多線道公路慢慢收合為單線道。傍晚時，我把車子停進利文斯頓五十九號高速公路旁的貝斯特韋斯特酒店[10]停車場，這裡是路易斯安那州州界附近的速食餐廳和連鎖商店所在地。飯店櫃臺人員是一名穿著糖果色毛衣、塗著粉紅色指甲油的女子，她把房間鑰匙交給我時對我說：「親愛的，住宿愉快。」

我選擇入住貝斯特韋斯特酒店，因為它是我所能找到最便宜的飯店，而且距離監獄有十分鐘車程。明天早上我將拜訪 Lil'GQ，他是寫信給我的第一批陌生人之一。囚犯每個星期只有兩個小時的探訪時間，但我獲准進行所謂的「特別探視」，可以在連續兩天內進行兩次四個小時的探訪，這項待遇通常保留給犯人最親近的朋友和家人。此刻我來到這裡，一想到要與 Lil'GQ 相處八個小時就讓我忍不住緊張得想咬指甲。與人交談八個小時感覺是非常漫長的時間，更不用說對方是個陌生人，而且在過去十四年來一直待在死囚牢房裡。

我在位於貝斯特韋斯特酒店二樓的房間裡重讀 Lil'GQ 寄給我的第一封信，再次感受我當年在醫院病床上時的困惑——那種困惑來自於想像他在遠方牢房裡度過的人生。在隔離病房那段漫長且令人發瘋的日子，我經常想到他。我想知道他如何打發獨處的時間，也想問他：當你明白自己的人生已經走到盡頭，你如何繼續過日子？你如何面對過往人生的幽魂？當前方充滿可怕的未知時，你如何活在當下？

從我的房間可以俯瞰停車場，我能從窗戶看見我的車。我的車子積著厚厚的灰塵，車身泥濘不堪，看起來像剛剛打過一架。天色漸漸晚了，我在睡覺前還得到後車廂去拿幾個東西。於是我穿上靴子，走到外頭。當我走向停車場時，發現有一群男人站在幾輛小貨車旁。那些男人的模樣讓我遲疑了一秒，我的直覺叫我趕快轉身回到飯店裡，這種出於本能的不安，就像我上路後第一個星期在麻薩諸塞州營地看見傑夫拖著防水布和他的狗從樹林裡走出來時一樣——當然，事後證實傑夫不僅無害，而且是一個相當不錯的人。由於想到傑夫的例子，以及我曾經多次庸人自擾，我決定不理會腦中響起的警鈴。

我在後車廂裡找尋牙膏和奧斯卡的狗糧，突然聽見一聲低沉嘶啞的挑逗口哨聲從暗處傳來。「過來和我們聊聊天啊！」其中一人喊道。我不理會那人和他的朋友，安慰自己他們只是在胡鬧。「妳一個人嗎？」那人繼續說，其他人哈哈大笑，因為他們笑聲太大，我感覺得出來他們都喝醉了。我低著頭，拿好我要的東西，然後鎖上後車廂。當我大步走向距離我停車處最近的飯店側門時，那個男人忽然搖搖晃晃地朝我走來，我因此趕緊加快腳步，腦中的警鈴也越來越響。我快要回到飯店了，我對自己說。可是當我抵達側門時，卻發現門打不動。我輕輕搖動門把，才發現那是一

10 貝斯特韋斯特（Best Western International, Inc.）是一九四六年於美國加州創立的連鎖飯店品牌，目前在全世界八十多個國家及地區共有四千兩百多家以該品牌營運的飯店。

道磁力鎖，必須用房間鑰匙上的磁扣才能打開。那個男人的腳步聲越來越近，我抬頭望去，他那張浮腫且醉醺醺的臉上帶著一抹冷笑。

「嘿，寶貝。」那人低聲地說，同時明目張膽地打量我的身體。「不要害怕。」我因為驚慌而變得笨手笨腳，在尋找房間鑰匙時不小心讓包包裡的一些東西掉在人行道上。就在我急著蹲下來找鑰匙時，一對老夫婦正好出現在門的另一側並且將門推開，那個男人因此往後退了幾步，躲回停車場的陰暗處。我趕緊抓著我的包包衝進飯店走廊，全身毛骨悚然。

安全地回到房間之後，我將房門鎖上並門上門栓，心還在胸口猛烈狂跳。我告訴自己冷靜下來，試著回想自己為什麼跑來這個陰森偏僻的地方，並提醒自己 Lil'GQ 是我最想要拜訪的人。為了與他聯繫，我不得不先在一家網路公司註冊帳號，因為那家公司的用戶可購買數位郵票以寄送電子郵件給全美各地的監獄囚犯。當時我不確定 Lil'GQ 是不是還記得我，也不知道他是不是還在死囚牢房。在我出發前幾個星期，我每天都渴望地查看電子郵件，希望能收到他的回信。經過兩個星期都毫無音訊，於是我透過那家公司的網站再次發送訊息給他，結果同樣石沉大海。就在我幾乎放棄時，才突然想到我忘了提供他回信地址。我愚昧地以為因為我是寄電子郵件給他，他可以直接回信給我，可是他當然沒辦法回覆電子郵件，因為監獄裡不能使用電腦。

我第三次寄電子郵件給他，並且告訴他如何與我聯繫。他馬上回了一封信給我，說他很高興得知我活下來，而且對於見面一事感到興奮。如果我說我接到妳的來信時非常興奮，那真的只是輕描淡寫。坦白說，我早就忘了寫信給妳的那件事，因為我覺得妳可能在讀完之後就扔掉了。

Lil'GQ還問我是不是可以在我到訪之前與我繼續通信，以便進一步互相了解，但由於我大部分的時間都在旅途中，所以我們必須發揮一點創意來保持聯繫。我請他把信寄到我父母位於薩拉托加的家，然後我父母再掃描他的信，用電子郵件寄給我。這不是最有效率的做法，可是還行得通。在我抵達利文斯頓之前，我們已經設法通信十幾次。

我躺在床上瀏覽這些信件，為我們的見面做準備。等到天亮之後，我們就要碰面了。Lil'GQ是一位出色的筆友：真誠、有趣、回信迅速。這些年來他經常寫信，與幾十個人魚雁往返。他說，寫信讓他有事情可做，而且每天晚上當獄警發信時，會讓他充滿期待。我喜歡寫信，也喜歡從比我優秀的人身上學習新事物。妳知道，我二十歲就入獄了，而且我高中沒唸完就輟學。他還坦言寫信這件事在實質上還可以達到一個目的：因為我有口吃的毛病，寫信可以讓我清楚表達自己的想法，也讓我能夠多一點安全感，不會在說不出想說的話時對自己生氣。

Lil'GQ在信裡和我談論各種事。他告訴我他的嗜好：閱讀是單獨囚禁的犯人最好的朋友。他告訴我他的第一輛車，一輛偷來的棕色凱迪拉克轎車：我以前會一大早就起床，坐在車子的引擎蓋上計畫事情。在乳癌防治月的時候，他寄給我一張親手繪製的卡片，上面畫著一個粉紅色絲帶，並寫著：勇氣！倖存！友誼！戰士！力量！Lil'GQ的語氣大部分都很鼓舞人心，但有時候我能感覺他是在心情挫敗的情況下寫信：對一個黑人來說，這裡的生活一成不變。他承認某些時候他會找不到繼續前進的動力，但他總是小心翼翼地避免自憐：我知道很多人希望像我一樣有這麼多空閒時間，只不過是在不同的環境中。

Lil'GQ已經三十六歲了，他人生幾乎一半的時間是在死囚牢房裡度過的。他知道「外面」已經有諸多改變，因此希望我告訴他關於這世界的一切。我盡我所能地向他更新我最新的旅行動態。我在愛荷華州鄉下的六號汽車旅館寫信給他，我在懷俄明州傑克遜市一座中世紀公寓的壁爐旁寫信給他，我在芝加哥一所公立學校對八年級某班學生演講之後寫信給他。那些學生以「我來自哪裡」為題創作新詩，在我與Lil'GQ分享這件事之後，他也試著寫出一首詩：我來自一個感受不到愛的家庭，我來自一個只有黑社會、販毒者和癮君子的地方，我來自一個任性妄為就會倒大楣的環境。

在我接近德克薩斯州時，Lil'GQ把我的名字放到他的訪客名單中，並且詳細告訴我探監規則：會客時間從早上八點鐘到下午三點，訪客不能接觸犯人，這表示我們必須坐在塑膠玻璃隔板的兩側，透過電話交談。我問Lil'GQ我可不可以帶書或者他可能需要的其他物品給他時，他回答說：妳的時間和存在對我而言已經夠好了，我會把妳的來訪當成一份提早收到的聖誕禮物。

窗外的喧譁聲打斷我讀信，於是我把那堆信放到一旁，從床上起身。我拉開窗簾，看見剛才那群人已經從停車場的陰暗處來到我車子停放的位置，其中兩個人坐在後保險桿上，其他人則圍成半圓形站著。那群人的老大，也就是走向我的那個人，一邊將啤酒淋在自己頭上，一邊發出醉醺醺的咆哮聲，然後將酒瓶砸碎在人行道上。我非常不安，拿起房間的電話打到飯店櫃臺並且說明情況。過了幾分鐘，我看見一名保全人員走向他們。我沒辦法聽見他說了什麼，可是那群人過了一會兒就解散了。

我將窗簾拉上，關掉電燈，然後鑽進棉被裡。我又感冒了，由於呼吸不順，讓我難以成眠。於是我起床翻找我的手提袋，拿出剩下的感冒藥水喝了幾口，然後再躺回床上，用棉被蓋住頭，不久之後便開始昏昏欲睡。我不知道自己睡了多久，但半夜時我被一種沉悶且重複的聲音吵醒。我嘟囔一聲，翻過身趴著繼續睡，把枕頭拉到頭上。那個聲音停了一會兒，然後又再次出現——砰。砰。砰。——就像連續射擊的子彈。我坐起身，奧斯卡則從床上跳下來，開始對著門吠叫。我沒戴隱形眼鏡，什麼也看不見，只能在黑暗中盲目地找牠。那個聲音似乎是從我的房門後方傳來。

「開門！」有個男人在門外說。「快打開該死的門！」我覺得這個聲音和這種含糊不清的說話方式有點耳熟，突然一陣顫動在我腦中蕩漾，因為我想起這聲音是來自停車場的那個男人。我將奧斯卡摟在懷裡，摀住牠的嘴巴，試著讓牠安靜下來。

「開門！如果妳不打開這扇該死的門……」自從我展開旅程以來，這是我第一次感到自己身陷危機。我很清楚，只要一個糟糕的晚上或者一個壞消息，就足以改變我對整趟旅程的記憶。這個男人用拳頭狠狠搥打門板，整扇門嘎嘎作響。他的聲音越來越大，似乎越來越憤怒。我蜷縮在門後，整個身體都在顫抖，我的大腦拚命想要理解發生了什麼事。這個男人一定知道是我打電話叫飯店保全人員趕走他和他的朋友，也許我讓他們因此惹上麻煩，所以他很生氣。我想起我有一小罐防狼噴霧劑，可是我不記得有沒有帶下車。我很想讓自己相信，要是這個男人破門而入，我可以在必要的情況下與他搏鬥，但我現在似乎手腳都不聽使喚，更別說冷靜地思考。

「巴勃羅！開門！打開他媽的這扇門，巴勃羅！」那個男人大喊。這時我才恍然明白：他不是來找我的，他是要找他的朋友——他在找一個叫巴勃羅的男人，因為喝得太醉，才會誤走到我的房間門外。他在放棄之前還在門上搥打一拳，最後才憤憤離去。我從窺視孔看他踉蹌地離開走廊，但是我仍在門邊繼續呆站了一會兒。一切都沒事了，我對自己說，並且將奧斯卡緊緊抱在懷中。我很好，我很安全。他走掉了。無論我如何低聲自我安慰，似乎都無法讓自己停止顫抖。

我獨自旅行將近三個月，在露營營地和供卡車停靠的停車場過夜，或者到從網路上認識的人家中借宿，一路上與許多陌生人相遇。在每一個轉折點，這世界都充滿善意地向我展開雙臂。這趟公路之旅讓我重新燃起一種我原以為再也無法恢復的力量與獨立感，並且再次肯定我對人性的信任。在過去幾個星期，我覺得自己前所未見地思緒清晰且勇氣滿盈，對未知的事物抱持更開放的態度。但今晚我也意識到自己無比幸運，當我回到床上時，一直無法停止思考這件事。

艾倫波倫斯基監獄是眾人皆知的男子監獄，德州的死刑犯都關在這裡。這所監獄位於利文斯頓市外五英里處一個名為派尼林的森林區，不是一般人會不小心經過的地方。我左轉離開高速公路，依照導航系統的指引穿過農田，在灰暗的天空下駛經一座露營車停車場、幾間教堂，以及馬場和廢車場。

當我接近監獄入口時，先看見了上鎖的圍欄，而且圍欄上方布滿糾結的鐵絲網。圍欄後方則是一排有數百個小窗戶的水泥建築，Lil'GQ就在其中一扇窗子後，他在牢房裡等著與我見面。我把車子開到警衛室，一個身穿制服的男人先繞著我的車子走一圈，然後用指關節敲敲我的車窗，示意我搖下窗子。「囚犯編號？」他問。

我不記得Lil'GQ的編號，也沒有寫下來，這是我那天諸多失誤的第一個。警衛告訴我別擔心，他可以幫我查。「妳特別從紐約開車過來？」他問，並檢查我的駕照。

我點點頭。

「真夠義氣！」他吹吹口哨。「妳肯定是來探視一個很特別的人。」

「可以這麼說。」我回答。

「我去過一次紐約市。七〇年代的時候我在德國服役，利用轉機的機會去看了一下紐約，結果我不太喜歡。我是個鄉下男孩。妳原本就是紐約人？」

「是的。」我說，並且點點頭。

「像妳這麼客氣的年輕小姐，實在不像紐約人。好了，找到了。一個客氣的紐約人和一個親切的德州人。誰想得到會兜在一起？」

這位警衛在旁邊的停車場指定一個停車位給我，然後預祝我聖誕快樂。我因為這種愉快的交流而感到振奮，然而進入監獄之後，不管我做什麼事好像都不對。我一踏進主建物，一位身穿制服、將紅髮梳成髮髻的女士就把我攔下來。「妳不能帶這些東西進來。」她指指我隨身攜帶的筆、筆記本、駕照和車鑰匙說。「所有的東西都必須裝在透明的袋子裡。妳有透明袋嗎？」我搖搖頭。

於是她示意要我跟著她，我們一路走回停車場，她打開她車子的後車廂，拿出一個大尺寸的透明塑膠袋。「塑膠袋工廠光靠著與德州刑事司法部做生意就不必擔心倒閉。」

回到監獄之後，我填了幾張表格，然後穿過幾道迷宮般的鐵柵門來到探訪區。我進入探訪區時遇到第三名警衛，他接過我的訪客通行證，然後上下打量我，接著又盯著我的透明塑膠袋。「妳的袋子裡裝了什麼？」她以略帶責備的口氣問道。「妳不可以帶筆或紙。」

「沒有人事先提醒我。」我結結巴巴地回答。

「如果妳再犯一次就會被禁止探監。」她嚴厲地說，並且沒收我的袋子。「去坐在R28號的位子，囚犯很快就會被帶出來。」

這種互動使我感到不安。我走進一個房間，裡面有幾十個白色的小隔間，有點像電話亭。房門旁邊有一棵放滿裝飾品的塑膠聖誕樹和一個擺著搖搖馬和玩具的遊戲區，這些擺設看起來與監獄格格不入，反而使這裡看起來更加淒涼。我走到R28號的位子坐下，我的左手邊有一具電話機，面前有塑膠玻璃隔板，一切都與Lil'GQ在信中描述的一樣。塑膠玻璃隔板的另一頭是一個像籠子般的隔間以及一張凳子，我猜那是他的位子。由於這些小隔間幾乎毫無隱私，因此我等待時無意間聽見別人說的話。我左邊坐著三個年幼的孩子，正害羞地與他們的父親交談。我右邊則是一對年邁的夫婦，以西班牙文和他們的兒子一起唱著聖誕頌歌。「聖誕快樂，新年快樂。」他們隔著話筒輕輕地唱給他們的兒子聽。

我等了將近四十五分鐘，塑膠玻璃隔板的另一側才噹啷地打開一扇門，Lil'GQ走了進來。警衛解開他的手銬和腳鐐時，他對著我露出一個緊張的笑容。他比我想像中的矮小，大約一百七十公分，和我差不多高，長得很英俊，頂著剛剪過的小平頭。他穿著監獄的白色短袖連身衣，露出布滿刺青的壯碩手臂。警衛關上 Lil'GQ 身後的門之後，他便坐下來並拿起話筒。「我緊張的時候說話會結—結—結—巴，我現在真的很緊—緊—緊張，所以如果我說話一直結巴，我在此先提前道歉。」他說。

「我也很緊張。」我說。這似乎讓他變得比較安心。「我一直很想問你，Lil'GQ 這個名字到底是什麼意思？」

「黑人都有綽號，我的綽號是 Gangsta Quin 的簡稱。妳有綽號嗎？」

「我叫蘇蘇。從小到大別人都這樣叫我，因為他們不知道我的名字怎麼發音。」

「蘇蘇。」他複誦時第一次看著我的眼睛。「我喜歡這個綽號。呃，蘇蘇，在我們開始之前，我想謝謝妳花時間到這裡來。大概已經十年沒有人來探望我了，我一直在數日子，真的。」

在接下來的幾個小時，Lil'GQ 開始滔滔不絕地告訴我他的生活、趣事和回憶，彷彿這是他最後一次有機會說出他的故事，而我是聽他告解的神父。他告訴我他的五個手足之中有四人曾經坐過牢，還告訴我他母親是第一個拿槍對著他的人：「我們之間沒有太多的愛。」他告訴我他住的公共住宅，以及他從小生長的沃斯堡[11]南側農業社區。他哀傷地告訴我他從小學開始就被一個親戚

11 沃斯堡（Fort Worth）是美國德州的第六大城市。

猥褻，可是當他說出這件事的時候卻沒有人相信他。「從那時我就已經明白，如果我要在這個世界上生存，我必須學會為自己奮戰。」他說。

Lil'GQ將他的手臂貼在塑膠玻璃隔板上，讓我看他手臂上一個歪歪扭扭的疤痕，皺起的皮膚呈現字母C的形狀——他說這個記號代表惡名昭彰的街頭幫派Cas。他告訴我從幼稚園時期開始他就立志加入這個幫派。「因為社區裡的人最尊敬幫派成員。」他告訴我他在十二歲的時候將金屬衣架放在火爐上烤熱，然後在自己身上烙印出這個象徵忠誠的誓言。接著他又讓我看了另一個傷疤，這個傷疤在他的手上。他為了表現勇敢，對著自己的手掌開了一槍，因而贏得其他幫派成員的歡呼。他說他當時想證明自己是一個大壞蛋，儘管他的年紀還小而且身材骨瘦如柴。

「怎麼樣才算是一個大壞蛋？」我問。

他簡單扼要地回答我：「暴力。」

當警衛沒注意時，Lil'GQ解開他連身衣前側的鈕扣，讓我看他胸前的諸多傷疤、刺青及燒傷的痕跡。他告訴我他的肋骨處還有另一個自己造成的槍傷傷疤，但這一次沒有人在旁邊歡呼。十五歲的時候，他沒有成為他想像中那種受人尊敬的幫派分子，反而變成他口中「社區裡最低級的人渣」——他從販毒者變成了毒品上癮者，靠著毒品供應來源持續吸毒。有一天當他獨自走在街上時，他拿出槍，對準自己的胸口扣下扳機。他醒來的時候人在急診室裡，醫生正在為他縫合傷口。

「你為什麼這麼做？」我問。

「當你被你所信任的人傷害時，你會感到困惑；當你感到困惑時，你就會開始討厭自己。」他沉默了一會兒，看起來很難過。

這似乎是一個好時機詢問他為什麼變成死刑犯。Lil'GQ 直截了當地告訴我，他被判處死刑的殺人案件並非他犯下的唯一一樁。「我並不後悔犯下那些殺人案，因為那些都與幫派械鬥有關。」他說。「我們那裡的生存法則是：如果你不開槍，別人就會開槍。反正就是這樣。至於最後一樁殺人案，就是他們逮捕我的這件殺人案，是我搞砸了一切，因為對方是我愛的人。我當時因為吸了毒，整個人神智不清，一心只想要吸食更多毒品。不過，我不會把我所犯的過錯歸咎給毒品，因為是我自己不好。我有很長一段時間都認為自己被判處死刑是罪有應得。」

我不知道 Lil'GQ 告訴我的事到底是真是假，可是我不想尋找其中的漏洞和前後不一致的說法，也不想管其中有多少矛盾與重複，我只是靜靜地聽他說。這個人已經因為他所做的事受到懲罰，而且那些事情並不是我到這裡來的原因，所以我只一邊聽一邊點頭，偶爾提出問題，或者說聲「我懂」，但大部分的時間我都只是聽他說。我不能假裝自己很懂他的現實狀況，可是我知道 Lil'GQ 需要分享他的故事，他需要試著理解發生在他身上的事，即使是現在，即使他在死囚牢房裡。當你被迫面對死亡時，無論是因為罹癌或者是由國家執行的死刑，你會有一種急迫的動力來主張自己對生命的權利，用你自己的方式和話語來形塑你想要留給後人的記憶。講述自己的人生故事，就是拒絕被人輕描淡寫地帶過。我坐在那裡聽 Lil'GQ 說話時，突然想起瓊・蒂蒂安[12]的名言：「我們說故事給自己聽是為了活下去。[13]」但就 Lil'GQ 的情況而言，他說故事給自己聽是為了緩解走向死亡的壓力。

「你還有多少上訴機會？」我問。

「還有一次機會。」他說。他向我解釋執行死刑的程序時，額頭上浮現出青筋。法律通知會送到牢房給死囚，告知他們執行死刑的日期。在執行死刑前六十天，死囚會被轉往特殊的牢房，並且受到全天候的監控，因為很多人會因此企圖自殺。「有些人會要求家人到場看他們遭受處決，但我不會這麼做。我希望別人記得我這個樣子，而不是被綁在桌上，像狗一樣被人殺掉。沒有人需要記得那種畫面。我獨自來到這個世界，也打算獨自離開。」

第二天早上我回到監獄時已做好萬全準備。我在便利貼上寫著 Lil'GQ 的犯人編碼，錢包裡有一個透明塑膠袋和二十美元的零錢，那些零錢可以在我想買自動販賣機的零食時派上用場。我穿越迷宮般的走廊和檢查站，令我欣慰的是，這一次我沒有被任何一名警衛大聲斥責。所有的一切似乎都很順利，直到 Lil'GQ 出現在油膩膩的塑膠玻璃隔板另一側。他看起來心煩意亂，我還發現他眼睛下方有浮腫的眼袋。昨天他沒有眼袋。

「你還好嗎？」我問。

「要說實話嗎？我根本沒睡覺。」他告訴我，並且坐立不安地拉著話筒的電線。「我昨天很緊張，所以像個傻瓜一樣不停地說話，想讓妳留下好印象。當妳離開的時候，我覺得自己冒犯了妳，妳可能覺得我是一個瘋狂又危險的殺人兇手。」他說。「我對隔壁房的獄友說，我確定妳不會再回來了。因此我整夜沒睡，把我的想法寫下來並加以整理，這樣才能在萬一妳回來的時候好好表達我想說的一切。」

Lil'GQ彎下腰，把手伸進他的鞋子裡，拉出一張摺成小正方形的紙。他打開那張紙時，我看到上面寫滿了筆記。他開始讀出一連串的問題，問我的健康狀況和我的家人，問我最喜歡哪一本書，因為他也想讀。他問我奧斯卡是什麼品種的狗，以及我喜歡哪種類型的音樂。他問我在住院期間都做些什麼。「我非常擅長拼字遊戲。」我告訴他。

「真的嗎？我也是！我是說，我並不是非常擅長拼字遊戲，但我正試著練習。」他告訴我他和他隔壁牢房的囚犯用紙張製作出自己發明的遊戲，並且透過收餐盤的小洞口喊出他們的步數。他述說這些事情的時候變得神采飛揚，他還告訴我他們可以透過這種方式玩各種遊戲，例如雙陸棋和紙牌遊戲。

Lil'GQ說他這輩子從來沒有生過病——他每天早上都做一千個伏地挺身來展開全新的一天——然而我罹患癌症的諸多經歷讓他感同身受。他理解被困在煉獄裡等待宣判命運的感覺，他也明白被關在一個小房間裡永無止盡的孤單感和幽閉恐懼感，他還知道為了保持理智必須發揮一點創造力。這些讓人意想不到的相似之處，就是他當初動筆寫信給我的原因。「妳在自己的私人監

12 瓊・蒂蒂安（Joan Didion, 1934.12.5-）是美國小說家、傳記作家及散文家。

13 原文為 We tell ourselves stories in order to live.

獄面對死亡，就像我在我的監獄中面對死亡一樣。」Lil'GQ表示。「到頭來，死亡就是死亡，無論是哪種形式。」

我們隔著塑膠玻璃交流，試著在我們都了解的共同領域中認識彼此，然而我們的交集有限。試著在別人的故事中找出共鳴而且不拿自己的痛苦相提並論，在取得平衡時會有一點棘手。除了膚色與基本權利、性別與教育程度的明顯差異外，我藉著公路之旅來拜訪Lil'GQ的事實本身就已經彰顯出我們相當大的不同：我是可以自由活動的人，他是被關在監獄裡的人。然而在見面過程中，我們都故意假裝沒有這回事。我們兩人都表現得像在某間咖啡店裡，他和我只是兩個在聊天的人，試著理解對方的處境——無論我們做得多麼不完美。

突然有人拍拍我的肩膀，讓我嚇了一跳。一名警衛提醒我們時間已經是下午三點。「我的時間到了。」Lil'GQ表示。在我離開之前，他問了我最後一個問題。「如果妳能改變這一切，妳願意嗎？」

*如果我能改變這一切？*我有點錯愕。「我不知道。」我平靜地說。

這是我旅程中最後的幾英里路。我開車行經路易斯安那州的海灣時，小蟲飛濺在車子的擋風玻璃上。我駛過阿拉巴馬州的海岸時，遇到一場驚人的暴風雨。我因為忘記換機油而導致引擎故障，只好住進戴通納海灘[14]附近一家名不副實的「舒適酒店」，醒來後發現我被跳蚤咬了。我在喬治亞州的傑基爾島露營並迎接新年，海浪的聲音伴我入睡。我在查爾斯頓時借住在一位我以前迷戀對象的家，並且拿到人生中第一張超速罰單，我母親警告我那最好是我人生中最後一張罰單。在曲曲折折地回到東岸之前，我快速拜訪了名單上的最後一個名字：一個名叫尤妮的女孩子。她青春期大部分的時間都在醫院病房裡度過，現在正準備重返社會。共進午餐時，我問她下一步想做什麼。她隔著桌子對我微笑，她的笑容如此燦爛，感覺就像沐浴在陽光下。「我想上大學！我想去旅行！我想嘗試一些奇怪食物，例如章魚！我想去紐約找妳！我想去露營，雖然我很怕小蟲子，可是我還是想去露營！」也許是因為她的樂觀，也許是因為我剛開完長途的車，也許是因為我知道我的旅程即將結束，當我把一根超鹹的薯條放進嘴裡時，我心裡卻想著：這是我吃過的最好吃的薯條。

我繼續上路後，心裡仍想著Lil'GQ的問題。我想起威爾出現在我巴黎住處的門前，當時我們兩人都那麼天真，滿懷希望。我記得當醫生宣布我罹患癌症時我母親傷心欲絕的表情，以及我父親每次從樹林裡散步回來時哭紅的眼睛。我想到我弟弟大學三年級時成績一落千丈，因為身為我的骨髓捐贈者，他的壓力非常沉重，而且他的需求不斷被我的需求蓋過。在睡覺前的安靜時刻，我經常聽見從他房間傳來的微小聲音——那是充滿痛苦的低聲呻吟，宛如動物的悲鳴。當然，我願意盡我所能，讓我深愛的人免於各種痛苦、恐懼和悲傷。當然，如果我從來不曾生病，事情會更容易一些。

14 戴通納海灘（Daytona Beach）是美國佛羅里達州的城市。

我的思緒接著轉向我在病床上所寫的文字、所收到的信件、所意外獲得的友誼。在等紅燈時，我伸手去撫摸在後座睡著的奧斯卡。我想起麥克斯、想起梅莉莎，也想起那些如果不是因為住院和可惡的癌細胞我永遠不會遇到的人。我想起過去三個月我去過的每個地方——那些行程、高速公路和露營地。我見到了奈德、西西莉亞、霍華德、妮塔莎、布瑞特、薩爾莎、凱薩琳，以及每一位將我推向新深度的人。我聽見紅杉林高聳入雲的樹枝在清涼海風中吱吱作響的聲音、肥胖的赤褐色母雞在穀倉旁被追逐時發出的叫聲、狂風在松樹嶺平原上的呼嘯聲，以及當我第一次搭帳篷時靴子踩在松果上的嘎吱聲。

雖然我二十幾歲的這些年一直受苦、困惑、煎熬——有時候甚至痛楚難忍——但這段日子也形塑了我的人生，充滿第二次機會的甜蜜恩典與好運，如果真有這種恩典與好運存在的話。諸多殘酷與美麗的糾結，使我的人生變得怪異又不協調。這些糾結讓我經常縈繞於過往的回憶中——有時候還因而感到迷惘——但同時也給予我更細微敏銳的洞察力。

如果我們只討論我得到的癌症，不考慮這場病對我周遭親友的影響，那麼我的答案是：不，如果人生可以重來，我也不願改變罹癌的經歷。因為能獲得如此豐富的體驗，所以我不願意改變這一切。

結語

生活並非可以控制的實驗。當一件事轉化為另一件事時，你無法蓋上時間戳記，無法將哪個人以哪種方式對你的影響加以量化，也無法挑出哪些因素的組合可以利用煉丹術變為具有治癒功效。沒有地圖集可以描繪出原來的你和後來的你之間的那條孤單無光的道路。紐約瘋狂又閃亮的天際線使得星光黯淡，當這座城市隱約出現在我眼前時，我已經變得不同，而且這種改變甚至深入分子層面。

當我駛過喬治華盛頓大橋[1]時，我的腦子裡充滿了想像。雖然我還無法看清楚那些夢想的形狀，或者用言語表達清楚，不過有些事我已經可以預先安排。我要去還車、去看醫生，然後搬進佛蒙特州的小木屋。我在小木屋住了幾個月，並且開始寫書。我在壁爐旁閱讀，到樹林裡散步，在後門廊上坐著放鬆。那年夏末的某天下午，我在後門廊上接獲麥克斯去世的消息。「天堂。」麥克斯在他完成的最後一首詩中寫道：

1 喬治華盛頓大橋（George Washington Bridge）是位於美國紐約州與紐澤西州之間跨越哈德遜河的收費懸索橋，為紐約市的重要交通幹道。

真的只是靈魂的醫院。
當我到達那個地方，我將會到達那個地方
一切都不再那麼複雜

我在天堂裡不會病得這麼嚴重。[2]

每當我因為思念朋友而從夢中醒來，我就透過他們的文字和水彩畫拜訪他們。我的免疫系統一直無法正常運作。我依舊太勉強自己的身體，而且因為流行性感冒併發症所導致的敗血症而住院，被迫接受自己體能的限制與康復延緩——這是我必須一次又一次學習的教訓。我很沮喪，停止了寫作。我休息、康復，然後又重新開始。

雖然拖了有點久，而且繞了幾個彎，但喬恩和我決定認真交往，並且搬到布魯克林一個綠樹成蔭的安靜街區。我們遷入新居的第一個晚上特別慶祝一番，在燭光下享用了外賣餐點，旁邊還堆放著許多未拆開的紙箱。我拿出我的低音大提琴，在經過多年之後第一次拂去琴身上的灰塵，喬恩則為他的鋼琴熱身，然後我們一起合奏。

我弟弟現在是一名小學四年級的老師，住在我以前位於東村的舊公寓裡，並且用他自己的人生故事、回憶與心碎重新妝點那間公寓。我父母暫時搬回突尼西亞居住，我去拜訪過他們一次，那是我在大學畢業之後第一次回去突尼西亞。我吃了我姑姑法蒂瑪最拿手的蒸肉丸，並且與我的表兄弟姊妹們出去玩，一起在撒哈拉沙漠慶祝新年。我父親準備要退休了，他在退休後打算照著我橫越美國的行程進行一趟屬於他自己的公路之旅。我母親不再是個全職媽媽或照顧者，她已經把精力轉向繪畫，重新展開她的藝術家生涯，獲得她以為早已失去的成功與主導權。

有些夢是我連做夢也想不到的，我從未想過那些事情可能成真。在我三十歲生日過後一星期，我完成了半程馬拉松。然後我又回到加州的奧哈伊，在那裡住了三個月，並且在凱薩琳的學校擔任客座教師。與Lil'GQ訪談的經歷讓我產生靈感，因而寫出我的第一篇專題報導。這一次我不是在床上寫稿，而是親臨現場採訪，報導內容是關於北加州一所監獄的臨終安養院。某天下午，我拖拖拉拉地撰寫這本書的內容時，突然發現一則車輛待售的廣告，那是一輛一九七二年出廠的福斯露營車，車身的顏色就和「陽光」一樣。我寫信給賣家，對方是一位退休的空軍軍官，沒想到他正在斯隆凱特琳醫院接受治療。他多年前讀過我在《紐約時報》的專欄，因此認出我的名字。「妳隨便出個價格，這輛車就是妳的。」他說。「從來沒有人認為這種老車還有實用價值。」

我在佛蒙特州的小屋試著練習駕駛這輛手排式的露營車。我摸索著如何轉換排檔，因為熄火太多次而氣得捶打方向盤。我在小屋附近的鄉間小路練習從一檔換成二檔，當我把車子開到依然積著白雪的山上時，引擎劈里啪啦地發出哀鳴。我抵達山頂之後，道路變得平坦滑順，於是我沿

---

2 原文為 Heaven is really just a hospital for souls. When I get there, I will get there and it will not be complicated. I am not that sick in Heaven.

著一條泥巴路加速前進，行經結冰的常青樹。奧斯卡坐在副駕駛座上，看著模糊的樹影從車窗掠過。我在小冰箱裡放了一隻燻雞、一瓶酒和一本書。我們已經好長一段時間沒有出門了，在接下來的幾天，只有我和奧斯卡。無論我身在何方，無論我們去到哪裡，家永遠是一個中間地帶，一個我越來越喜歡的無人之境。

謝辭

感謝經紀人之王理查・派恩（Richard Pine）和嘉莉・庫克（Carrie Cook），他們幫助我把一張寫在酒吧餐巾紙的大綱變成一本書——我永遠感激他們。感謝我的編輯安迪・沃德（Andy Ward）給我滿滿的關懷以及仁慈與指導。感謝已故的傳奇人物蘇珊・卡米爾（Susan Kamil）從一開始就相信我。感謝我的老朋友暨助理編輯山姆・尼克森（Sam Nicholson）和其他許多在企鵝藍燈書屋（Penguin Random House）的優秀人才：尤其是蘇珊・莫坎德堤（Susan Mercandetti）、凱莉・尼爾（Carrie Neill）和保羅・佩普（Paolo Pepe），以及我的外文編輯群，特別是安卓莉亞・亨利（Andrea Henry）。格外感謝班・菲蘭（Ben Phelan）為這本書擔負起充滿挑戰性的事實查證任務，而且以無與倫比的細心、熱情和幽默感來完成使命。

非常感謝我最親愛的朋友麗茲・普萊斯（Lizzie Presser），她總是最先閱讀我的稿子，並且在我有信心寫出這本書之前就表達力挺之意。感謝了不起的隔離夥伴暨作家和讀者卡門・拉德利（Carmen Radley），她一路陪我走到最後。感謝無人可比的琳賽・萊恩（Lindsay Ryan），她使得這本書的內容大幅提升。感謝芙琳達・康迪拉克（Vrinda Condillac），她看出這本書的不足並且幫助我釐清思路。非常感謝最早閱讀這本書的讀者們以及我的導師群：葛倫・布朗（Glenn Brown）、麗莎・安・卡克瑞爾（Lisa Ann Cockrel）、克里斯・麥克寇米克（Chris McCormick）、珍妮・布利（Jenny Boully）、彼德・特拉赫頓伯格（Peter Trachtenberg）、艾絲梅・王（Esmé Weijun Wang）、莉莉・布魯克斯・達爾頓（Lily Brooks Dalton）、凱薩琳・哈爾西（Katherine Halsey）和邦妮・戴維森（Bonnie Davidson）。感謝我的寫作團隊：喬丹・基斯納（Jordan Kisner）、傑森・格林（Jayson Greene）、法蘭克・史考特（Frank Scott），尤其是提供我寶貴意見的梅莉莎・費伯斯（Melissa Febos）和塔拉・韋斯托佛（Tara Westover），雖然在完成這本書的過程中有時候會很孤單而且總是很辛苦，但他們始終陪伴著我。

感謝尤克羅斯基金會（Ucross Foundation）、凱魯亞克計畫（Kerouac Project）、紐約公共圖書館、阿納卡帕獎學基金（Anacapa Fellowship）和石畝農場（Stone Acres Farm）在我最需要的時候讓我擁有安靜的時光，還要感謝佛蒙特州的小屋，我在那間小屋完成了本書許多章節。感謝本寧頓寫作研討會（Bennington Writing Seminars）提供我一個可愛的社群。深深感謝克莉絲汀娜・美林（Christina Merrill）的慷慨大方，感謝吉迪恩・歐文（Gideon Irving）願意把他的車子借給我，感謝普瑞瑟（Presser）一家、尼爾森格林伯格（Nelson- Greenberg）一家和羅斯（Ross）一家在我最需要的時候給予我避風港與支持。我還要感謝愛琳・奧威斯（Erin Allweiss）、瑪莉莎・穆倫（Marissa Mullen）、琳賽・拉托夫斯基（Lindsay Ratowsky）和瑪雅・蘭德（Maya Land）在幕後孜孜不倦的努力。

最後，我要向那些讓我夢想成真的人深深一鞠躬：謝謝我的父母——我要致上最深的愛和感激。謝謝我弟弟亞當，他真的救了我一命。謝謝霍蘭德醫生（Dr. Holland）、納瓦達醫生（Dr. Navada）、希爾佛曼醫生（Dr. Silverman）、卡斯特羅醫生（Dr. Castro）和利伯斯醫生（Dr. Liebers），以及我的護士亞莉．塔克（Alli Tucker）、艾比．科恩（Abbie Cohen）、桑妮（Sunny）和尤妮可（Younique），以及其他無數位專業的醫護人員，如果沒有他們，我現在不可能在這裡。

謝謝喬恩．巴蒂斯特（Jon Batiste），他讓我再次產生信念，並以慈悲和耐心勇敢地讓我實現我必須完成的旅程。謝謝塔拉．派克波普（Tara Parker- Pope）給我第一次機會，謝謝我的教授馬帝．戈特利布（Marty Gottlieb）為我引薦。謝謝瑪拉（Mara）、娜塔莉（Natalie）、克莉絲頓（Kristen）、艾莉卡（Erika）、蜜雪兒（Michelle）、莉莉（Lilli）、貝希達（Behida）、露絲（Ruthie）、阿齊塔（Azita）、凱特（Kate）、希薇（Sylvie）以及其他許多女性，我在這裡無法一一列出名字，但她們用友誼將我高高舉起。最後，謝謝我在旅途中的守護者，他們開放他們的家園，與我分享他們的故事。謝謝他們指引我走過最艱難的時刻。

聯經文庫

被中斷的人生

遊走在健康與疾病之間，一場劇烈又溫柔的重生之旅

2023年2月初版　　定價：新臺幣490元

著　　者	Suleika Jaouad
譯　　者	李　斯　毅
叢書編輯	黃　榮　慶
校　　對	施　亞　蒨
內文排版	李　偉　涵
封面設計	謝　佳　穎
副總編輯	陳　逸　華
總 編 輯	涂　豐　恩
總 經 理	陳　芝　宇
社　　長	羅　國　俊
發 行 人	林　載　爵

出　版　者	聯經出版事業股份有限公司
地　　　址	新北市汐止區大同路一段369號1樓
叢書編輯電話	(02)86925588轉5307
台北聯經書房	台北市新生南路三段94號
電　　　話	(02)23620308
郵政劃撥	帳戶第0100559-3號
郵撥電話	(02)23620308
印　刷　者	文聯彩色製版印刷有限公司
總　經　銷	聯合發行股份有限公司
發　行　所	新北市新店區寶橋路235巷6弄6號2樓
電　　　話	(02)29178022

行政院新聞局出版事業登記證局版臺業字第0130號

本書如有缺頁，破損，倒裝請寄回台北聯經書房更換。　　ISBN　978-957-08-6694-0 (平裝)
聯經網址：www.linkingbooks.com.tw
電子信箱：linking@udngroup.com

國家圖書館出版品預行編目資料

被中斷的人生：遊走在健康與疾病之間，一場劇烈又溫柔的重生之旅/ Suleika Jaouad著．李斯毅譯．初版．新北市．聯經．2023年2月．376面＋16面．14.8×21公分（聯經文庫）
譯自：Between two kingdoms: a memoir of a life interrupted
ISBN　978-957-08-6694-0（平裝）

1.CST：曹華（Jaouad, Suleika.）　2.CST：自傳　3.CST：美國

785.28　　111020941